AHOGY A FOLYÓK
ÖSSZEFOLYNAK

AHOGY A
FOLYÓK
ÖSSZEFOLYNAK

Egy kontinenseken átívelo történet
szerelemrol, háborúról és kitartásról

DANIEL MAMAH

FISH EAGLE
PRESS

Kiadja az Egyesült Államokban a
Fish Eagle Press LLC, Saint Louis.

Library of Congress Control Number:
2023952433 (English)
2024900720 (Hungarian)

Az amerikai egyesült államokban nyomtatva

ISBN 979-8-9895124-0-9 (keménytáblás)
ISBN 979-8-9895124-7-8 (puhatáblás)
ISBN 979-8-9895124-1-6 (e-könyv)

1 3 5 7 9 10 8 6 4 2

Első kiadás

Karolinának és Zsófiának

ELŐSZÓ

A szüleimről szóló könyv megírásának gondolata először 2012-ben merült fel bennem, amikor feleségem, Thelma, első gyermekünkkel volt terhes. A pillanat érzelmei közepette jött a felismerés, hogy a gyermekeim nem fognak olyan emlékeket teremteni a nagyszüleikkel, mint én az enyéimmel. Ehelyett csak a rokonok által elmesélt történeteken keresztül fogják megismerni őket. Emlékszem, amikor felnőttem, így hallottam a dédszüleim életéről, és bár tudtam, hol éltek és mi volt a hivatásuk, alapvetően felületesen értettem csak meg, kik voltak ők.

Kezdetben azt fontolgattam, hogy memoárt írok, amelyben elmesélem az édesanyámmal és az édesapámmal kapcsolatos élményeimet. Azonban rengeteg információt fedeztem fel a távoli múltjukból, amelyek sok gondolatukat, érzésüket, küzdelmüket és álmaikat elárulták. Életük ezen személyes aspektusait nem lehetett volna megfelelően megragadni az én hangommal; az ő hangjukon keresztül kellett megtenni. Édesanyám sokat kommunikált írásban. Több száz kézzel írt levelét őrizték meg a címzettek, elsősorban nagynénéim és nagyanyám, néhányat még az 1950-es évek elejéről, amikor anyám még fiatal lány volt. Másrészt apám megszállottan őrizte hivatalos dokumentumait – a szakmai közlésektől kezdve a nyugtákon át az informális feljegyzésekig.

A könyvespolcain mindig rengeteg teli iratgyűjtő dosszié sorakozott. Ezeket mind átnéztem, hogy megalkossam ennek a könyvnek a történetét, naplókkal, fényképekkel, videókkal, történelmi írásokkal és interjúkkal együtt. Ez utóbbihoz el kellett utaznom Budapestre, Port Harcourtba és a nigériai falvakba, ahol apám élt, ami azt is lehetővé tette, hogy elmerüljek a látványban, az illatokban és a hangokban, hogy hitelesebben ábrázolhassam azokat.

A könyv fejezetei váltakozó nézőpontokból vannak felépítve, külön-külön foglalkozva mindkét szülő élményeivel. Bár a könyv elsősorban Afrikában és Európában játszódik, a szerelem, a háború, a politika, a szegénység, a bevándorlás és a spiritualitás témái mindenféle hátterű olvasó számára relevánsak. Egyre inkább összekapcsolódó világban élünk, amelyhez a különböző kulturális tapasztalatok jobb megértése szükséges ahhoz, hogy boldogulni tudjunk. Az elmúlt években a kultúrák közötti konfliktusok is uralták a nemzetközi hírciklusokat világszerte. Az erőszak és az emberi szenvedés arcai sokfélék, de általánosan tragikusak. Ezekből a traumákból a szeretet és az együttérzés megdöbbentő történetei bontakoznak ki, megmutatva, hogy a globális konfliktusok paradox módon hogyan képesek kiemelni a közös emberség egyesítő szálait. Szüleim élete két kontinensen átívelő, és a huszadik század második felének politikai zűrzavarában való kitartással járt. Egy kis ablakot nyújt kulturálisan összetett világunkba, amely remélhetőleg inspirációt ad az olvasóknak.

Hálás vagyok mindenkinek, aki időt áldozott erre a könyvre. Köszönöm testvéreimnek, nagynénéimnek, nagybátyáimnak és unokatestvéreimnek; szüleim barátainak és ismerőseinek; és másoknak, akik interjúkat adtak nekem, vagy megosztották velem az édesanyámmal vagy édesapámmal kapcsolatos anyagokat. Hálás köszönet a bétaolvasóknak, szerkesztőknek és könyvtervezőknek, akik felbecsülhetetlen segítséget nyújtottak a könyv végleges formába öntésében. Szeretném elismerni azokat, akik értékes irodalmi műveket írtak, amelyek hozzájárultak e könyv gazdag elbeszélésének kialakításához. Itt kiemelek néhány könyvet, amelyek figyelemre méltó részletességgel mutatják be az idzsa kultúrát és történelmet Ebiegberi Joe Alagoa történész által, valamint Bartók Péter inspiráló könyvét, az *Apám* címűt, amely példaértékűen ábrázolja egy szülő és a magyar kultúra történetét. Hálás vagyok továbbá ifjabbik húgomnak, Theresának, amiért megosztotta velem gyönyörű és megható esszéjét, a *Raised from a Distance* (Távolról nevelve) címűt, amely a tragédia személyes hatásait mutatja be. Végül köszönöm Thelmának, hogy támogatott a hosszú, megterhelő írási folyamat során, és a lányaimnak, Karolinának és Zsófiának, hogy motiváltak, hogy soha ne adjam fel ezt a projektet.

Mamah Dániel Tonye
St. Louis, Missouri, USA

TARTALOM

I. fejezet

MÁTÉ

A PUCCS ELŐTTI NAPOKBAN az univerzum szélesre tárta karjait Matthew előtt. Bizonyos értelemben az egész országot átölelte, olyan mohó optimizmussal, mint hűs víz a forró nigériai nap alatt. A hatvanas évek elején minden otthonból és piacról sugárzott az ország reménye egy tisztességes kormányzás iránt, és nem volt annál ígéretesebb pillanat, mint az évtized első októbere. A szeptember ragacsos páratartalmát lerázva az egész ország álomba merült. Ledobta magáról a gyarmatosítás béklyóit, és hivatalosan is függetlennek nyilvánította magát a brit uralomtól. Nigéria már nem volt Erzsébet királynő uralma alatt, és a lehetőségek csak úgy áradtak belőle.

De a tágra nyílt lehetőségek érzése elhalványult Matthew jövőjével kapcsolatos álmai mellett – vagy talán éppenséggel az apja jövőjével kapcsolatos álmai mellett. Már születése óta, amikor a család egyetlen fiaként megszületett, hatalmas nyomás nehezedett rá, hogy sikeres legyen. „Célozz magasra és lőj magasra" – mondta mindig az apja, és addig ismételgette a mondatot, amíg Matthew álmában is hallotta. Ez az őszinte bizalom szavazata volt; néha úgy érezte,

1

mintha szél fújná a halas sas szárnyait, máskor meg úgy, mintha a torkára térdelnének.

Leglelkesebb támogatója, az apja ránézett, és egy leendő orvost, mérnököt, egy virágzó szakembert látott benne. Az apja, aki minden reggel öt órakor felébresztette őket. Az apja, aki mindig magáénak követelte a hal ízes fejét. Az apja, aki a jól ismert „bo wa teke" kiáltással hívta őket imára. Az apja, aki szelíd dalokat énekelt, hogy elűzze a gonoszt. „Oru otu, paki mienyem, oro ifie faa nto" – dünnyögte, hangja reszelős bariton volt, félénk tónusú, de erős céltudatosságú. „Dzsudzsák, csak csináljátok, hamarosan vége lesz az időtöknek".

Apja, aki felszentelt anglikán pap volt, egyszerre volt szégyentelenül keresztény és szentimentális ősei eltűnőben lévő vallása iránt. Matthew az evangéliumokat Woyengi, az idzsak teremtő és legfőbb istenségének történetei mellett tanulta. A jóindulatú „Nagy Anya", Woyengi megvédte a védteleneket és megbüntette a gonoszokat. Villámcsapásként a földre hullott, és a föld bőséges iszapjából babákat készített. Életet lehelt beléjük, nemet, foglalkozást vagy áldást, például termékenységet, tehetséget vagy pénzt adva nekik. Az életválasztásuktól függően egyeseket nyugodt patakban küldött le a földre, másokat pedig áradatban.

Miközben Port Harcourt Nsukka utcáján haladt, Matthew úgy képzelte el a várost, mint egy áradatot, az ő kis faluját pedig mint egy nyugodt patakot. Csodálkozott a város modernségén. A kátrányozott utakon – amit nagyon ritkán látott – a városon keresztül guruló autók szép sorba rendeződtek, fényezésükön megcsillant a nap.

Soha nem látott még ennyi embert cipőben! Emelegóban mezítláb jártak az iskolába, a lábuk már az első lépéseknél megkeményedett a durva talajon. Vagy, ami még gyakoribb volt, a közösségében az emberek kenukban utaztak a folyón.

Itt az emberek mintha a város utcái fölött lebegnének, olyan nyüzsgésben, amit ő még soha nem tapasztalt. Az utcai árusok kiabáltak, ahogy elhaladt mellette, és hangjuk még akkor is megijesztette, amikor a körülötte lévők úgy tűnt, észre sem veszik. És ellentétben gyermekkorának sárfalú házaival, a port-harcourt-i házak csempepadlóval büszkélkedtek, amely csúszott és fénylett a lakók lába alatt.

Mielőtt a városba érkezett volna, sárfalú házukat meglehetősen előkelőnek tartotta – a családnak volt szalonja és verandája, és a nádtetős konyha a házhoz volt csatolva, ellentétben sok szomszédjukéval. Emlékezett rá, ahogy végigsimította a kezét az apja füves matracán és a vas ágykereten. Akkoriban úgy vélte, ez volt a luxus jelképe – egy kézzelfogható cél, amelyet remélte, hogy ő is elérhet, ha egyszer apa lesz. Persze tudott a gazdag emberekről. A gazdag emberek városokban éltek, a siker vödörszámra ömlött rájuk. De ők messze voltak, elvontnak tűntek, egy másik univerzumban éltek.

Nem is arról volt szó, hogy a városi életmód elérhetetlen lett volna – bár a legtöbb falusi számára az volt –, hanem arról, hogy annyira különbözött az ő életétől, hogy a kettő szinte összehasonlíthatatlannak tűnt. Mint egy nyelv, amelyet nem volt képes lefordítani a saját nyelvére. Emelegóban nem voltak gazdagok és szegények; ott voltak a falusiak, és a legvadabb fantáziájában olyanok, akiknek a lába soha nem érintette a poros földet.

Most azok a lábak az övéi voltak. Begörbítette a lábujjait az egyenletes ütem ellen, amitől azok előrecsapódtak a cipője elejéhez. Minden egyes mozdulat bosszantó ismétlődéssel csikorgott, miközben a legnagyobb távolságot tette meg, amit valaha is megtett cipőben. Dübörgés a fülében, a lába a cipőjében, a cipője az utcáján, az utcája a városában, a városa az álmaiban.

De ez nem álom volt. Ez volt most az otthona.

Port Harcourt zsongott és hemzsegett az emberektől. Madarak csiripeltek és gyíkok csipogtak, akárcsak otthon, de itt a társadalom nyüzsgése eltakarta apró mozdulataikat. A következő fontos eseményre sietve a városlakók közül senki sem figyelt a madarakra vagy a gyíkokra. Valahol egy szélhámos és egy szívesen látott vendég között érezte magát. Miközben a járókelők közül senki sem fordított rá nagy figyelmet, ő úgy érezte, mintha a város saját szemei égnének a tarkójába. Magasra emelte a fejét sovány testalkata fölé, nem volt hajlandó meghunyászkodni, még akkor sem, amikor tégla-, kő- és cseréptömbök ijesztő sora mellett haladt el.

Mire észbe kapott, már a ház előtt állt – a saját háza előtt. A gyomra felfordult az izgalomtól és a várakozástól – és ha őszinte volt, egy csipetnyi aggodalomtól –, vett egy mély lélegzetet, hogy megnyugtassa az idegeit, és végigsimította kezét a rövidre nyírt haján. Azzal nyugtatta magát, hogy otthonosnak képzelte el a házat. Egy kis ház ennyi embernek – tényleg csak a tégla külső volt más. Mégis, az előtte álló ajtó ijesztőnek tűnt, amikor felemelte az öklét, hogy kopogtasson.

„*Nua!*" A nő kivágta az ajtót, mielőtt a fiú ujjai összeértek volna a durva fával. A nő szerény fejkendőt viselt, és még a karcsú alakját díszítő merész nyomtatványnál is ragyogóbb foghíjas vigyort villantott.

„*Yaa, okoido*" – dadogta Matthew válaszul, félig guggoló helyzetben tartva magát, ami az idzsak hódolatát jelenti az idősebbeknek.

„*Seiree.*" Állj fel.

„Ah, Okpoma!" – visszhangzott egy férfihang a háttérben, és Matthew-t az idzsa nevén szólította. „*Tubara?*"

„*Ebinimi*" – válaszolta Matthew. Jól vagyok.

Tudeigha asszony átkarolta Matthew-t, mint egy párnát az idegen, új világ ellen. Matthew-hoz hasonlóan Tudeigháék is idzsak voltak, és ezért szívesen fogadtak más idzsakat az otthonukban. Különösen igaz volt ez azokra, akik a családjuktól függetlenül éltek.

Függetlenül.

A szónak különös hangzása volt. Mindig is úgy képzelte, hogy emelt fővel vág neki a világnak, bármilyen kalandot is tartogatott számára Isten. Ahogy az várható volt, idegesség árasztotta el a testét, forróságot küldve az arcára. De nem számított a nosztalgiára, a vágyakozásra, hogy egyszerre legyen itt és ott, a városban és a falujában. A múlt és a jövő kellemetlen csikorgása megijesztette, és nagyot nyelt a torkában lévő gombóc ellen.

Valami mást is érzett, ami furcsább volt a nosztalgiánál. Kereste az elméjében, mi lehetett ez az érzés. Nem éppen elszántság, és semmiképpen sem nyugalom.

Megkönnyebbülést érzett.

Évekig tartó ígérgetések után most itt volt, és megfelelt apja elvárásainak. Büszkévé tette őt. Nehéz volt megnyugodnia a nyomás alatt, amit a siker érdekében érzett. És most itt volt – készen állt arra, hogy megkezdje a középiskolát –, az útja tiszta és kikövezett, utazásra alkalmas volt a lábát szorító cipő talpa alatt. Az apja büszke lett volna rá.

De az apja nem volt itt. És a város épületei között, a merő, sima falakkal és éles sarkokkal nem volt semmi más, ami a gyermekkorára emlékeztette volna. Bizonyos értelemben ez a misztikus, megmagyarázhatatlan hely egy csillogó kockára emlékeztette, amellyel egyszer találkozott. Éppen földimogyorót árult, amikor egy barátja meggyőzte, hogy tartson szünetet, és játsszon vele a közös udvaron. Amilyen gyorsan elkezdték, olyan gyorsan csúszott ki Matthew lába alól a talaj. Térdeit maga elé tartva a földre vetette magát. Talán a saját hibája volt, gondolta, amiért tétlenkedett, amikor a család ellátására kellett volna koncentrálnia. A térde felsikoltott, de a fájdalom semmi sem volt a sérült egójához képest. Elhessegette a könnyeket, amelyek minden egyes fájdalmas lépésnél eleredni fenyegettek, és tovább küzdött, miközben a játék sajnálatos pillanata úgy üldözte, mint egy szikla a gyomrában.

„Jól vagy, kölyök?"

Megfordult, és egy férfit látott feléje lépkedni, akinek a bőre olyan fényes volt, mint a nap, a haja pedig nem hasonlított senkiéhez, akit ismert. Matthew lassú volt, a térde lüktetett, így a férfi hamarosan utolérte, és lépésben mellé esett.

Matthew gyorsan bólintott egy „igen, uramat", de a férfi kitartott, és visszahívta a fiút egy közeli hajóba. Miközben sétáltak, a férfi a sérült térdéről érdeklődött. A fiú őszintén válaszolt, az arcán forró pír jelent meg, de úgy tűnt, a férfi nem gondolt semmit. Ehelyett sűrű brit akcentussal elmagyarázta, hogy a közeli olajmezőn dolgozik. Nem vett földimogyorót, helyette valami varázslatos dolgot kínált – egy fényes, áttetsző tömböt, amelyet a kezében tartott pohárból halászott ki. Kellemetlenül hideg volt a kezében, a kocka mintha valami nedveset szivárogtatott volna az ujjbegyére. Minél tovább tartotta, annál nedvesebb lett.

A férfi kuncogott. A fiú nem tudta, mi a kocka célja – vagy hogy csodálkozása miért váltotta ki a férfi nevetését –, és lehajtotta a fejét.

A férfi megnyugtatta. „Tartsd a térdedre" – mondta.

Azt tette, amit mondott neki, és úgy tűnt, hogy ez enyhítette a csípést. Vagy talán csak beképzelte magának ezt a részt. Azt viszont biztosan tudta, hogy a nedves tégla volt a legcsodálatosabb dolog, amit valaha látott. Meg kellett mutatnia az anyjának. Amikor a fiú új téglát kért – az első addig zsugorodott és zsugorodott, amíg el nem tűnt folyékony csöpögésekben a padlón –, a férfi ismét felnevetett. De megvonta a vállát, és mohón zsebre vágta az új, nedves téglát. A térdfájdalmáról megfeledkezve hazarohant, hogy megmutassa az anyjának, csakhogy a tégla hiányzott, és a zsebének bélése nedves volt.

„Wonasi aba rilo!" – szidta meg az anyja ogbia nyelven, figyelmen kívül hagyva a fiú magyarázatát. Hazudsz!

Nem nagyon tudott tiltakozni – ő sem hitte volna el.

Most, évekkel később, valami Port Harcourtban arra a misztikus, csillogó kockára emlékeztette. Kézzelfogható volt, de mulandó, mintha a szépsége kicsúszhatna az ujjai közül. Tapintható energiájával, fényes autóival és ígéreteivel – annyi ígéretével – a város szinte hazugságnak tűnt. Akkor sem hitte volna el, ha valaki leírja neki. A saját szemével látta a jövőt, amit az apja akart neki. Eddig sosem fogta fel igazán.

Egészen mostanáig.

A város fantáziája eltörpült az új otthon, az új iskola és az új élet iránti várakozása mellett. Valahogy olyan érzést keltett benne, mintha egyszerre lenne felnőtt és nagyon-nagyon kicsi. Bűntudatával még egy éjszakát kívánt a családi otthonában, Emelegóban, még egy esti imát az apjával, még egy vigasztaló szót az anyjától. De mint a legtöbb tinédzser, ő is mélyen a zsigereibe temette a honvágyát, és figyelmét Tudeigháék gyönyörű otthonára összpontosította.

Matthew hamarosan „mamának" és „papának" szólította Tudeigháékat, és úgy illeszkedett be az otthonukba, amely zsúfolásig tele volt a többi idzsa fiatallal, akiknek otthont adtak, mintha mindig is ott élt volna. Öröm volt segíteni nekik a ház gondozásában, olyan volt, mint egy próba a saját jövőbeli otthonára. Amikor a házaspár otthonát körülvevő bokrok megritkultak, önként jelentkezett, hogy egy macsétával kiigazítsa őket. Volt valami nagyon kielégítő a ház külsejének rendbetételében, különösen akkor, amikor rendszeres fűvágással párosult. A hosszúkás, hajlított, négyszögletes penge addig suhogott a sűrű fűben, amíg az a rendezett tökéletességet nem mutatta, amit imádott.

A vágókard suhogása a másik kedvenc házimunkáját utánozta: a padlósöprést. A seprű ismételt mozdulatait megnyugtatónak találta. A juta zsinórral összefogott, hosszú sörték lágy, ritmikus suhogással súrolták a padlót.

Ez csak egyike volt azoknak a hangoknak, amelyeket a városhoz társított.

Az otthoni nyüzsgésen és a forgalmas utcákon túl úgy tűnt, zene sugárzik Port Harcourt lelkéből. Matthew korábban alig hallotta a *highlife* zenét, de hirtelen mindenütt ott volt. Kedvenc dalai egy dobfelszerelés ritmikus brr-csuk-csuk-tika-csuk dallamával kezdődtek. Ezt követte a cintányérok csobogása, majd a kürtök gazdag harmóniája. Ahogy a trombiták felbőgtek, abban a pimasz hangzásban, amelyről azonnal felismerhető, hogy dzsessz, a ritmusz-szekció felvette a hagyományos afrikai dobminták barázdaját. A bádoghangú gitárriffek mindezek alatt táncoltak, a gazdag, vibráló rétegek beszivárogtak a hallgatók csontjaiba, és táncra hívták őket a zenekarvezetőkkel együtt.

Ez az energizáló kíséret követte őt a *Niger Grammar School* gimnáziumba. A magas pálmafák hosszú soraival szegélyezett kampusz elállította a lélegzetét. A mindössze néhány éves, tantermeknek és kollégiumoknak otthont adó épületek hatalmasan terültek el a burjánzó kampuszon. Merész jelenlétük az iskola alapító igazgatója után a második helyen állt. Nicholas Frank-Opigo törzsfőnök volt a „magasra célozni és magasra lőni" definíciója; egy idzsa férfi, akinek magabiztos tekintete mintha a közösségben való ragyogását és tekintélyét hangsúlyozta volna. A diákok nem mertek csalódást okozni neki – Matthew-t is beleértve –, nehogy elmaradjanak az iskola közel tökéletes rekordjától az érettségi vizsga sikeres teljesítésében.

Matthew kitűnő tanuló volt, és nem csak a tanulmányaiban vágyott a sikerre. Valami a neveltetésében és az akkori idők optimizmusában mély versenyszellemet ébresztett benne. Gyakran játszott Monopoly-t a barátaival – mindannyian fehér ingben és világosbarna rövidnadrágban –, mielőtt áttért volna a sakkra, a játékra, amely egész életére szóló szerelemmé vált. A sakk elegáns politikájával – amely a földekért és az ott élő emberekért folytatott gyarmati csatákat utánozza – jól illeszkedett az aktuális események iránti rajongása mellé.

A miniszterelnök bukása előtti években Matthew szorosan követte a nigériai híreket. Az ország már két éve átalakulóban volt, mikor ő megérkezett abba a lenyűgöző városba. A következő évben új kormányfőt választottak. Balewa miniszterelnök még mindig nagy hatalommal rendelkezett a kormányban, de most már köztársaság volt. Azikiwe köztársasági elnök – Zik, ahogyan ő szerette, ha hívták – ibó volt, akárcsak a forradalmárok, akik végül eltávolították hivatalából, de mire elnök lett, már az egész országot bejárta. Zik, aki folyékonyan beszélt jorubául, valamint ibó és hausza nyelven, az Amerikai Egyesült Államokba utazott tanulmányai végett, és az egység inspiráló üzenetét hozta a nigériai kormánynak. Képzett újságíró volt, és alapítója volt Matthew kedvenc újságjának, a West African Pilot-nak. Miután egy általa írt cikk miatt felbujtásért bíróság elé állították, Ziket fellebbezéssel szabadlábra helyezték, és új életét arra használta fel, hogy a társadalmi változásokért harcoljon, amelyekre az országnak szüksége volt. Ő egy olyan ember volt, aki a büntetés ellenére is kiállt az elvei mellett. Egy független gondolkodó, aki eltökélte, hogy jobbá teszi a nemzetét, és Matthew felismerte benne a sajátjához hasonló mély igazságérzetet.

Inspiráló volt, de a fiatal Matthew számára a politikai törekvések a legjobb esetben is megvalósíthatatlanok voltak. Ehelyett a vegyészmérnöki pályát tűzte ki célul. A diploma versenyképessé tette volna a Shellnél való elhelyezkedésben, amely egyike volt azon kevés nigériai cégeknek, amelyek jó béreket ígértek. Megtudta, hogy a Shellnél olyan előnyökhöz juthat, mint a lakhatás, az utazás és a belső előléptetés. Talán egy kicsit elfogult volt. Elvégre a misztikus kockával rendelkező férfi a Shellnél dolgozott, és az élmény belevésődött a siker és az olaj közötti összefüggésbe. Nagy üzlet volt, és a nagy üzlet nagy életet jelentett. Az olajból téglaházat lehetett venni. Fém ágykeretet is lehetett venni. Vásárolhatott finom ételeket és utazásokat lenyűgöző helyekre.

Ez, a politikai ambíciókkal ellentétben, egy lehetőség volt arra, hogy felemelje magát – hogy azzá a fiúvá váljon, akiről az apja álmodott. És akkor, 1966 elején egy nap Matthew bekapcsolta a rádiót. „Balewát megölték! A miniszterelnök meghalt!" – kiáltotta a bemondó, és a hangját az érzelmek áradata torzította el. „Államcsíny történt!" A nigériaiak még mindig ragaszkodtak a hatvanas évek elejének optimizmusához, de az évek során, mióta Matthew Port Harcourtba érkezett, a dolgok fokozatosan rosszabbra fordultak. Forradalmi erőszak sújtotta az ország városait. Az emberek féltek kimenni az utcára. De annak ellenére, hogy a hétköznapi emberek mennyire óvatosak voltak, mindenki azt feltételezte, hogy a miniszterelnök biztonságban van. Most Balewát meggyilkolták. Ziket megbuktatták.

Alig néhány nappal korábban, a *West African Pilot* egy ünnepi cikket közölt. Lagos adott otthont a Nemzetközösségi Konferenciának, a Nemzetközösség vezetőinek első olyan találkozójának, amelyet Anglián kívül rendeztek. Rodéziában lázadás tört ki a kisebbségi uralom miatt, és a kormányzók lenyűgöző létszámú csoportja gyűlt össze, hogy erőszakmentes megoldásokat találjanak ki a felkelésre. Az újság felhős képe elfedte a mély vonalakat, amelyek zárójelként keretezték Balewa száját. Kifejező arca mégis átragyogott a tintás pixeleken. Balewa magas, fehér kufi-sapkája megemelte termetét, és pár centivel magasabbá tette a brit uralkodók kíséreténél. Tökéletlen vezető volt, mégis a vállán hordozta Nigéria reményét.

Most, alig két nappal a konferencia után, meghalt.

Holttestét egy földút mellett találták meg, fél évtizednyi optimizmusa egy kidobott hulla émelyítő csomójává gyűrődött össze. Balewa halála csak az első volt a sok közül. A puccs mögött álló forradalmárok több észak- és nyugat-nigériai várost is megtámadtak, teret engedve a hadsereg parancsnokának, hogy hatalomra kerüljön. Az ibó délről

– akárcsak a forradalmárok – Johnson Aguiyi-Ironsi tábornok vette át a hatalmat a születő demokrácia felett.

Alig hat évvel azután, hogy kikiáltotta függetlenségét Nagy-Britanniától, Nigéria katonai állam lett. Balewa halála sokak számára megfosztotta az országot az optimizmusától.

De nem Matthew számára. Matthew számára ez az új politikai világ hivatás volt.

2. fejezet

JUDIT

$\sim\!\!\sim$

PUHAKALAPOS FÉRFIAK ÉS clochét viselő nők
nyüzsögtek a Bocskai úton, munkába vagy társasági össze-
jövetelekre tartva. Az utca tele volt szürke macskakövekkel
és a járdára nyúló fákkal, és az elmúlt években egyre nagyobb volt az
autó- és buszforgalom. A gyalogosok között időnként egy-egy bicikli
száguldott át.

Egy lovas kocsi haladt az utcán, a kocsis fejét kihajtva kiáltotta,
hogy „Jeges". Ahogy továbbhajtott, megismételte: „Jeges! Jeges!"

A szekér megállt, miközben asszonyok és gyerekek vödrökkel a
kezükben indultak el kifelé, hogy összegyűjtsék a fagyott blokkokat.
A jeges felemelte a csákányát, és tiszta tömbökre hasította a jeget, hogy
a családok hazavihessék a jégszekrényükbe az élelmiszertároláshoz.

Ha valaki aznap a járdán sétálva felnézett volna, akkor egy kislányt
pillantott volna meg, aki a Zsombolyai utca sarkán lévő második
emeleti családi lakásból az utcára nézett. A szögletes épület takaros
és éles volt, kivéve az épület sarkán lévő íves erkélyeket, amelyek
egymásra rakódtak, egyik emelet a másikra, ahogy a lakások az égbe
nyúltak. Az erkély hívogató hely lett volna az utca megfigyelésére,

13

de az anyja azt kérte, hogy Judit maradjon bent, és csak az ablakon keresztül nézzen ki.

A város mindig olyan forgalmas volt. Judit figyelemre méltónak találta, hogy az emberek mindig mozogni látszottak. Akár nyári hőség sugárzott a járdákról, akár csúszós jégréteg borította az utcákat, az embereknek mindig volt hová menniük. Néha az energiát felemelőnek és izgalmasnak – reménytelinek – érezte. Máskor meg azon tűnődött, hogy valami sötétebb rejtőzik-e alatta.

Nem sokkal a háború után a szovjetek elkezdték kiterjeszteni hatalmukat a környező országokra, és 1949-re hivatalosan is ellenőrzésük alá vonták Magyarországot. A helyzet miatt sok gyermek sovány és alultáplált volt, a felnőtteket pedig arra kényszerítették, hogy vasat és acélt gyártsanak orosz fogyasztásra. Az olyan gyerekek esetében, mint Judit, a kommunizmus leginkább a szabályokról szólt. Tanfolyamokról, amelyeket fel kellett venniük – orosz és marxista filozófia –, valamint olyan dolgokról, amiket nem mondhattak ki vagy tehettek meg.

A tizenkét éves Judit nem emlékezett más Magyarországra. Álmaiban azonban a régi ország – a szovjetek előtti ország – nyújtózott előtte. Anyja történeteinek és Judit saját fantáziadús álmodozásának keveréke volt ez a világ, a múlt fantáziája – a család múltbeli jólétének torz visszhangja. Ebben az otthonából zöld és arany színű hegyekre nyílt kilátás. A termés azt ígérte, hogy jóllaknak majd, és talán még annyit is keresnek a piacon, hogy új, ropogós, fehér vászonruhát vehetnek. Ebben az álomvilágban az anyja káposztaleveleket töltött tele marhahússal. Csirkecombot párolt gazdag paprikás-tejfölös mártásban. Óvatosan engedte a bárányhúsos és spárgás tálakat a sima, friss terítőre. Kutyák, lovak és csirkék szóródtak szét a hatalmas tájon, és a nap egy idilli patak fölött nyugodott le, mintha leeresztené vakító arcát, hogy csendben hallgassa a víz halk csobogását és a békák ritmikus károgását.

A család megosztotta egymással ezeket a történeteket, a vágyako-
zástól felfújt emlékeket, miközben ők maguk is egyre soványabbak
és fáradtabbak lettek. Judit akkoriban tudta, hogy az ország nem volt
tökéletes – legalábbis nem úgy, ahogyan ő elképzelte. De legalább
igazságos volt. Ez az új világ, amelyben soha nem volt elég, amely-
ben a politikai viszályok és a szovjet befolyás állandó súlya valahogy
keveredett a változás iránti valószínűtlen optimizmussal – ez volt az
élet, amit ő ismert.

Öt gyermek közül a legfiatalabbként Juditot gyakran elkényeztették.
Miután a városba költöztek – mielőtt az orosz kontroll legsúlyosabb
következményei az országra zúdultak volna –, gyakran elhalmozták
apró luxussal. A testvérei évekkel korábban egy játékállatkertet ké-
szítettek neki; aprólékos munkával, fűrésszel állatformákat vágtak ki
fából. Élénk színű festékkel díszítették őket, és olyan állatseregletté
állították össze őket, hogy a szeme felcsillant az örömtől.

A következő évben még születésnapi partit is rendeztek neki,
ami a kommunizmusban egyre ritkább esemény volt. Az édesanyja
habos kakaót és kalácsot készített. Bár a fonott édes kenyér nem volt
születésnapi torta – ami pazarló élvezetnek számított a hatalmas
infláció és az általános gazdasági pusztulás közepette –, a gyerekeket
ez nem zavarta. Mohón falták a nagy, tésztás falatokat, és tisztára
nyalták cukros ujjaikat. Ezek az apró örömök Juditnak, a hóbortos,
álmodozásra hajlamos gyereknek nagyon tetszettek.

Az anya gyakran szidta szeszélyességét, talán inkább félelemből,
mint csalódottságból, különösen a lóval történt incidens után.
Amikor Judit még egészen fiatal lányként meglátogatta apja barátját,
felfedezőútra indult. A férfi lovai elég öregek és szelídek voltak, és ő biz-
tosította az édesanyját, hogy a kislány biztonságban lesz. Lenyűgözve
járta körbe a lovat. Kedvenc babáját maga mellett lógatva minden
szögből megcsodálta az állat sima, barna bundáját és fekete farkát.

Beszélgetett a lóval, ügyelve arra, hogy – az utasításnak megfelelően – az ujjait hátrafelé tartsa.

De senki sem mondta neki, hogy kerülje a ló hátát. Ahogy vidáman futott az állat mögött, felnyikkant, ami arra késztette a lovat, hogy lecsapjon. A hátsó patája Judit arcához csapódott, az ütést csak a becses baba fogta fel. A lány vérben ázó arccal, sikoltozva feküdt a földön, amíg az apja fel nem kapta, és el nem vágtatott vele a házig, a széttört babát a legelőn hagyva.

Végül a sérülés viszonylag csekély volt. Az orvos összevarrta a jobb szemöldöke feletti három centiméteres vágást. Ha csak egy centiméterrel magasabb lett volna a lány – viccelődött –, talán elvesztette volna a jobb szemét.

Az emlék megmaradt Juditban – amit mások emlékei éppúgy formálták, mint a sajátjai – de nem annyira, mint amennyire a szüleit kísértette. Az apja magát hibáztatta a balesetért. Tapasztalt gazdálkodóként nem volt idegen tőle az állattartás; egyszerűen nem jutott eszébe, hogy a lány a ló mögé fog futni. Az emlék felszította anyja gyanakvását, és óvatos szemmel figyelte legfiatalabb gyermekét. Valójában az anyja valószínűleg amúgy is babusgatta volna, még ha nem is a ló miatt.

Judit mindig is fiatalnak tűnt a családja szemében kerek arcával, nagy barna szemével és sűrű szőke hajával, amely még csak most kezdett sötétedni. De mint minden gyerek, ő is utálta, ha csecsemőként kezelték. Tudta, ki ő: egy lány, akit mélyen foglalkoztat a tisztesség, az elnyomottakért való küzdelem, és az igazáért való kiállás. Bármennyire is szétszórt volt, erkölcsi iránytűje rendíthetetlen volt, és szívesebben állt ki az esélytelenebbek mellett, még akkor is, ha ez a döntés népszerűtlen volt.

Állhatatossága kellemetlenül ütközött országa növekvő instabilitásával. Ahogy a magyarok a kommunizmus láncai ellen küzdöttek, az emberek jogai kiszámíthatatlanná váltak. Az orosz államirányítás a szemük láttára tette tönkre a magyar gazdaságot, mégis elvárták tőlük, hogy hűséget fogadjanak ennek a korrupt, kizsákmányoló kormánynak. Hamarosan forradalmárok jelentek meg ott, ahol egykor egyszerű emberek álltak. A család budai lakása alatt nyüzsgött a forgalom, az utca energiáját a lakásuk ablakaihoz küldve.

Ez az energia egy pillanat alatt megváltozott, amikor 1956 októberének végén kitört a forradalom.

Ahol korábban a budapestiek a Bocskai úton döcögtek, és lépteik olyanok voltak, mint a szovjet gépezet fogaskerekeinek ketyegése, most az utca optimizmustól zsongott. A magyarok hosszúkás szalagcsokrokat tűztek a sapkájukra és a kabátjukra. A magyar zászlót visszhangzó színes robbanás, a piros-fehér-zöld kokárdák nemzeti büszkeségtől kiáltottak. A tiltott nacionalista hangulat, miután majdnem szétrepedt a szovjet csizmák sarkai alatt, hirtelen felrobbant.

A város egész jellege egyik napról a másikra megváltozott. Az „Éljen a Magyar Szabadság" refrénjei zengtek, amely dallamos felhívás volt a szabad magyar szellem örökös megmaradására. Judit gyakran hallott lelkes skandálást az utcáról, a rádióban pedig a bemondók hűséget esküdtek a hazának, és időnként a nemzeti himnuszt játszották.

A levegőben lévő szellem mámorító volt.

Aztán bejött a lakásukba.

Judit nem lepődött meg, amikor sógora, Hajtman Béla ilyen szenvedélyesen beszélt a forradalomról. Bori férje szókimondó, mégis sztoikus fiatalember volt, akit úgy tűnt, átformált a város energiája, és tüzes cáfolatokkal hívta ki a családot, ha valaki akár csak megkérdőjelezte a felkelést. Judit titokzatos kíváncsisággal hallgatta. Az egész forradalom gondolata tiltottnak – veszélyesnek – tűnt, de Hajtman csábítóan beszélt, olyan buzgalommal, amilyet csak a népmesékben hallott.

A nővére jobban aggódott. Bori kétségbeesetten próbálta megóvni Hajtmant, és elhatározta, hogy elfojtja férje forradalmi szellemét.

Amikor veszekedtek, hangjukat elhalkította a szüleitől kölcsönkapott szűk helyiség, és Judit igyekezett nem odafigyelni, de a pillanat drámája beindította a fantáziáját. A legfiatalabbként gyakran nem vették észre a lakásban, felnőtt testvérei és szülei a saját dolgaikkal foglalatoskodtak, így láthatatlanságát arra használta, hogy csendben élvezze a pillanat izgalmát. Vágyott arra, hogy idősebb testvérei meghívják a világukba, hogy átélhesse azt az életet, amelyet ő csillogónak és romantikusnak képzelt el. Ehelyett azt az utasítást kapta, hogy maradjon csendben, nehogy felébressze a kis unokahúgát.

Minden bizonnyal ez történt azon a napon is, amikor Bori és Hajtman otthagyta a kis Tonót a bölcsőben – egy rozoga, régi vacakban, amelyet a lakás egyik hátsó szobájában rejtettek el –, és elindultak a színházba. A lakás kicsi volt, de tisztán tartott és gondozott, fehér függönyökkel és friss virágokkal az asztalon, amikor éppen szezonjuk volt. A bútorok egy részét élénk színű magyar motívumok díszítették, amelyeket Judit apja festett.

Óvatosan, könnyedén lépkedve Judit megfeszítette a masnit – mindig masnit viselt a hajában –, és a konyhába sétált, ahol az anyja hátrafogott hajjal a tűzhely fölött állt, és a család sovány vacsoráját kevergette. A lakás csendje azonnal átadta helyét a légvédelmi sziréna felerősödő zúgásának. Egykor ösztönösen térdre kellett volna rogynia. Az iskolában gyakorolták a légiriadó-gyakorlatokat, az íróasztaluk alá húzódva, a koponyájuk mögött összekulcsolt ujjakkal, miközben a homlokukat a padlóhoz szorították.

De a forradalom óta eltelt napokban a szirénák gyakorisága nőtt, és így a hatékonyságuk is csökkent, ahogy a családja és mások is hozzászoktak ehhez az egykor szörnyű hanghoz.

Berci felállt az aprócska konyhában ülőhelyéről, kíváncsian indult a lakás ablaka felé, de anyja a tűzhelynél maradt. Judit bámult, szemügyre véve a jelenetet.

„Na, Jutka, menjünk!"

A lány felugrott apja hirtelen hangjára, annak ellenére, hogy a férfi szelíden használta a becenevét. Feszes mosollyal megveregette a vállát, és az épület alagsorába vezető lépcsőház felé irányította. A lány tudta, hogy jobb, ha nem morog. Bár az apja mindig kedves volt – és az akkori viszonyokhoz képest meglehetősen gondoskodó –, nem volt hajlamos tárgyalni a kamasz gyerekeivel. Judit a nővére és az apja után baktatott, ahogy lefelé tartottak, és a vágyakozás és a mélyen leplezett félelem keverékével pillantott vissza a bátyjára, aki az ablakban ült, ahonnan a lenti forgalmas utcára nézett.

Ahogy becsukták a lakás ajtaját, és beszűrődtek a csigalépcsőházba, Judit úgy vélte, hogy hallotta, amint a bátyja olyan páni hangon kiabál, amilyet eddig még nem hallott. Megpróbált egy pillanatra megállni a csempézett lépcsőfokon, de a nővére továbbment. Eddig csak egy lépéssel Judit előtt járt, szőke haja minden lépésnél lobogott, de vajon most gyorsabban ment? Vagy egyszerűen csak sürgetőbbnek érezte a teret, ahogy a szomszédok elárasztották a szűk aknát? Kifejezéstelen arcot vett fel, és tette, amit mondtak neki, szorosan követve Potyit, miközben vigyázott, hogy ne lökdösődjön.

Emberek hada vonult be a pincébe, és a segédajtó kézről kézre járt, ahogy minden egyes új lakót üdvözölt. A bőgő szirénákkal keveredve egyre hangosabb lett a csevegés, a megnyugtató fehér zaj, ami enyhítette a Judit gyomrában lévő savanyú érzést.

A géppuskatűz hangos, egyenletes pukk-a-pukk-a-pukk-a-pukkja átvágott a hanyag fecsegésen, mely a robbanás fülsiketítő zúgásának virágzó előjátéka volt.

A pincében hirtelen káosz tört ki. Kezdetben a szomszédok lazán szivárogtak le a pincébe. Most pedig biztonságért kiabáltak. A beszélgetés hangneme az enyhe aggodalom és a cinizmus barátságos keverékéből olyasmire váltott, ami – legalábbis Judit fülében – pániknak hangzott.

Szemét az ajtóra szegezve arra várt, hogy megjelenjen az anyja. A bátyja a Zsombolyai utca feletti ablakban ült, amikor utoljára látta, a baba pedig nyugodtan aludt a kiságyában. Hőség és nyomás áradt a mellkasából a torkába. A fejében furcsa, fémes rezgés csengett.

Csak akkor vette észre, hogy visszatartotta a lélegzetét, amikor megérezte a nővére kezét a karján. A körülötte zajló nyüzsgést egyszerre érezte túl gyorsnak és túl lassúnak. Minden arcot végigpásztázott, anyja vékony ajkait és ragyogó kék szemét kereste. Belekapaszkodott a nővérébe, miközben a szomszédok sikolyai – amelyek a kis térhez képest túl hangosak voltak – tompa zúgássá szűntek. Az apja felé fordult, és egy áldott pillanatra elfelejtette, hogy visszament az emeletre. A gyomra felfordult, amikor rájött, hogy ez mit jelent. A nővérével együtt egyszerűen csak ülnie és várnia kellett, abban a hiú reményben, hogy minden rendben lesz.

Lehajtotta a fejét, és halkan suttogott egy imát. Amikor felnézett, az édesanyja jelent meg a szoba túloldalán. Ruhája gyűrött, haja kócos volt, arcán könnyek futottak végig. De egyben volt. Tonó kisbabát a karjában ringatva édesanyja a család felé vette az irányt, Berci pedig szorosan követte őt.

Az anyja melegen akarta tartani a mártást, mondta nekik, hangjában némi sajnálkozással. Még akkor is, amikor Berci kint zajt észlelt, azt feltételezte, hogy téves riasztás volt. A fia elhúzódott az ablaktól, miután észrevette a forgalom szokatlan haladását. Az épületük előtt, az út túloldalán látott először katonákat.

Aztán terepjárókat.

Aztán tankokat.

Ahogy Berci mesélte a jelenetet, Judit minden szaván csüngött. „Jönnek a ruszkik!" – kiáltotta. Az anyjuk mégsem hitt neki – nem akarta elhinni, hogy az örömöt és a reményt, amit a forradalom hozott az utcára, Sztálin dühös csizmái eltiporják.

Amikor a szörnyű hangok megszólaltak – a káoszban még nem tudták biztosan, mit hallottak –, mindannyian a földre zuhantak. Megvárták, amíg a hangok elhallgatnak, aztán a pincébe menekültek. Judit nem volt biztos benne, hogy a család meddig maradt az óvóhely gubójában. Az idő kisiklott a pályájáról, és miközben várakozott, az otthon kényelmére vágyott, de túlságosan megrémült volt ahhoz, hogy felmenjen az emeletre. De végül a szomszédok elkezdtek kiszűrődni az pincéből, és a családja követte őket.

Ami a családra várt, sokkal borzalmasabb volt, mint amit valaha el tudtak volna képzelni. A nappali felismerhetetlen volt, üvegszilánkok hevertek a padlón, repeszek és épülettörmelék terült el mindenütt. Még az a kevés ennivaló is, ami a családnak volt – ennivaló, amelynek elkészítésére az édesanyjuk itt maradt –, üvegdarabokkal és porral volt szétszórva, a vakolat maradványaival, amely egykor a Bocskai útra néző külső falat alkotta.

Később megtudták, hogy a robbanás egy tartályból indult az út túlsó végén, egy kormányhivatal mellett. Tüzelés közben elfordult, és a lövedékeket a lakótelepek széles sávjába lőtte. A családi háza, amelyet egy hatalmas vas- és betonoszlop választott el a tartálytól, a legsúlyosabb károkat elkerülte, amibe furcsa volt belegondolni, amikor körülnéztek a lepusztult szobában. De a többi lakáshoz képest az otthonuk megúszta. Fábiánék szomszédos lakásában tizenöt négyzetméteres lyuk tátongott.

Hosszú ideig ott motoszkált az agya mélyén a látomás, ahogy az édesanyja a tűzhely fölött áll – ugyanúgy, mint akkor, amikor Judit lement a pincébe. Sírva halászott ki egy üvegszilánkot a dús mártásból, és hirtelen idősebbnek, törékenynek tűnt.

A lakás előtti utca tele volt bánattal. A gyászolók jajveszékelése felváltotta a lelkes dalokat és énekeket, amelyek hirtelen távoli emléknek tűntek. A zászlókat, amelyek közepéből kivágták a Rákosi-címert, lehúzták, helyükre ugyanazok a zászlók kerültek, amelyek mindig is ott lobogtak – színeik merészek, szövetük új volt. Csak az alattuk sétáló emberek tűntek levertnek. Néhány bátor harcos még ott maradt, és az üzletek kirakatát „Ruszkik haza!" felirattal kenték be. Ennek ellenére egy héten belül a forradalmat halottnak nyilvánították. A kéthetes erőfeszítés arra késztette Oroszországot, hogy megerősítse vasmarkát. 2500 magyar halálával a szovjetek a hétszáz halottjukat nyugodtan vállalták, és több tízezer állítólagos forradalmárt tartóztattak le. Százakat végeztek ki.

Volt valami mélyen nyugtalanító abban, ahogy a forradalom véget ért. Judit megvetette a szovjet irányítást, az éhségtől kezdve, amelytől sovány lett, egészen a kötelező oroszórákig. A visszavágás gondolatától elragadtatva a politikai megdöntésről fantáziált.

Most látta csak, hogy mi a forradalom. Halált jelentett. Pusztítást. Egy szörnyű tettet, amely egy másik szörnyű tett helyébe kívánt lépni, de nem sikerült, és mindkettő elképzelhetetlen, embertelen körülményeket teremtett.

A család együttműködő erőfeszítésbe kezdett, hogy megmentsék, amit csak tudtak, összefogtak vizes vödrökkel, felmosókkal, kefékkel és szemetesekkel. A szülei tartották benne a lelket, de a vigyoruk túl nagynak tűnt, az állukat túl magasra emelték. A lakás többi részétől elszeparálva a lepusztult lakószobát nem használták, amíg nem tudtak megfelelően foglalkozni vele. Pénzbe került volna, hogy szakszerű javítást intézzenek, amit igazán nem engedhettek meg maguknak.

Végül a lakás hasonlított a robbanás előtti állapotára, de az ország soha többé nem hasonlított arra, ami volt, legalábbis nagyon-nagyon sokáig nem. Kádár János mélyen hasított állával és vastag, gumiszerű bőrével talán némi reményt nyújtott. Amnesztiát hirdetett, és visszahangozta a forradalmárok fő követeléseit.

De Budapest utcáin még mindig tankok és fegyverek álltak.

Két éven belül az egykori forradalmárt, Nagy Imrét kivégezték, az elveket, amelyekért meghalt, elsöpörték, és helyüket ismét a szovjetek lassú, szenvedő kínszenvedése vette át.

Bármennyire is reménytelennek érezték magukat a magyarok a forradalom előtt, ez semmi sem volt ahhoz képest, amit utána éreztek. A lelküket elfojtva és a vezetőiket meggyilkolva most már nem volt választásuk. Kétszázezren menekültek el az országból, és Budapest még évekig viselte a tankok és ágyúk nyomait, a tehetetlenségük émelyítő, megfeketedett emlékét.

Nem maradt más hátra, mint együtt élni a következményekkel.

3. fejezet

A FOLYÓK FÖLDJE

A KÁPOLNA HOSSZÚRA ÉS keskenyre nyúlt Matthew előtt, iskolatársai hangjai táncoltak körülötte.

„Leaning on the everlasting arms" – énekelték, a vidám dallam elragadtatta a fülét. A metodisták szokásához híven a bájos és vidám, édes dallam azonban rothadással fenyegette az ember fogait.

Megnézte az óráját.

Jobbra tőle egy diák lelkesen táncolgatott. Ringatózott a ritmusra, minden egyes felütésnél hozzáérve Matthew könyökéhez. Matthew tett egy apró lépést balra, és megvakarta a viszketést a vállán.

„Leaning, leaning."

A hosszú fapadok közé ékelődve a gyerekkora jutott eszébe, és visszarángatta az apja emelegói templomába. A templom volt a legszebb épület abban a kisvárosban. Azóta az apját egy másik városba, egy másik plébániára helyezték.

„Safe and secure from all alarms" – énekelte a mellette ülő fiatalember. Matthew felsóhajtott. Nem tudta megérteni az iskola követelményét, hogy ilyen gyakran kell kápolnába járnia, csak azért, hogy itt álljon, és ezeket az ostoba énekeket énekelje. A zene elszakította őt más dolgoktól,

amiket csinálhatna: olvashatna, pihenhetne, vagy készülhetne a kémia dolgozatára – a legjobb esetben is felesleges figyelemelterelés volt, a legrosszabb esetben pedig időpocsékolás.

„Leaning, leaning..."

Újra megnézte az óráját. Gyors felderítés után elővette a reggeli *West African Pilot*-ot könyveit tartó bőrtáskából. Megint körbepillantott, majd kinyitotta, és éppen az előtte lévő pad alá tartotta. Amennyire meg tudta állapítani, senki sem látta.

A *Pilot* szorosan követte az ország főhírét. Alig néhány nappal korábban Yakubu Gowon tábornok, Nigéria elnöke tizenkét független államra bontotta az ország négy régióját, köztük a remény ragyogó jelzőfényét, a Rivers államot.

Rivers State. Folyók Állama.

A szavak ígéretnek tűntek. A britek, majd az új katonai kormány által is elhanyagolt idzsak – az ő népe – a korábbi rendszerben kevés politikai képviseletet kaptak. Az olajban gazdag földjük szegény és elmaradott maradt, még akkor is, amikor mások hasznot húztak a természeti erőforrásokból.

Matthew azt remélte, hogy az új állami rendszer más lesz. A gondolattól izgalom futott át rajta. Először az édesanyjára gondolt. Az agyába égett a kép, ahogy az anyja beszáll a kenujába és elevickél. Ő és idősebb nővére, Comfort, akkor még kisgyerekként nézték, ahogy a távolba húzódik, integetve, ahogy alakja eltűnik a reggeli ködben.

Egyszer megkérte, hadd menjen vele.

„Nem", mondta az anyja. „Haza kell mennem gazdálkodni. De majd visszajövök."

Intett, és engedelmesen Comfort mellett maradt.

Comfort napközben vigyázott rá, elkészítette az ételeit, felsöpörte a padlót, sikálta a fazekat, és tűzifát gyűjtött. Az anyjukhoz hasonlóan ő is kora reggeltől késő estig dolgozott.

Egyiküknek sem volt sok ideje pihenni.

Az emberi potenciál értelmetlen elpazarlása, a szegénységből fakadó őrlő munkaelvárások csapkodták a családja lelkét, miközben a népük földje gazdagságot hozott a városi embereknek.

Gyermekként nem értette.

De most már igen.

Lenézett a gondosan a kezébe fészkelt újságra, és a főcím láttán összeráncolta a homlokát.

„Megszületett a Biafra Köztársaság" – állt rajta.

„Biafra" – ismételte hangosan, zavarba jött az ismeretlen szó hallatán.

Hirtelen abbamaradt az éneklés, és csend lett a kápolnában. Egy pillanatra megdobbant a szíve, ahogy körülnézett, és az újságot az oldalára ejtette. Az első csicsergő hangok hallatán rájött, hogy a diákokat elbocsátották. Megkönnyebbülten dugta az újságot a táskájába.

A kápolnában már alig várta, hogy távozhasson. Matekórára kellett mennie – az egyik kedvenc órájára. De az újságpapír rákiáltott az iskolatáskájából. Biafra. A kápolna ajtaján kilépve félreállt, hogy a földre tegye táskáját, és kivegye az újságot.

Megpróbálta értelmezni a történetet. Chukwuemeka Ojukwu ezredes, a keleti régió kormányzója a tizenkét állam újjászervezése előtt tette a nyilatkozatot. Minden egyes kinyomtatott sorral egyre komolyabb lett.

Az erőszak akkor terjedt el Nigériában, amikor Matthew és barátja, Eze a metodista középiskolában felsőfokú tanulmányaikat végezték. Miközben ők az egyetemi matematika és kémia előkészítő kurzusokra koncentráltak, az ország egyre instabilabbá vált. A Balewát meggyilkoló puccs után kirobbantak az ibóellenes érzelmek, és a törzsi feszültségeket a forráspontig hevítették. Különösen északon gyilkolták vagy üldözték el az ibók lakosságát.

Matthew személy szerint nem aggódott amiatt, hogy célponttá válik. Nagyon sötét bőrével és alacsony termetével nem tűnt különösebben ibónak. A vezetékneve, Mamah, nem utalt egyértelműen törzsi hovatartozásra, így a származását is nehéz volt meghatározni. Emellett a többi diákhoz hasonlóan ő is többnyire a bentlakásos iskolában tartózkodott, ahol az emberek számítottak rá, hogy különböző etnikai csoportokhoz tartozó osztálytársakkal találkoznak.

Bár a törzsi erőszak soha nem fenyegette az életét, mégis érezte a változást az országában. Az emberek a véletlen találkozások során megborzongtak, és minden összeszűkült pillantás vagy magabiztos közeledés elől elfordították a tekintetüket.

„Honnan származol?" – sikoltott a gyanakvó arcuk. „Te a testvérem vagy?"

Ez tarthatatlan volt – értett egyet Matthew, miközben végigolvasta a cikket. De a tizenkét állam rendszere megígérte, hogy orvosolja a problémát. Akkor miért most, tűnődött, miért pont most? Miért pont akkor szakadjon el, amikor a Rivers állam ígérete – csakúgy, mint a többi államé – lehetőségeket nyitott meg az egész országban?

Matthew bámulta a sztorit, elméje magyarázatról érvre száguldott, próbálta összekötni a pontokat egy olyan kirakós játékban, amit nem igazán tudott megfejteni. „Hé!" – szólalt meg mögötte egy hang.

Matthew felnézett, és megdöbbenve látta, hogy Eze ott áll. „Menjünk." A fejét az osztályépület felé billentette, „el fogunk késni".

„Jövök." Matthew betuszkolta az újságot a táskájába, és elindult a matekórára, miközben az agya még mindig a híreket forgatta.

Nem volt benne biztos, hogy mit jelentenek, de furcsa és halványan baljós érzése volt, különösen ellentétben azzal a könnyedséggel, amit a Rivers állam bejelentésekor érzett néhány nappal korábban. Mégis megpróbálta megnyugtatni magát.

Bármit is jelentsen a Biafra kikiáltása, remélte, hogy minden rendben lesz.

Jobban kellett volna tudnia.

Az Uzuakoliban töltött rövid idő alatt Nigéria a feje tetejére állt. A puccs, amely 1966-ban megölte Balewát, Aguiyi-Ironsi tábornokkal váltotta fel. Aguiyi-Ironsi uralkodásának egy hónapjában Isaac Boro, egy Matthewnál nem sokkal idősebb férfi, kikiáltotta a Niger-delta függetlenségét, amely magában foglalta Nigéria déli részén az összes idsza-nyelvű régiót. Boro önkéntes szolgálatot szervezett, és tizenkét napig Matthew a Niger-delta Köztársaságot nevezte otthonának.

Ez a tizenkét nap ígéretes volt.

Egy éven belül Aguiyi-Ironsi és Boro is meghalt. Az alig harmincöt éves Yakubu Gowon tábornok vette át a nigériai kormány irányítását. Minden egyes hatalomváltással az ország egyre jobban kibillent a tengelyéből, vérontás és reménvesztés közepette, miközben irányíthatatlanná vált.

Matthew és iskolatársai akkor költöztek Uzuakoliba, amikor az még a keleti régió része volt. 1967-ben Gowon a régiót államokra osztotta – amelyek mindegyike kisebb befolyással rendelkezett, mint az eredeti régiók. Csökkenő hatalma miatt Ojukwu ezredes, a régió kormányzója feldühödve nyilvánította ki az elszakadást.

A kápolna alatt újságot olvasva Matthew megtudta, hogy ő és a legtöbb iskolatársa most már Biafra polgárai.

Szinte ugyanilyen gyorsan Nigéria polgárháborúba süllyedt.

Az egy évvel korábbi puccsokból kinőtt ibó gyilkosságok fokozatosan, de borzalmas bizonyossággal még kegyetlenebb gyilkosságokká váltak. Ezeket az északiak kölcsönös gyilkosságai követték. Az 1966-os ibóellenes pogrom következtében több ezer – talán több tízezer – ibót öltek meg, és egymillió ibó menekült vissza keletre, elsősorban északról. Válaszul északiakat mészároltak le Port Harcourtban és más keleti régiókban.

Matthew-nak fájt a szíve az országa népeiért. Ugyanakkor csalódott is volt. Tudta, hogy nem szabadna a saját veszteségeire koncentrálnia, különösen akkor nem, ha azok elhalványulnak azokhoz a szenvedésekhez képest, amelyekről az újságban olvasott. Mégis, amikor arra gondolt, hogy a háború megzavarta a terveit, düh égett a gyomrában, amit gyorsan követett az aggodalom. Aprólékos terveit a nemzetével együtt a földdel együtt romba döntötték.

Egy ideig úgy tűnt, hogy a Metodista Kollégium jól van.

Aztán a dolgok kezdtek szétesni.

Kezdte látni a katonákat, akik katonaruhában, teherautókkal és fegyverekkel járkáltak az utcákon. Nem sokkal később maga az iskola is lejtőre került. Néhány nap elmaradtak az órák. A diákok elszivárogtak, és hazatértek a falvaikba. Mivel Uzuakoli pont Biafra közepén feküdt, az írás a falon volt.

A barátja, Eze ismert valakit, aki a Hussey College-ba járt, egy másik felsőfokú programra Warriban. A barátja azt hallotta, hogy ott jobbak a dolgok. Földrajzilag egy kicsit távolabb volt a valódi katonai akcióktól.

Üdvözlendő alternatíva lehetett volna Uzuakolival szemben, ahol a saját szemével látta, hogy a katonai jelenlét látszólag napról napra növekszik.

Az egész helyzet felfordította a gyomrát. Mintha az érzelmei túl nagyra nőttek volna a bőréhez, úgy találta, hogy nem tud nyugton ülni, a körülötte lévő feszült bizonytalanság átszivárgott a testén, és nyugtalanságba hajszolta.

Semmi sem tűnt ismerősnek. A kápolna sem. Sem a kampusz. Még Nigéria sem.

Így mire az iskola közölte a diákokkal, hogy térjenek haza, a legtöbben már el akartak menni. Matthew már összepakolta kevés holmiját, hogy elutazhasson az apja falujába. Mielőtt annyi évvel ezelőtt elindult otthonról Port Harcourtba, csak gyalog és kenuval utazott. Azok az első lépések a város utcáin idegen, de lehetőségekkel teli érzést keltettek.

Most ismét úgy érezte, hogy léptei egy olyan test cselekedetei, amely nem a sajátja. Ahogy egyik lépést tette a másik után az Uzuakoli szélén lévő autópark felé, ahol elindult, hogy elhagyja a várost, a mozgás nem az ígéret, hanem a szükségszerűség szagát árasztotta.

Hirtelen egy nő sikoltott.

Aztán lövések hangja, dirr-durr.

A lélegzete elakadt a torkában. Fürkészve megfordult. A szíve hevesen vert.

Semmi. Talán egy autó pufogása volt. Úgy tűnt, senki sem sérült meg.

Az elmúlt hónapokban sokszor átélte ezt a mintát – amint megnyugodtak az idegei, úgy tűnt, újabb hangot hall. Vagy talán csak azt hitte, hogy hallja. Egy zihálást. Emelkedett hangokat. Nem talált más vigaszt, csak azt a tudatot, hogy hamarosan újra az ismerősei között lesz – az ő népe között.

Ez az ösztön hajtotta.

Ahogy keresztülhaladt az utcákon, az útvonalát emberek szegélyezték. Aggódó céltudatossággal sétáltak, sokan a fejükön holmikat, a hátukon pedig csecsemőket cipeltek. Néhányan keresztezték az útját, néhányan megelőzték, ahogy hozzá hasonlóan a városba vezető leggyorsabb közlekedési eszköz, az autópark felé igyekeztek.

A jelenet viszonylag nyugodtnak tűntette fel az elmúlt hónap káoszát. Az autópark energiája mindig is kissé frenetikus volt, a sofőrök kiabálták a viteldíjakat, és az utasok igyekeztek fizetni. De ez semmihez sem hasonlított, amit eddig látott. Körülötte emberek söpörtek el egymás mellett, élénken sétáltak, miközben a mikrobuszok és autók üzemeltetői árakat és útvonalakat kiabáltak a zajba.

„Aba! Port Harcourt!" – kiabálta egy sárga tunikás férfi.

„Egy hely!" A hang Matthew mögül jött, és ő felugrott. Megfordult, és egy kiüresedett arcú férfit látott. „Warri!" A férfi Matthew irányába nézett, és megismételte: „Warri?!".

Matthew megrázta a fejét. „Nem" – mondta, és előrenyomult, el a férfitól egy kisbuszokból álló csoport felé. Ahogy odanézett, az egyik busz elhúzott. Egy másik becsukta az ajtaját.

Végigpásztázta a parkot. Egy autó dudált, és amikor megfordult, egy szedánt látott lassan előrenyomulni a tömegen keresztül, az emberek pedig szétszéledtek, ahogy a sofőr túl gyorsan haladt a zsúfolt parkban.

„Port Harcourt?!" Matthew kiáltott.

Egy férfi a bal perifériáján integetett a karjával. „Port Harcourt! *Ngwa*, gyere!"

A férfi mögött egy élénksárga kisbusz állt. Az ablakokon keresztül túl sok embert látott a jármű méretéhez képest. Férfiak hajoltak ki az ablakon, mögöttük nők legyezgették magukat.

A férfi visszafordult hozzá, és kikapta a kezéből a pénzt. „Zárja be!" – mondta, és a mikrobusz ajtajára mutatott.

Bepréselődött a fedélzetre. Szűk volt, zsúfolásig tele emberekkel. Anyák kisbabákkal. Kisgyerekek. Idősebb tizenévesek, mint ő maga, talán diákok. Egy idős férfi.

Mégis, ahogy a busz végigrobogott a zsúfolt parkon, megkönnyebbülést érzett. Eljutott idáig. Hamarosan, gondolta, kiérnek a nyílt útra, amely csendesebb és békésebb, mint a város.

De a káosz átterjedt a vidékre is. Ahogy dél felé, Port Harcourt irányába haladtak, az utak tele voltak emberekkel. Hosszú ösvényben haladtak az út szélén, mint a hangyák, akik a holmijuk – és a félelmük – súlyát cipelték magukkal.

Időnként az emberek sora oldalra kanyarodott, hogy kikerüljön egy-egy, az út szélén félreállított autót. Katonák kiabáltak az autókba. „Kik vagytok ti? Honnan jöttetek?!"

Hallotta már ezeket a kihallgatásokat. Szabotőrök után kutatva a katonák könyörtelenül kikérdezték az embereket mindenféle megfejthetetlen ok nélkül. Arcát előre tartotta, arckifejezését céltudatosan nyugodtnak tettette.

Minden rendben van, nyugtatta magát – tudatában volt a hazugságnak.

Semmi oka az idegeskedésre.

Végül is nem csinált semmi rosszat.

De az a gondolat mardosta, hogy azok sem, akiket megállítottak.

A szeme sarkából két embert látott. Arccal lefelé feküdtek az út szélén. Két katona körözött a kocsi körül.

Csak azt a parancsot kapták, hogy feküdjenek ott, mondta magának. Az autójukat lefoglalták. Nem lesz semmi bajuk.

Addig ismételgette magában ezeket a megnyugtató szavakat, amíg azok olyanok voltak, mint egy himnusz. Bármennyire is üres volt, a pozitívum puffogtatása volt minden, amije volt.

Egy időre úgy tűnt, a kisbusz útja megtisztul a többi járműtől. A nap lenyugodott, élénkvörös fénye sziluettbe vonta az embereket, akik tovább meneteltek az úton. Egyre sötétebb lett, mígnem érezte, hogy a busz katonásan halad tovább a koromsötét éjszakában Port Harcourt felé.

Nem is sejtette, mennyi időt veszített, amikor az iskolától az autóparkolóig utazott, szabad helyre várt egy járművön, felszállt, és az emberek tömege között kikúszott a városból.

Végre kezdett elszórt fényeket látni, ahogy a város a látóterébe került. Mindig is szerette Port Harcourtot. Annak ellenére, hogy rájött, hogy sehol sincs igazán biztonságban, nem tudott nem megnyugodni.

Kinézett a kisbusz első ablakán.

Hirtelen minden kivilágosodott. Vakítóvá vált. Az utasok szúrós fényben világítottak. Egy nő zihált. Egy csecsemő sírt. Matthew szíve a torkába ugrott.

A busz megállt.

„Mindenki jöjjön ki!" – kiáltotta egy férfi. „Gyertek ki! Nem halljátok?!"

Utolsóként szállt fel, és Matthew volt az első, aki kilépett.

„Kezeket a fejre! Kezeket a fejre!" – folytatta a hang. Gyorsan. Hangosan. Fenyegetően.

Azt tette, amit mondtak neki, a szeme végre alkalmazkodott a fényhez. Ahogy tudatára ébredt a környezetének, azonosította a hang forrását. Egy katonai jármű.

„Te! Honnan jössz?!" – kiabálta egy zöld khaki egyenruhát és panamakalapot viselő férfi. A törzsén egy puska volt átvetve.

Néhány lépéssel Matthew előtt egy férfi azt fröcsögte: „Uzuakoli".

„Rivers államból származtok?!" – kiabálta egy másik katona, egy Matthew-tól balra álló családnak címezve.

„Igen" – mondta az apa.

A férfi felesége döbbenten nézett. Matthew továbbra is előre tekintett.

Körülötte mindenütt folytatódtak a kihallgatások. „Te a nigériai kormánynak dolgozol?!" „Ki vagy?!" „Miért jöttél Port Harcourtba?!"

Amikor Matthew-ra került a sor, a válasz egyszerű volt.

„Melyik törzsből származol?!"

„Idzsa."

A katona egy pillanatra megállt, és végignézett Matthew-n. Szó nélkül továbbment. A fenyegetés elmúlt, vagy legalábbis Matthew remélte, hogy elmúlt. De a teste nem tudott megnyugodni. Amikor végre újra felszállhattak a kisbuszra, és elindulhattak Port Harcourt felé, remegett a keze.

Mintha egy láthatatlan madzag húzná, Matthew gépiesen sétált át a városon a Tudeighákhoz. Másnap kora reggel nyugat felé vette az irányt, apja új posztjára, a vízparti Ekowe városába.

Éppen a kis ház előtt találkozott az apjával, ahol egyedül élt. A kapcsolatukban felmerült nehézségek után anyja és apja útjai elváltak, amiről Matthew nem sokat tudott, csak annyit, hogy az élmény sebként maradt meg apja szívében.

„*Nua*, papa!" – kiáltott fel, amikor meglátta az apját.

„Okpoma!" – válaszolt izgatottan az apja, fekete, rövid ujjú inge fölött fehér papi gallérja kiemelkedett. „Nua! Nua o!" – folytatta, miközben átölelte a fiát.

Matthew azt hitte, hogy összeesik a megkönnyebbüléstől, apja pockoktól tarkított arca és lágy hangja olyan volt, mint egy gyógyír. Gyermekként pajzsként élte meg apja gondoskodását, mint sok gyerek. De arra nem számított, hogy fiatalemberként ilyen megkönnyebbüléssel árasztja el.

Úgy érezte, mintha újra gyermek lenne, apja ölelése pedig felüdülést jelentett neki az imént átjárt tájból.

Az apja hátralépett tőle. „Kegyelmes Isten" – mondta, és Matthew ösztönösen lehajtotta a fejét. „Nagyon hálásak vagyunk, hogy biztonságos átkelést biztosítottál." Az apja hangja megingott. „Irgalmas, hatalmas Atyánk. Köszönjük neked mindezt!"

A következő hónapokban Matthew a megszokott kényelemre támaszkodott. Időnként kenuval utazott Ekowe és Ogbia között, hogy meglátogassa az édesanyját. Többnyire meghúzta magát. Mivel a bizonytalanság sötét, mérgező felhőként lógott a levegőben, nehéz volt elképzelnie, hogy túl messzire menjen az általa ismert falvaktól.

Ahogy teltek ezek a hónapok, a fenyegetettség érzése, amit a városokban érzett, történetek formájában bekúszott a falvakba. A falvak bizonyos értelemben védve voltak a háborútól, de annak történetei még mindig úgy kúsztak át a térségen, mint a folyók, amelyek a földeket szegélyezték. Az emberek féltek a látszólag véletlenszerű katonai erőszaktól. Az emberek féltek a sorozástól – a Matthewkorabeli férfiakat arra kényszerítették, hogy belépjenek a hadseregbe. De leginkább attól féltek, hogy mit hoz a jövő.

A falusiak történeteket terjesztettek, ahogy az emberek szokták. És ahogy az emberek szokták, lassan hozzászoktak ehhez az instabil és fenyegető új világhoz.

Matthew saját késztetése, hogy elbújjon, kezdett elenyészni, és ezzel egyidőben összeütközésbe került a frusztráció növekvő érzésével. Azért utazott Uzuakoliba, hogy előrébb vigye az életét. Most pedig itt volt. Ott, ahonnan elindult.

Végül leült az apjával, és megosztotta vele a terveit, amelyek egyre konkrétabbá váltak a fejében.

„Warriba akarok menni. Nem ülhetek itt, és nem várhatom meg, hogy a veszély elmúltával befejezzem a tanulmányaimat". Előrehajolt, és olyan szenvedéllyel beszélt, amely meghazudtolta belső konfliktusát. Hitt abban, hogy ez a helyes döntés, de tudta, hogy az út messze nem biztonságos.

Az apja hallgatott, a feje észrevétlenül bólintott, ahogy gondolataiba merült. A szoba csendjében Matthew egy újfajta közelséget érzett az apjával. Az apja a sikeréről álmodott – már gyerekkora óta hajtotta őt, sürgette, hogy folytassa a tanulást és a fejlődést. Mégis, habozott, hogy felhozza-e a témát az apjának, talán azért, mert ugyanaz a félelem, ami a zsigereiben kavargott, az apja arcára is kirajzolódott.

Egy ideig még ültek a csendes sötétségben.

Aztán az apja a szemébe nézett, azzal a hűséges határozottsággal, amit gyakran látott az idősebb férfi szemében – egy tekintetet, amely elszántságot és hitet közvetített. „Bo wa teke" – mondta az apja.

Az ismerős szavak legalább annyira megvigasztalták Matthew-t, mint az ölelése.

Másnap az apja elszántnak tűnt. „Isten ajándékai mindig időben érkeznek" – mondta a fiának.

Matthew először zavarba jött apja rejtélyes nyelvezete miatt, de hamarosan megértette. Mióta hazatért, észrevette, hogy apja valahogy kevésbé fáradtnak, kevésbé görnyedtnek tűnt, mint ahogyan emlékezett rá.

Az apja annak szentelte az életét, hogy a kereszténységet terjessze a Folyóvidéken, és ehhez a munkához át kellett kelnie a folyókon, amelyek erekként ágaznak szét a tájban. Mivel sok faluban nem volt pap, ő ment istentiszteletet tartani és egyéb feladatokat ellátni. Mint a legtöbb ember, aki a térség falvai között utazott, ő is sokáig evezős kenuval tette ezt. Nehéz és fárasztó munka volt.

Most vigyor terült szét az apja arcán, miközben intett Matthew-nak, hogy kövesse: „Gyere, nézd meg!".

Ez egy motoros kenu volt – bár most inkább csónaknak látszott -, Archimedes-márkájú motorral, zöld felülettel és oszlopokkal, amelyek egy tetőt tartottak, amelyen az állt: *„Ayeba Ebi Egberi",* egy idzsa kifejezés, ami azt jelenti: „Isten jó híre". Matthew azonnal látta, hogyan változtatta meg apja utazó munkáját, és könnyen el tudta képzelni apját, amint a fedélzeten áll, és a parton összegyűlt hívekhez szól, akik lelkesen fogadják Isten jó hírét.

Apja halk szavú ember volt, akit szerettek a szerepében. Matthew legalább egy esetről tudott, amikor egy gyülekezeti tag azt mondta neki, hogy beszéljen hangosabban.

Egy asszony megállította őt, és megjegyezte: „Nagyon jók a prédikációi, de hangosan kellene beszélnie, senki sem hallja meg!".

Az apja kiegyenesedett, magasan állt fehér prédikátori palástjában, és meghúzta a fekete zsinórszíjat. Aztán így poénkodott: „Ha megszidlak, nem hallod meg?"

Ez volt apja személyiségének különleges vonása – félénk, csendes ember volt, mégis okos, a legtöbb kritikára gyors észjárással és éles nyelvvel válaszolt.

Az a képessége, hogy még halk hangjával is képes volt a hallgatóságnak parancsolni, elvezette apját Miss Owenhez, egy angol misszionáriushoz, aki egy középiskola igazgatóhelyettese volt Oporomában, egy másik kis vízparti közösségben, mintegy húsz kilométerrel Ekowe-tól felfelé a kanyargós Nun folyó mentén. Az apja elmagyarázta, hogy Miss Owen meggyőzött egy angliai gyülekezetet, hogy vásároljon motort az apjának, hogy a szolgálata könnyebben terjedhessen tovább. Az apja házigazdája volt egy csónakszentelésnek és vízre bocsátásnak. A falusiak összegyűltek a vízparton, miközben az apja egy Bibliát tartott a kezében. Még Afonya püspök is jelen volt, aki piros-fehér köntösbe öltözött, kezében a botjával, és a kenu tetejére tette a kezét, hogy megáldja azt.

Az átalakított kenu áldás volt a munkájához, hogy terjessze a jó hírt, de talán más oka is volt annak, hogy akkor kapta meg a motort, amikor megkapta – talán ez az ajándék arra volt hivatott, hogy segítsen Matthew-nak elérni a végzetét!

A Warriba vezető út a szárazföldön veszélyes lenne. Katonák járkáltak a vidéken. A Warriba vezető folyami útvonal azonban lehetővé tenné számukra, hogy csak a helyiek között utazhassanak. Ez sokkal biztonságosabb lenne, mint a szárazföldön átkelni.

Természetesen még mindig volt némi kockázat. Háború dúlt az országban. De ahogy az apja emlékeztette rá, Isten már korábban is segített neki. Megvédte őt a súlyos betegségtől. Most is meg fogja védeni.

Nagyon korán reggel volt, és még mindig sötét, amikor bepakolták a kenuba az élelmiszert és Matthew bőröndjét, valamint egy pár evezőt és egy kanna benzint. Ahogy vitték a készleteiket a mólóhoz vezető ösvényen, a talaj egyre puhább lett, mígnem érezte, hogy a lába belesüllyed a folyó szélén lévő sárba. A benzingőz szaga a folyó vízi illatával küzdött; a motor új technológiája szemben állt a hagyományos idzsaföld látványával, hangjaival és illataival. A csónakot megrakodva ellökték azt a parttól, és belevetették magukat a Nun folyóba.

Apja arca büszkeséggel telt meg, amikor meghúzta a zsinórt, hogy beindítsa a motort. Előretörtek Warri felé, a folyók tekervényes útjára, amely a szárazföldön kanyargott, és Matthew becslése szerint száz kilométeres távolságot háromszor ilyen hosszúra nyújtott. A víz zavaros és barna volt alattuk, észak felé vették az irányt, egy olyan útvonalat követve, amelyet az apja már sokszor bejárt. Őrszemként álltak, a magas pálmafák jót kívántak nekik, végül tétován átadták a helyüket a mangroveerdőnek, ahol erős fák ültek pókszerű gyökereik tetején, és az édes víz sós vízzé változott.

Ahogy a folyóvíz spriccelése benedvesítette az arcát, a nosztalgia hulláma azzal fenyegette, hogy elmossa azt. Egészen kisfiúként hallott magáról történeteket. Néha, mesélték neki, amikor forró volt a nap és erős volt a teste, az anyja beledobta ebbe a vízbe. Pár másodpercig csapkodott pufók végtagjaival, felügyelet nélkül, levegő után kapkodva, amit sok anya látott már, aki a vízbe dobta a gyermekét, hogy az ugyanolyan biztosan megtanuljon úszni, mint ahogyan járni is megtanult.

Alig volt egy kicsit idősebb, amikor a nő bevitte a kenujába. Kényszerűségből az anyja magával vitte, szorosan a háta köré tekerve egy hagyományos ruhadarabba, amikor elindult a folyóparti farmokra dolgozni.

Hiányzott belőle a motor kényelme, ahogyan az apjának is, egészen a közelmúltig. Ezért gyerekkorában úgy tanult meg evezni, hogy őt figyelte. A partról összeszedett botokkal utánozta az anyja mozdulatait, és játékosan megtanulta, hogyan kell a kenut a vízen mozgatni. Nyolcéves korára már tudott kormányozni.

Felnőttként már sokkal ritkábban volt szüksége a folyón való utazásra, de még akkor is szívén viselte a nyüzsgő folyón való utazás emlékét, a kenukban utazó embereket és a halászokat a hálóikkal, amikor már belecsúszott a városokban való közúti közlekedés szokásába.

Ahogy a vizek a Forcados folyóba szállították őket, amely a Nunhoz hasonlóan a Niger folyóból – Nyugat-Afrika legfőbb folyójából – vált ki, rájött, hogy mindig is ez lesz az otthona.

A víz olyan ismerős volt, mint a vér az ereiben.

Nem számított, milyen messzire vándorol majd élete során, keresztül Nigérián vagy szerte a világon, a szíve a kenuk, a szoros közösségek és az ádáz birkózóversenyek e földjéhez kötődött. Útvonaluk egyik falun ment keresztül a másik után, kunyhók és dokkok követték egymást, emberek kenukon és gyerekek a vízben. Egy halász a hálóját a vízbe dobva biccentett kettőjük felé. Matthew visszabólintott. Néhány méterrel előttük két gyerek csobogott céltudatosan, arcukon a koncentráció maszkjaival. Felidézte, milyen üdítő érzés volt gyerekként belevetni magát a folyóba, milyen érzés volt lebegni, milyen pánikba esett, amikor megmerítkeztek, milyen zihálva hívták meg egy vízibirkózó mérkőzésre.

Hét óra vízen töltött idő után az apja növelte a kenu sebességét, előrenyomult a simább vízzel szemben, amely az államhatár mentén nyugatra kanyarodott, és rácsatlakozott az északi, Warriba vezető útra. Még egy órába telt mire ketten kimásztak a csónakból, és eljutottak a Hussey College-ba vezető ösvényre, majd az útra.

Az öröm – a remény – érzése talán kevésbé volt új, mint inkább felfrissült.

Úgy gondolta, talán túl vannak a legrosszabbon.

Talán a dolgok hamarosan visszatérnek a normális kerékvágásba.

Warri nagy város volt, jóval nagyobb, mint Uzuakoli, és Matthew újból optimizmust érzett, ahogy keresztülhaladtak a városon. Vásároltak néhány szükséges dolgot, együtt vacsoráztak, és ami a legfontosabb, megérkeztek az iskolába, hogy elintézzék a tanulmányait.

Reggel az apja visszatért idzsaföld vizeire, és elindult vissza a faluba.

Az ismerősség furcsa érzése volt ebben – hogy ismét egyedül van az iskolában.

Matthew a nigériai polgárháborúban kapott menedéket. Bár a háború nem ért véget, itt, Warriban, a campus menedékében viszonylag biztonságban érezte magát, az iskolai munka pedig elterelte a figyelmét a város határain túli világ időnkénti aggodalmairól.

Ismét az általa elképzelt élet felé vezető úton volt.

4. fejezet

SZOLFÉZS

"A FALNAK IS VAN füle."

Judit nem emlékezett, mikor hallotta először ezt a mondást. Még akkor is baljósan hangzott, amikor túl fiatal volt ahhoz, hogy igazán megértse, mit jelent.

Most, kamaszként már értette, és ez halálra rémítette. A kommunisták mindig hallgatóztak.

A magyarok az 1956-os felkelés után nagyon rövid ideig élvezhették a nyugalmat. Hosszú évek óta először engedélyezték, hogy gyermekeiket különféle idegen nyelvi órákra írassák be, a német, a francia és az angol nyelv szintaxisa olyan volt, mint egy varázslatos szonáta nyitótaktusai. Volt remény.

De rövid életű volt.

Az 1957-es őszi tanév első napján az orosz nyelv ismét kötelező volt. És bár a felkelés után a hitoktatást még mindig engedélyezték, Judit megdöbbenésére erősen visszariadtak tőlük. A templomi gyóntatótermek ismét az egyetlen olyan helyek lettek, ahol az emberek szabadon beszélhettek a vallásról és más tiltott témákról – a szűk fülkékben, amelyek falainak nem volt füle, legalábbis egyelőre.

Akkor még senki sem tudta, hogy meddig tart ki a vallásszabadságuk, így természetesen Judit lelkesen ült az első sorban a hittanórán, amikor első nap a Kaffka Margit Leánygimnáziumban tanult.

Rövid séta volt az otthonától a Villányi utcai tornyos épületig, de a nagyszerű, kockás padló és a visszhangos boltíves mennyezet egy másik világba repítette. Amikor a többi lánnyal együtt végigvonult a folyosókon, egyenletes sorokban sétáltak, cipőik ritmikus kopogása olyan volt, mint a szelíd tavaszi eső. A rend és az engedelmesség mintapéldányaiként a lányok egyenesen és magasan jártak rendezett, sötétkék ruháikban, tisztán elrejtett gombjaikkal és ropogós, fehér, gombos gallérjukkal.

Judit úgy gondolta, hogy ez a kép illik rájuk. Az iskola névadója, Kaffka Margit is szerény külsejű, de bátor tettekre képes ember volt, ő írta Magyarország legfontosabb – és talán politikailag legkritikusabb – irodalmát.

De bár az épület az ő nevét viselte, amíg az ország az orosz rendszer alatt küzdött, addig Kaffka meghatározó politikai kritikája nem volt jelen. Egyetlen téma, legyen az bármilyen banális, sem kerülhette el a kommunista propaganda befolyását, a történelem és a földrajz pedig kifejezetten a Szovjetuniót dicsőítette. Még akkor is, amikor a magyar földről vagy kultúráról kellett volna beszélniük, a tanárok megtalálták a módját, hogy felemeljék a szovjeteket, figyelmen kívül hagyva a katonák számos szörnyű atrocitását.

Judit és diáktársai nap mint nap a kommunista erényeket tanulták, miközben engedelmesen ültek a kemény faasztaloknál, oroszul gyakoroltak és marxista filozófiát szavaltak.

A burjánzó propaganda láttán azt hihetnénk, hogy minden magyar engedelmes volt.

Tévednénk.

A magyarok mindenféle módját megtalálták az ellenállásnak – csak óvatosnak kellett lenniük.

Az egyik ilyen alkalom akkor jött el, amikor hetedik osztályos volt, éppen tizenhárom éves, és elsodródott a tanárnő tanítása közben, ahogy az gyakran megesett. Szemét a tanterem ablakán túli napsütésre függesztette, és épp egy nemrégiben Verebbe tett nyári kirándulást elevenített fel, amikor egy ismerős név vágott át a kábulatán.

„Talán meglepődtök, ha megtudjátok, hogy Bartók Béla a nagy szovjet hadjárathoz kötődött" – jelentette be a tanárnő.

A tanárnő szeme táncolt a szaftos történelmi titok izgalmától, de Judit szeme összeszűkült. Anyai nagyanyja, Elza volt a híres zeneszerző egyetlen testvére, és Judit második apjának tekintette fiát, ifjabb Bélát. Ő és a felesége – akinek a neve megegyezett Judittal, ami a lányt nagyon megörvendeztette – Budapesten, a Köbölkút utcában éltek, csak egy utcával lejjebb.

Béla bácsi természetszeretete volt az, ami először táplálta igazán humanista személyiségét, és a Bartók-ház, ami egy ideális jövő vízióját teremtette meg benne. A lakás visszhangzott az óráktól, amelyek mind pontosan, egyhangúan ütötték az időt, a kis ablakokból kis madarak pattantak ki, hogy jelezzék az idő múlását. Friss virágok virítottak, látszólag a lakás minden asztalán ott ültek, és semmi sem tűnt helytelennek.

A lány úgy gondolt az otthonukra, mint egy szállodára, de ennél sokkal több volt. Olyan hely volt, ahol biztonságban érezte magát.

Amikor tehát a tanárnő tovább tájékoztatta a diákokat Bartók állítólagos kommunista szimpátiájáról, Judit mélyen összezavarodott. A kijelentés a nevetségesség határát súrolta. Ha Béla a szovjetek karjaként utazott az Egyesült Államokba, ahogy a tanárnő mondta, Judit nem tudott róla. Abból, amit hallott, elég rendesnek tűnt.

Aznap az órán a tanárnő rémisztő dolgokat mondott Bartókról – olyanokat, amelyek éles ellentétben álltak azzal a Bélával, akit ő ismert, és a „nagy Szovjetunióban" betöltött szerepével. Minden tanár ezt a kifejezést használta, egy látszólag ártalmatlan, de mélyen propagandával kódolt jelzőt.

Amikor hazaért, megemlítette a történteket, és értetlenül állt a tanárnő megjegyzései előtt – nem értette, hogy a szülei miért tűntek úgy, hogy nem kedvelik a szovjeteket, ha valaki, aki olyan közel állt hozzájuk, mint Bartók Béla, támogatta őket! Valami nem stimmelt.

Néhány nappal később már szinte el is felejtette az esetet, ehelyett egy új dallal volt elfoglalva, amit hallott, amikor a tanára elővett egy szépen összehajtogatott levelet a borítékból, kisimította a gyűrődéseket, és olvasni kezdte.

A szavak, amelyek a tanárnő szájából elhangzottak, nem az ő szavai voltak – Béla bácsiéi. „Bartók Béla – olvasta – soha nem játszott szerepet egyetlen szovjet hadjáratban sem. Valójában elborzadna, ha értesülne a fiatal, befolyásolható diákoknak tett kijelentéseiről".

A levél még egy darabig folytatódott, a tanárnő arca minden egyes mondattal egyre vörösebb lett, de Judit lemaradt a levél tartalmának nagy részéről, és belül ujjongott, amiért ilyen könnyen helyrehozható volt a hiba. Rövid tapasztalata szerint az igazságszolgáltatás általában nehezen jött – ha egyáltalán jött.

Így volt ez az ifjúsági kórus esetében is. Tizenéves korában Judit először kapott édes ízelítőt az éneklés varázsából, és ez az élmény tizenhét éves koráig tartott.

Felnőttként mindig is vonzódott a zenéhez, magánórákat vett, hogy megtanuljon zongorázni, később pedig szoprán furulyázni, de az éneklés hangszerével még nem foglalkozott. Tizenkét éves volt, amikor csatlakozott a feneketlen tó melletti Szent Imre-templom ifjúsági kórusához. Az oktató Bárdos Kornél Albert ciszterci pap volt, egyben zenetörténész és tanár, akinek kedves szeme volt, amit elegáns kerek szemüvege és kissé kopaszodó feje fokozott.

Bárdos – vagy Berci bácsi, ahogyan hívták – reneszánsz ember volt, aki lenyűgözően sok diplomával rendelkezett, és jól kiforrott affinitással tanította a gyerekeket. A ciszterci papi szolgálatból 1951-ben elbocsátották, és Miskolcra került. Magyar nyelvből doktorált, talán latinból is, és szolfézst és zenetörténetet tanított. Ennek ellenére illegálisan tovább működtette a templomi ifjúsági kórusát hittanoktatással.

Ezt persze Judit akkor még nem tudta.

Amit tudott, az az volt, hogy a férfi arra késztette, szívből énekeljen.

Akkoriban még nem ismerte a szolfézst, azt a gyakorlatot, hogy a skála hangjegyeit különböző szótagokhoz rendelik – dó, ré, mi, fá és így tovább –, mint a gyermekek hallás- és olvasási készségének tanítására szolgáló módszert. Amikor Judit gyerek volt, ezt a gyakorlatot még nem tanították az iskolákban – de Berci tanár úr megismertette a technikát a tanítványaival, segítve őket, hogy hallás után tanulják meg a szólamokat, mint egy olyan módot, amellyel a tökéletes összhangban éneklő csoport tiszta, édes rezgését ösztönözni lehetett.

Judit teljesen beleszeretett a tanár úr látás utáni énekórájába, és elragadtatott figyelemmel követte a hagyományos népzene hangjait. Buzgón gyakorolta a szolfézsskálákat, néha egy mogorva testvérét arra késztetve, hogy ráförmedjen, amikor a dó-ré-dó-mi-dó-fá-gyakorlatokat túlzásba vitte.

Őt ez nem érdekelte. Hadd csattogjanak. Elhatározta, hogy elsajátítja a zene és a matematikai pontosság e lenyűgöző keverékét, megtanulva gyönyörűen irányítani a hangját.

Judit a többi gyerekkel együtt minden hétfőn a templom bal oldali toronyszobájában gyűlt össze próbálni. Rendszeresen felléptek a mise alatt, átvéve a felnőtt kórus helyét, akik a korábbi misén énekeltek. Annak ellenére, hogy törvénytelen volt egy ifjúsági kórus befogadása, a plébános más vallási vezetőkkel szolidárisan szemet hunyt, és megengedte nekik, hogy fellépjenek és folytassák a leckéket.

Abban az időben az oktatás szigorúan szabályozott volt, mind az iskolában, mind az iskolán kívül. Ez kétszeresen is igaz volt a vallási oktatásra – a pedagógusok nem taníthattak vallást, és még csak nem is hozhatták az embereket kapcsolatba vele. A papok egyáltalán nem taníthattak, mivel a kormány attól tartott, hogy elősegítik a vallásos gondolkodás kialakulását.

A kormány joggal félt. Amikor Judit és a többi tizenéves, összesen mintegy ötvenen, köztük közeli unokatestvére, Veronika, a pap köré gyűltek, sokkal többet tettek, mint énekeltek. Berci úr jellegzetes, gyors hangján hittanórákat épített be a kóruspróbákba, és a próbákat rendszeresen megszakította vallásos monológokkal vagy prédikációkkal.

Ez nem kis kockázatot jelentett a részéről. A kormány nem tisztelte a papokat. Gyakran aktívan lejáratták őket, állami ügynökök lealacsonyító és perverz részleteket terjesztettek róluk. Néha a kormány házkutatásokkal gyűjtött róluk mocskot, máskor meg csak kitalálták. Leggyakrabban azokat a papokat vették célkeresztbe, akik gyerekekkel töltöttek időt, és messzire küldték őket, ahol nem tudták befolyásolni a következő generáció elméjét. Zárdákat, kolostorokat és katolikus iskolákat foglaltak le. A papság soraiban voltak úgynevezett „békepapok", akik lojálisak voltak a kommunista rezsimhez és támogatták a kormány politikáját. A hívek általában megvetették vagy figyelmen kívül hagyták őket.

Tudva mindazt, amit Berci bácsi kockáztatott, hogy énekre és imára vezesse őket, Judit hálás volt, és elnyelte a történeteket Dávid és Góliátról, az irgalmas szamaritánusról és a nagy árvízről. Ez az egy kicsit megijesztette, az igazat megvallva. De imádta a kis Mózes történetét, akit bepólyáltak és egy nádkosárba tettek, és akit a Nílus csobogó vize álomba ringatott, mielőtt a fáraó lánya kimentette.

Emlékeztette a saját gyermekkoráról hallott történetekre. Bár hallotta a félelmet az anyja hangjában, amikor elmesélte azokat a napokat a negyvenes évek elején, szeretett hallani róluk. Az anyja seb-helyes emlékeivel ellentétben Juditnak a másodkézből való elbeszélés távolsága révén volt kapcsolata azokkal az eseményekkel, és számára a történetek izgalmasan hangzottak.

„Nem tudtunk hova tenni téged, Cinke" – mondta neki az anyja, amint elég idős volt ahhoz, hogy megértse. A becenevet a kis termete miatt kapta. „Csak arra volt időm, hogy felkapjak néhány takarót, de nem volt hol aludnia egy kisbabának. Könyörögtem apádnak, hogy maradjon, de – anyja kissé megborzongott az emléktől – felszaladt az emeletre. Biztos voltam benne, hogy mindjárt leesnek a bombák."

Édesanyja szeme mindig üveges lett, amikor elmesélte azt az idő-szakot, 1944 karácsonyának másnapját, amikor Budapestet szovjet és román hadseregek vették körül, a Bécsbe vezető utat pedig elfog-lalták. Civilek százezrei, valamint német és magyar katonák rekedtek a városban, és az ellenséges repülőgépek alacsonyan és baljóslatúan repültek a fejük felett.

„A szirénák állandóan bömböltek" – folytatta az édesanyja. „Olyan hangos volt. Sikoltoztál és sikoltoztál."

„Mit csináltál?" Judit nagy szemekkel kérdezte.

Az anyja arcán a fájdalom és a szeretet maszkja volt – gyakran ez volt a helyzet, amikor a háborúból származó történeteket mesélt. „Nem volt mit tenni" – mondta szomorú vállrándítással. „Nem volt semmi, amit bármelyikünk tehetett volna. Csak lementünk a pincébe, és reméltük, hogy minden rendben lesz. Mindannyian az épületből hét hónapig voltunk összezsúfolva abban a helyiségben, és imádkoztunk. Én már akkor is imádkoztam. Amikor apád felment az emeletre, akkor is imádkoztam érte."

„De aztán Apu visszajött!"

„Igen." A nő bólintott. „Elhozta a kiságyadat, és valahogy elaludtál. Olyan kicsi voltál. Nagyon aggódtunk érted."

„És a többi baba?"

Az anyja melegen mosolygott. „És a többi baba…" – mondta, és a hangja ismét könnyed lett. „A felnőttek suttogtak, de a babák sírtak és nyüszítettek, ahogy a babák szoktak. De amint befeküdtél a kis fonott kocsidba, olyan boldog voltál, amilyen csak lehetettél." Erre az anyja játékosan megcsípte az arcát, Judit pedig savanyú arcot vágott, és hiába kuncogott, a vállát a copfjába gyűrte.

Mint a legtöbb gyerek, ő is imádta hallani, hogy milyen volt kisbabaként. Ahogy idősebb lett, az általános iskolát végigjárva, majd a Kaffka Margit gimnáziumba kerülve egyre jobban megértette, hogy milyen félelmetes lehetett a család számára a helyzet. Tudta abból, ahogy mások beszéltek róla, hogy sokan attól tartottak, nem fogja túlélni. Anyja teje addigra már elapadt, és kilenc hónapos korában már le volt soványodva, és sokkal kisebb volt, mint amekkorának lennie kellett volna. Az apja megnyugtatta őket, azt mondta neki, hogy a baba „olyan erős és kitartó, mint az anyja", és ez az összehasonlítás Juditot büszkeséggel töltötte el.

Mindig is kicsi volt – a család legkisebbje, minden lehetséges módon.

Ahogyan azt az ifjúsági kórusban a tiltott hittanórákon megtanulta, a kis Mózes is kicsi volt valaha. Mégis az igazság nagy bajnoka lett belőle, bármennyire is kicsi és szelíd volt egykor. Nem mintha elképzelte volna, hogy olyan lesz, mint Mózes – ő soha nem tudott volna ilyen vezető lenni, és nem is törekedett rá –, de jó ember akart lenni, és mások életét jobbá akarta tenni azokkal a kis dolgokkal, amelyekkel csak tudta.

Imádta az ifjúsági kórusban töltött időt. Ennek 1961-ben hirtelen vége szakadt, amikor a vallásoktatás tilalmára vonatkozó szovjet szabályok elkezdték nehezíteni a Berci bácsihoz hasonló hittanárokat. A kormány állandó fenyegetései miatt nehéz volt vallásos személyiségnek lenni, és ő abbahagyta a papi munkát is.

A kórusban eltöltött idő alatt rájött, hogy a zene és a vallásos nevelés együttes érdekeibe való befektetés az igazságos lázadás egy kis cselekedete. Ez volt a módja annak, hogy minden ellenállás ellenére kiálljon a helyes dologért.

Ekkor jött rá, hogy igazi hivatása a zene és a tanítás kombinációja. Mindkettőt tudta csinálni, akárcsak Berci bácsi, és Kaffka Margit szeretett zenetanárnője, D^2P^2 mintájára fog dolgozni.

Persze nem D-négyzet P-négyzet volt a valódi neve. Évekkel ezelőtt egy csapat régen végzett diáklány találta ki ezt a buta nevet Dr. Domokos Pál Péterre, és Judit és a barátnői lelkesen vették fel sorra. A népzenekutatásban és a pedagógiában éppoly jártas férfi volt Kaffka Margit legmegragadóbb tanára.

Dr. Domokos rendre hívta az osztályt, már amennyire rend lehetett az izgatott tanulók tengerében, és a diákok éhesen hallgatták, ahogy elmagyarázta a következő gyakorlatot. Néha egyszerűen csak azt mondta nekik, hogy ringatózzanak ide-oda, miközben D^2P^2 énekelt nekik, a hangja éppoly álomszerű volt, mint a mágneses modora. Mások egy-egy részlet eléneklését gyakorolták, és nagy örömükre azt mondták nekik, hogy elsajátították a gyakorlatot. Csak ezután kaptak utasításokat, hogyan jegyezzék le az épp énekelt zenét.

Judit rákattant, és gyakran maradt az óra után, hogy meglátogassa D^2P^2-t. Béla bácsi volt a közös ismerősük, így kettejük között szoros kötelék alakult ki, mivel D^2P^2 úgy bátorította őt, mint egyetlen tanár sem korábban.

A Kodály-módszer volt az, ami igazán megfogta őt. D^2P^2 elmondta neki, hogy csak nemrég vezették be széles körben, és ha el tudja sajátítani, akkor ő is az egyik nagykövete lehet, aki az innovatív technikákat alkalmazza a gyermekek zenetanítására, pontosan szem előtt tartva a fejlődési szintjüket.

A megközelítés elegáns volt – túl bonyolult ahhoz, hogy megértse az ember, de ha egyszer megértette, olyan egyszerű, hogy csodálkozott, miért nem gondoltak rá korábban. A szolfézs minden egyes szótagjához párosított kéz- és testmozdulatokkal Kodály lehetővé tette a gyermekek számára, hogy kihasználják azt, ahogyan a zene hatására érzik magukat. A kezük felfelé mozdult, amikor a hangmagasságuk emelkedett, és lefelé tollasodott, amikor a hangmagasságuk csökkent. Kötött és tiszta volt, ugyanakkor mélyen kifejező is.

Az összetartozás érzése, a mozgás és a hang világos, meghatározott, elegáns szabályokkal rendelkező kötődése révén Judit felfedezte hivatását. Mint D^2P^2 és Berci bácsi és Béla bácsi, ő is megtanulná a zene művészetét, összeszőné a dallam és a kotta nagyszerű tájat, hogy felemelje hangját, hogy megossza szeretetét a jövő nemzedékeivel. De emellett segítene másoknak is felemelni a hangjukat, a bátor apácák árnyékában állva, akik megalapították Kaffka Margitot, hogy aztán huszonnyolc évvel később elrabolják őket a kommunisták. Kegyetlenül harcolna az esélytelenekért.

Nemcsak a zenét szeretné. A gyerekeket is megtanítaná rá.

A kislány – az a vékony és beteges baba, aki a fonott mózeskosárban aludt, miközben a szülei az életéért aggódtak – végre megtalálta

5. fejezet

CÉLOZZ MAGASRA
ÉS LŐJ MAGASRA

A ROMOS, NÉHÁNY EMELETES lakóépületek, amelyek korábban olyan frissnek és újnak tűntek, most Matthew számára korábbi önmaguk megfeketedett héjaként tűntek fel. Három hónap telt el Port Harcourt felszabadítása óta, és még mindig katonák járták az utcákat. Az elektromos hálózata tönkrement, a város zümmögése elcsendesedett, amit a megereszkedett, elhagyott házak és a kihalt városrészek csak fokoztak. Port Harcourt lakosai közül sokan elmenekültek a városból, és őseik falvaiban kerestek menedéket a fejükön cipelt szerény vagyonukkal. A város nem volt éppen romokban, de egészen másképp nézett ki, mint amikor utoljára járt itt.

Port Harcourt mégis reményt sugárzott. Az emberek lassan kezdtek visszaszivárogni otthonaikba. Súrolták a kormot a falakról, kicserélték a betört üvegeket, és könnyes örömmel kiáltoztak a szomszédok és barátok visszatérése miatt. Az egykor könyörtelen szörnyeteg, a háború nyomorúságos üvöltése kísértetté vált – bár még mindig fenyegetett, katonák katonaruhában, vállukra támasztott fegyverekkel és álcázott teherautókkal járőröztek rendszeresen. A város szinte dacból kezdte kiegyenesíteni a gerincét és hátravetni a vállát, megpróbálva a katonai jelenlétet egyszerű kellemetlenséggé csökkenteni.

Nehéz volt bízni benne – annyi remény állt szemben annyi romlással –, és Matthew attól tartott, hogy csak a saját optimizmusát vetíti a városra. Port Harcourthoz hasonlóan – mint Nigéria oly nagy részéhez is hasonlóan – látta, hogy gondosan kidolgozott terveit a hírek és a golyózáporok ritmikus hullámzása romba döntötte, kiüresítette. A csalódás láttán összeszedte az erejét, és egyik lábát a másik elé tette. Akár képzelte, akár nem, a város magabiztos léptei, amelyek az ő lépteivel egy ütemben haladtak, felbátorították.

Megtanulta otthon érezni magát az „ő népe" között. Számára ez túlmutatott az idzsakon. Bizonyos értelemben mindig is így érzett, büszkén vallott magáénak három különböző falut. A történelmi idzsa matrilineáris kultúra szerint ő ogbiai volt. De az apai nagyanyja Nembéből, a nagyapja pedig Tombiából származott. Matthew mindig is kötődött mindháromhoz.

És most Port Harcourtban élt.

Ahogy a város feléje nyúlt, felismerte annak rokonlelkét; ölelése nőies volt, mint az idzsa Isten. Szöges ellentétben állt a háború erőskezű lökdösődésével, Matthew gyengédséget érzett benne. Éles sarkai és sűrű felszínei között a város mélyén gondoskodó jelenlétet érzett. Ő vezette őt ide vissza, és most ő vezette őt INEKIO-ba.

Egy iskolaépület mellett kifüggesztett, kézzel írt, vastag és piros betűs szórólap tájékoztatta őt az INEKIO-ról, a Rivers állam öregdiákjainak társadalmi szervezetéről. A magyarázat fölött az állt, hogy a szó egy betűszó, egy betű Rivers állam egy vagy több fő törzsét jelöli. Éppúgy kíváncsiságból, mint a közösség utáni vágyakozásból – bár minden bizonnyal mindkettőt érezte – elővette barna nadrágja hátsó zsebéből a szépen összetekert újságját, és az egyik szabad sarokba firkálta az információt. Néhány nap múlva lesz egy INEKIO társadalmi esemény.

Néhány nappal később, ahogy közeledett a Port Harcourt külvárosában lévő nagy teremhez, legalább annyira érezte a csoport örömét, mint amennyire hallotta. Dú-dút, dút, bop-bá, harsogta az acélgitár, dominánsan az ujjak csettintésének és a lábak csoszogásának hangja fölött. Egy hámló nevetés csikorgott át a zenén, amelyre Rex Lawson bíboros kürtje válaszolt, amelyet egy Harmon-hangtompító fémes wa-wa-ja torzított. Magával ragadta a dal dúdolós felhívása, hogy tegye félre az aggodalmakat, és koncentráljon erre a pillanatra, és a hátsó terembe lépve vele egykorú fiatal férfiak és nők rendezett csoportjait találta.

Ez a közösség olyan lelkületet sugárzott magából, mintha gyógyír lett volna a lelkére.

Szín és hang árasztotta el a szobát. Egy vékony, piros, tekert szoknyás nő fordult meg és mosolygott, amikor belépett. Jobbra tőle egy férfi úgy nevetett, hogy majdnem kiöntötte az italát. Egy másik nő kerekded alakkal és szépen meghatározott fürtökből álló glóriával csúszott el előtte – „elnézést" – mondta a nő –, majd eltűnt, helyét egy kék pamut miniruha vette át a látóterében.

A hátsó sarok felé haladva, miközben a lába önkéntelenül is a dal ütemét kopogtatta, jobban megnézte a hosszú fehér tunikát és bő nadrágot viselő magas férfit. Úgy nézett ki, mint a Metodista Kollégium egyik diáktársa, akivel már többször keresztezte az útját az Uzuakoliban töltött ideje alatt, de Matthew nem tudta a nevét.

Ahogy közeledett, egy fekete cilinderes, sötét bőrű férfit látott a falnak támaszkodni, kezében egy zöld palackot tartott birtoklóan, amelyen egy nagy, fehér csillag volt. „Alapvetően" – mondta a férfi, amikor Matthew hallótávolságba ért – „a nigériai politikát gúnyolja" – mondta a fejét rázva.

Egy másik férfi elutasítóan intett a kezével. „Á, ugyan már, ez viccesnek van szánva!"

Az első férfi álmegdöbbenéssel billentette a fejét. „Egyáltalán nem találom viccesnek."

„Csak azért, mert nincs humorérzéked!"

Erre a többiek nevetésben törtek ki, a cilinderes férfi pedig játékosan savanyú pillantást vetett rájuk.

Megragadva az alkalmat, Matthew előrelépett. „Adj egy sört!" Most már közelebb érve biztos volt benne, hogy felismeri a fehér ruhás férfit.

„Hé!" A felismerés hulláma végigsöpört az arcán. „A Metodista Kollégiumba jártál?"

A férfi meleg arckifejezéssel vigyorgott, ami Matthew-t azonnal megnyugtatta. „Igen! Abam vagyok."

„Á, igen, emlékszem!" Elvett egy sört a cilinderes férfitól, és köszönetképpen bólintott. „Matthew Mamah."

Miközben a többiek bemutatkoztak, feltörte az üveget, majd ivott egy kortyot. Lawson „Bere Bote" című száma zökkenőmentesen áramlott át egy simább ütembe.

„Ez az én dalom! Ő egy idzsa ember!" – kiáltott fel Bassey, a cilinderes férfi. Rövid, szaggatott léptekkel a terem közepére igyekezett, fejét a ritmusra lóbálva.

Abam legalább hat centivel magasabb volt Matthew-nál, de termete meghazudtolta szerény melegségét. „Hogy vagy?"

Azonnal egymásra találtak. Matthew-hoz hasonlóan ő is egyetemi diplomát akart szerezni. Abam szerencsésen befejezte az érettségit, mielőtt az erőszak elhatalmasodott volna Uzuakoliban, de Matthew-hoz hasonlóan most kevés lehetőséget talált arra, hogy továbbtanuljon. Itt találták meg a legbiztosabb közös pontjukat – mindketten szívósak voltak, és nem voltak hajlandóak csökkenteni az elvárásaikat a forradalom viharos erejével szemben.

Matthew nem sok mindenre emlékezett Abamról. Meglehetősen intelligens volt – Matthew egyre biztosabbnak érezte ezt, minél tovább beszélgettek –, és járt néhány órájára, remélve, hogy egyszer majd diplomát szerez. Azonnal megkedvelte őt. Abam ambíciói a sajátjait tükrözték. Emlékeztették őt arra, hogy miért becsülte mindig is az oktatást – nemcsak a lehetőségek miatt, amelyeket nyújtott, hanem mert a tanulás maga is egy lehetőség volt.

Talán éppúgy az oktatásba való befektetése, mint a jövedelem iránti igénye vezette Matthew-t a szokatlan állásába a Holy Rosary Leánygimnáziumban, amelyet most építettek újjá, miután a háború elűzte az azt vezető európai apácákat. Az ország számos kulturális hagyományában a lányokat nem taníttatták. Nagyon fiatal koruktól – öt-hat éves koruktól – sokan házvezetőnőnek szocializálódtak, ahogyan a nővére, Comfort, az édesanyja és előtte a nagyanyja is. Napjaikat főzéssel, takarítással és a kisebb gyerekek gondozásával töltötték, ami lehetővé tette a férfiak számára, hogy iskolába járhassanak, és az oktatás nyújtotta gazdasági lehetőségeket kihasználhassák. Gyermekként hasznát vette nővére gondoskodásának, és élvezte a minimális házimunkával járó életet. Akkoriban ez mind normálisnak tűnt, sőt helyénvalónak. Fiatalemberként felismerte, milyen meredek árat fizettek érte a testvérei – saját éhes elméjüket áldozták fel az övéért.

Az oktatás kiemelte őt azokból a helyekből, ahol felnőtt. Ogbiából, ahol 10 éves koráig élt, amíg apja nagyrészt távol volt katekéta- és teológiai képzésen, és Emelegóból, ahová a család költözött, miután apját pappá szentelték. De mindegyik kisvárosban látta, hogy a kormányzat semmibe vétele a fejlődés hiányához vezetett, különösen a Port Harcourt-i kényelemhez képest.

Műveltségének jóvoltából élvezhette a város luxusát. Áldozataik révén a testvérei viszont nem.

Így amikor meghallotta, hogy a Holy Rosary tanárt vesz fel, nemcsak munkát látott benne – hanem hivatást is.

Matthew tudta, hogy régen az apja is tanár volt. Tizenhat évesen az apja egy anglikán iskolában tanított Kolo faluban, Ogbiában. Később, miután megnősült, Matthew édesanyjával együtt a szomszédos ogbiai faluba, Otuokpotiba költözött, ahol a lelkipásztori feladatokra öszszpontosított.

Az apja nagyra becsülte a tanárokat, a lelkészek után a második helyen álltak. Mielőtt Matthew megszületett, az előbbiként dolgozott, és amikor Matthew még gyerek volt, elvégezte a teológiai képzést. Matthew oktatásba való befektetésének magvait elültetve szeretettel beszélt igazgatói és tanári éveiről. Az apja gyakran mondta, hogy a közösségnek szüksége van az oktatásra. Máskülönben nem lehetett volna igazi társadalmi felemelkedés.

De az apja sokkal szigorúbb volt, mint amilyennek Matthew képzelte magát. Apja a Bibliával együtt egy faágból faragott hosszú botot is hordott magánál, ami egyértelmű jelzés volt a tanítványai számára, hogy a fegyelmezetlen gyerekeket habozás nélkül megfegyelmezi.

Amikor az apja Port Harcourtba küldte a gimnáziumba, figyelmeztette Matthew-t, hogy ne viselkedjen helytelenül. Elmesélt egy történetet két fiatal kamaszról, akik az apja jelenlétében veszekedni mertek. Igazgatóként az apja megdöbbenve látta, hogy a tizenévesek ruhája szétszakadt és vörösesbarna földdel foltos volt, ahogy forgolódva és morgolódva kaparásztak a fölényért. A diákok is megdöbbentek, amikor meglátták őt, azonnal talpra ugrottak, és elmormolták a kötelező „Bocsánat, uram!"-ot.

Akár ennyiben is hagyhatták volna a dolgot, de amint az apja félreállt, a verekedés folytatódott. Az apja négy gyors fapálcaütéssel – mindkét fiúnak kettővel – világossá tette, hogy az ilyen viselkedést nem tűri el az iskolájában, akár a háta mögött történt, akár nem.

Diákként Matthew maga sosem volt valami nagy harcos – hatékonyabbnak találta, ha egy ügyes dumával vagy a harsány nevetésével próbálta lefegyverezni a potenciális ellenfeleket. Fiúként nem volt szüksége arra, hogy felemelje az öklét. Most, hogy tanár lett, sem látta szükségét a fizikai büntetésnek.

Úgy vélte, a legtöbb problémát meg lehet oldani szavakkal.

Persze az sem ártott, hogy karizmatikus előadó volt. Matthew soha nem volt szótlan, a semmiből tudott magyarázatokat elővarázsolni, néha beszéd közben fedezte fel egy-egy esemény vagy gondolat jelentését. Mindig is könnyen jött neki a tehetség, hogy uralja a termet, és ahogy haladt előre a gimnáziumban és az érettségin, még inkább bízott a magabiztosan előadott üzenet erejében.

Akárcsak az édesanyja által finomságként készített útifűkása, a parancsolás érzése – száz szem figyeli, száz fül hallgatja – édes, gazdag és kielégítő ízű volt, kellemesen nehéz a gyomrában. Talán hajlamos volt rá – az apja prédikációit látva az évek során megnőtt az étvágya –, de valószínűbbnek tartotta, hogy a beszéd iránti szenvedélye egybeesett a nevelés iránti szenvedélyével. Amikor tájékoztatott másokat az idzsa-politika helyzetéről, ámulatba ejtette, a szenvedély és a céltudatosság felüdítően hatott rá ezekben a pillanatokban.

Matthew-t mindig is dicsérték gyors agyáért – „számítógépes elméjéért", ahogy Abam gyakran nevezte. Gyakran szórakoztatta barátait Nigéria két legnagyobb problémájáról – a törzsiességről és a gyarmati mentalitásról – szóló élénk elemzéseivel. Szelleme, politikai érzéke és bája együttes erejével néha egy egyszerű kijelentésből egy kis, kötetlen beszédet tudott varázsolni.

Ez volt a helyzet a következő hónapban az INEKIO Abonnemában megrendezett eseményén, amihez egy államon átívelő hajóútra volt szükség.

Az egész lazán kezdődött. A csoport összefogott, hogy megvásároljon egy láda *kai-kai*-t, egy zavaros, biszk színű bort, amelyet a környék bőséges pálmafáinak nedvéből készítenek. Az édes folyadék könnyen, talán túlságosan is könnyen fogyott, mintha csak üzemanyagot öntöttek volna a fiatalos bajtársiasságuk tüzére, és hamarosan Matthew már az idzsak nyomorúságos helyzetéről prédikált.

„Még csak nem is beszélnek rólunk!" – mondta, hangja egyre hangosabb és erőteljesebb lett. „Nem vesznek tudomást az idzsakról a politikában. De persze örömmel szippantják el az olajat a földünkről."

„Igen, ó!" – kiáltotta valaki.

Odapillantott, hogy megtalálja a hang forrását, és észrevette, hogy tömeg alakult ki körülötte. A zsigereiben fellobbant a tűz. Előrenyomult, szenvedélyesebben, mint valaha.

„Mikor kapják meg az idzsak, ami jár nekik? Mikor érdemli ki végre Rivers állam a kormányunk tiszteletét és támogatását? Rivers állam termeli Nigéria összes nyersolaját, de a mi népünk a legszegényebb az országban. Nincs áram vagy tiszta folyóvíz a falvainkban."

A csoportban sokan bólogattak, és valaki energikusan felhördült: „Pontosan!".

„Miért nem lehet nekünk is az, ami másoknak van? Utak, áram, elérhető kommunikáció a külvilággal?"

A drámai hatás kedvéért szünetet tartott, és a terem elcsendesedett. Amikor a szünet már-már kényelmetlenségbe fenyegetett, halkan megkérdezte: „Mi a legnagyobb természeti kincsünk?".

„Olaj" – kiáltotta valaki, és a tömegben egyetértő morajlás támadt.

Csak amikor a tömeg elhallgatott, szólalt meg újra: „A legnagyobb természeti kincsünk az oktatás".

„Áh", sóhajtott valaki.

„Mi vagyunk az ország leggazdagabb régiója. De amíg nem biztosítjuk, hogy Rivers állam minden egyes gyermeke oktatásban részesüljön, addig nem lehetünk elégedettek".

Határozott szavai elegek voltak ahhoz, hogy a tömeg harsány tapsba kezdjen. Az egyik férfi felemelte a poharát, a tartalma a szomszédjára csorgott. Erre Matthew kieresztette jellegzetes nevetését, és visszavezette a termet az esti vidámságba.

Mint kiderült, Matthew hamarosan saját bőrén tapasztalhatta meg, hogy a politikai akarat és a nevelés nem mindig jár kéz a kézben. Másnap élesen felöltözve, karcsúsított zakóban és nyakkendőben érkezett a munkahelyére, ahol egy olyan jelenetet talált, amely éles ellentétben állt az előző esti ünnepséggel.

Ahol arra számított, hogy egy diákokkal teli osztályterem fogadja, ott csak üres padok sorai és áporodott csend fogadta. A kőfalak és a fából készült székek csak visszhangozták a beszéd és a nevetés hiányát. Az asztalán lévő papírokat igazgatta, bizonytalanul, hogy mit tegyen, mielőtt a folyosóra indult. Minden úgy tűnt, ahogyan lennie kellett, kivéve egy diákot, aki sietett – majdnem futva –az épület külső ajtaja felé.

„Hé!" – kiáltotta. „Állj!"

„Bocsánat, uram!" Lassult a tempója, de nem állt meg.

„Gyere ide" – válaszolta nyugodt tekintéllyel.

A lány megfordult, és könyörgő pillantást vetett rá.

„Nem vagy bajban. Csak gyere ide." Előrelépett, hogy félúton találkozzon vele, és a lány vonakodva követte a példáját. „Hol vannak az osztálytársaid?"

A lány megvonta a vállát, és vágyakozva nézett az ajtó felé.

Szigorú arccal és csillogó szemmel – ez az arckifejezés mindig lefegyverezte a diákjait – megvárta a lányt.

Néhány pillanat múlva kicsordult belőle az igazság. „Dühösek, uram. Messzire kell menniük, hogy vízhez jussanak. Azt mondták, hogy nem jönnek órára, ha nem javítják meg nekünk a vízvezetékeinket, uram. Nem tudom, uram."

Matthew meleg és nagylelkűen nevetett, a lány pedig tágra nyílt szemmel és félénken becsukta a száját. „Menjünk, nézzük meg" – mondta. Nyugodt viselkedést erőltetett magára, de legbelül az idegei jajveszékeltek.

Ahogy a lány utalt rá, az osztályának diákjai – és a jelekből ítélve még jó néhányan mások is – baljóslatú tömeggé gyűltek össze az iskola előtti fűben, egyenruhában, világoskék blúzokban és tengerészkék szoknyákban. Dühös szavakat hallott, egy-egy káromkodást, amelyet tiltott volta ellenére kiabáltak, és amely a hangzavar fölé emelkedett.

Mély lélegzetet véve közelített a lányok felé. Elhallgattak, ahogy közelebb ért, és a körülöttük lévőket lökdösték, hogy ők is hallgassanak.

Végül egy bátor diák szólalt meg. „Sajnálom, uram, de nem hallgatnak ránk. Jelentettük, de nem tettek semmit".

A lány válaszának tisztaságától és hangszínétől lenyűgözve nyugodt gesztusként bólintott egyet, amely félelmét hivatott palástolni. Most először elgondolkodott azon, hogy vajon igaza volt-e az apjának, hogy fából készült botot hordott magánál, de mivel senki sem volt a láthatáron, a szavaira kellett hagyatkoznia.

„A vízhiány a probléma?"

„Igen, uram!" – válaszolta a lány. A többi lány egybehangzóan visszhangozta az érzést.

„Egy lázadás megoldaná a problémát?" – kérdezte.

„Igen…" – kezdte a csoport vezetője, de Matthew egy erős pillantása félbeszakította.

„Amíg ki nem rúgnak, és vissza nem kell menned a faludba" – jegyezte meg szarkasztikusan Matthew. „Nézzétek, majd én beszélek az igazgatóval a nevetekben. Ne aggódjatok!"

Néhány percig beszélgettek, és Matthew, aki mindig is karizmatikus volt, kifejezte empátiáját, és mérlegelte az álláspontjukat. Válaszolt az aggodalmaikra, és sikerült meggyőznie őket arról, hogy valóban meghallgatja őket.

Lassan a lányok bólogatni kezdtek.

„Most pedig vissza az osztálytermekbe, mindannyian. El fogtok késni." – mondta, remélve, hogy nem erőltette túlságosan a szerencséjét.

A válság elhárult, de Matthew-t megrázta a dolog. Szeretett tanítani – vagy legalábbis látta benne az értéket –, de nem a fegyelmező szerepére szerződött.

És ami talán még aggasztóbb, hogy nem tervezte a forradalmak leverését. Igaz, a lány nem volt éppen Isaac Boro. Mégis, bár valamilyen módon segített a lányoknak, eltántorította őket attól, hogy kiálljanak magukért. Bár kerülte a politikai agitációt, hitt az érdekérvényesítésben, de azt is tudta, hogy szilárd oktatásra van szükségük, mielőtt változást hozhatnának létre.

Azt gondolta, talán az univerzum küldte a lányokat jelzésként, üzenetként neki, hogy ideje újra a saját pályájára állni.

És ekkor, mintha csak egy újabb jelet kapott volna az univerzumtól, egy poszton akadt meg a szeme. A Station úti négyemeletes titkárság hirdetőtábláján színes szórólapokon megjelenített állás- és oktatási lehetőségek központja volt. Abammal együtt elmentek, hogy átnézzék a kifüggesztéseket, és oda volt tűzve egy közlemény – minden Rivers állambeli fiatalt meghívtak, hogy jelentkezzen az új külföldi ösztöndíjakra.

Mint kiderült, az INEKIO-hoz intézett beszéde – akárcsak a lányokkal való szembesülése az iskolaudvaron – időszerűbb volt, mint gondolta volna. Rivers állam kormánya az oktatási fejlesztéseket tűzte ki célul. A Matthew-nál nem sokkal idősebb katonai kormányzó vezetésével a város elhatározta, hogy az oktatásba való befektetés az állam fejlődésébe való befektetés. Miközben Nigériában dúlt a háború, más országokban stabil, kiszámítható egyetemi oktatás folyt.

Matthew lelkesen töltötte ki a jelentkezési lapot, elméjében egy ragyogó új város látomásai táncoltak, elefántcsont- és márványoszlopok emelkedtek előtte.

Abam látomása kissé borúsabb volt. „Biztos vagyok benne, hogy téged meghívnak egy interjúra. Engem kétlem, hogy meghívnak."

„Mpsscs!" – utasította el tréfásan a barátját. „Meg fognak hívni. Mindkettőnket."

„Talán" – nevetett Abam. „Talán Szibériába vagy Izlandra."

De Abam tévedett, legalábbis ami az interjúkat illeti. Mindkét férfit, több mint ötven másik jelentkezővel együtt, meghívták az állami ösztöndíjbizottság elé beszélgetésre.

Matthew sötétkék nyakkendője alatt izzadva próbált mély levegőt venni, de a szíve a torkába ugrott, amikor egy sötét öltönyös férfi kinyitotta az ajtót. A nyitott ajtón keresztül Matthew láthatta Ken Saro-Wiwa-t, az új oktatási biztost, aki a terem hátsó részében ült, hogy megfigyelje az interjúkat. A hagyományos nigériai öltözékbe öltözött férfi még fiatalabbnak tűnt, mint amire Matthew számított. Saro-Wiwa a tekintélyes Ibadani Egyetemen tanult, Ibadanban és Nsukában szerzett tanári tapasztalatokat, és élénken érdeklődött az oktatás és a kulturális művészetek iránt. A nsukai Nigériai Egyetemen afrikai irodalmat tanított, de a háború miatt ezt megszakította, és visszatért Port Harcourtba, hogy közszolgálatot teljesítsen.

Saro-Wiwa felnézett, tekintete röviden összekapcsolódott Matthew-éval, éppen akkor, amikor a másik férfi átlapozott egy lapot az írótábláján, és megszólította: „Matthew Mamah".

Rájött, hogy visszatartotta a lélegzetét. A tenyere nyirkos volt, a szíve pedig hevesen vert, Matthew biccentett Abamnak – barátja mosolya meleg és megnyugtató volt –, vett egy mély lélegzetet, és elindult az interjúszobába.

6. fejezet

EGY ÁLOM HALÁLA

———

JUDIT AZ ÁGYÁRA borulva azon tűnődött, vajon érezte-e már magát valaki ennyire egyedül. Tudta, hogy van családja, aki szereti – ebben sosem kételkedett. És mégis, nehéz szívvel és összeszoruló gyomorral, nem tudta előhívni az energiát, hogy összeszedje magát, és úgy folytassa az életét, mintha minden rendben lenne.

A két északi csillagát, a zenét és a hitét érezte az egyetlen igazi állandóságnak az életében – az egész világon. Most azonban a szeme előtt szétfoszlottak, finom homokként csorogtak az ujjai között, ahogy küzdött azért, hogy az igazságának akár egyetlen szemcséjét is magában tartsa.

Olyan volt, mintha ellentétes irányba húzták volna.

A Kaffka Margitban töltött idő alatt Judit nagy becsben tartotta a hittanórákat. Imádta a bibliai történeteket tanulni és a katolikus teológiát tanulmányozni, mélyen elmerülni a világegyetem értelmében. A D^2P^2-vel töltött idő mellett ezek az órák voltak a kedvencei.

Végül kiderült, hogy ez lett a veszte.

Hivatalos ajánlást kért az iskola vezetőségétől, ami minden

magyarországi tanárképzésre való jelentkezés alapfeltétele. Amikor behívták az iskola központi irodájába, azt hitte, hogy a levélért jöttek érte.

Ehelyett a vékony és szigorú ajkú igazgató megsemmisítő csapást mért rá: a hittanórákon való lelkes részvétele kizárja őt a tanításból. Még csak nem is jelentkezhetett.

A hír meglepte. Persze tudta, hogy a hittanórákat a kormány rossz szemmel nézi. Az adminisztrátorok homályosan figyelmeztették a diákokat, hogy az adott kurzus kockázattal jár.

De semmi ilyen komoly kockázatról nem tájékoztatták, mint ez – semmi hivatalos bejelentés nem volt arról, hogy a vallástudományi kurzusok korlátoznák a diákok jövőbeli karrierlehetőségeit. Váratlan volt, és alig tudta elhinni.

Mégis ott ült, amikor az igazgató közölte a hírt. Nem lesz hivatalos ajánlás. Hivatalos ajánlás nélkül nem lesz pedagógiai képzés, nem lesz diploma, és nem lesz tanári állás.

Természetesen tiltakozott, az igazságtalanság forrósága futótűzként égette végtagjait. Semmit sem lehetett tenni.

Az álma véget ért.

Judit könnyáztatta arccal kért tanácsot az édesanyjától, hiú gyermeki reménységgel remélve, hogy mindent helyre tud hozni. Ehelyett anyja szája vékony vonallá húzódott, akárcsak a Kaffka Gimnázium igazgatójának, ahogy némán ölelésbe vonta Juditot.

Dühös volt és fájt neki, amit elvettek tőle. Az anyja arcán ugyanaz a fájdalom és csalódottság tükröződött, ami Judit gyomrában is ott ült, mióta megkapta a szörnyű hírt. Nem tehettek semmit.

Úgy ragadt rá a látványéneklésre, mint hal a vízre, és jó érzés volt, hogy végre megtalálta a célját. Tudta, hogy soha nem lesz olyan szép és elegáns, mint a legidősebb nővére, Aci, és soha nem fog olyan fiatalon férjhez menni és családot alapítani, mint Bori. A tompa hajú és figyelemelterelésre hajlamos Judit már rég felhagyott azzal, hogy megismételje a testvérei tökéletes életét.

De a zeneiskolai osztályában ő volt a legjobb látványénekes, a hangja könnyedén mozgott a kotta pontjaival. Zongorából és festészetből félig-meddig megfelelt, de ez volt az első alkalom, hogy igazán kitűnően teljesített bármiben is.

Most pedig vége volt.

Miközben a végzős osztály többi tagja izgatottan tervezgette a jövőjét, ő kedvetlenül és csüggedten tengődött.

Néhány reggelen úgy tűnt, hogy ujjai a rózsafüzérhez vonzódnak, és olyan simán mozognak a gyöngysoron, mint a skála hangjegyein. Tíz Üdvözlégy Máriát követett a Miatyánk, majd még tíz Üdvözlégy Mária jött, és imádkozott, válaszokat keresve, legalább annyira, mint amennyire az ismerős, kiszámítható szavak belső vigasztalását kereste.

Ha nem szerette volna ezeket az imákat, amelyeket korán tanult a hittanórákon, talán képes lett volna követni az álmait.

Bizonyos értelemben ironikus volt. Éveket töltött azzal, hogy elmerüljön a vallásban – igazából egy teljes életet –, így amikor a kormány megpróbálta elvenni tőle, az csak még mélyebbre taszította a hitében. A hívő út reményt adott neki, még akkor is, ha a tervezett jövőjét szétzúzta.

Egyszerűen nem tudta összeegyeztetni azt a világot, amely felajánlotta neki a zene ajándékát, azzal, amely megtagadta tőle a lehetőséget, hogy megossza másokkal. Mégis figyelt. És ahogy a tavaszból nyár lett, a nyárból pedig ősz, már csak egy sivár jövőt látott.

Elvállalt egy budapesti festék- és lakkgyárban egy laboratóriumi asszisztensi állást, inkább csak azért, hogy elfoglaltságot találjon. Remélte persze, hogy ebben az új munkában valahogyan megtalálja önmagát, de a próbálkozásokat, hogy felfedezzen valami rejtett identitást, mindig gyenge akaratúnak érezte, bármennyire is igyekezett erőltetni magát.

És mégis, legnagyobb meglepetésére úgy találta, hogy a munka érdekli. A szíve még mindig fájt a jövőért, amit zenetanárként képzelt el, de volt valami lenyűgöző abban, ahogy a vegyi anyagok keverednek és elegyednek, és teljesen más anyagokat alkotnak.

Természeténél fogva kíváncsi volt, és szerette a kihívást, hogy rájöjjön, hogyan működnek a dolgok.

Talán ez vonzotta őt elsősorban a szolfézshoz, a maga világos szabályaival és mintáival. Világossá tette az írott zene csodáját, hogy a vonalak, a pontok és a szimbólumok hogyan hoztak létre szárnyaló versenyműveket és bájos népdalokat, amelyek egész kultúrákat foglaltak magukba.

Gondolta, talán van valami, amiért a kíváncsiságot a zenén túlra is ki lehet vinni. Bár még mindig arról álmodozott, hogy gyerekeket tanít – igaz, soha nem tudta elképzelni, hogy elég magabiztos lenne ahhoz, hogy felnőtteket tanítson, vagy akár csak felügyeljen rájuk –, a természettudományokban sok értéket látott. Bizonyos szempontból nem is különbözött annyira a zenétől. Különleges receptek különleges eredményeket hoztak. A kulcs a pontos kombinációk megtalálása és megismétlése volt – egy megtévesztően nehéz feladat, ami annál inkább kifizetődővé tette.

Ha tanítani nem tudott, akkor talán megpróbálkozhatott volna a természettudománnyal.

A zsigereiben mardosó érzéssel, egy soha el nem múló gyászos fájdalommal úgy tűnt, megtalálta a motivációt, hogy letegye a felvételi vizsgát a Budapesti Műszaki Egyetemre.

Megpróbálta elővarázsolni az elvárható lelkesedést – „Vegyészmérnök lehetek! Milyen izgalmas!" – és remélte, hogy a képzés kezdetére rá tudja kényszeríteni magát, hogy hitelesen lelkesnek érezze magát.

De amikor éppen a lelkesedés csíráját öntözte, az univerzum kegyetlen tréfával válaszolt – egy levéllel, amelyben ez állt: „Köszönjük, hogy jelentkezett a Budapesti Műszaki Egyetemre. Sajnálattal közöljük, hogy…".

A lány abbahagyta az olvasást, és dühkitörésétől meglepődve öszszegöngyölte a levelet, és átdobta a szobán. Mivel minden ellene szólt, dühösnek és szomorúnak, csalódottnak és reménytelennek érezte magát. Elhatározta, hogy eltemeti a fájdalmát, amennyire csak tudja.

A következő napokban úgy élt, mintha normális lenne, hogy éjjel-nappal, óráról órára érezte a kudarc nehéz súlyát a vállán. Rendbe szedte rövid barna haját és megigazította szerény ruháját, hogy elégedettséget színleljen. Szomorúságát magával vitte a baráti látogatásokra, amikor megállt a boltokban, és amikor beugrott Béla bácsihoz és Judit nénihez.

Béla bácsi nyitott ajtót, és széles vigyorral vezette vissza a nappaliba. Az otthon a gyerekkorára emlékeztette, egy lexikonokkal befalazott fantáziaországra, és olyan válogatott csokibonbonokkal megszórva, amelyek más otthonokban ritkaságszámba mentek. Ezen a napon a Bartókék csillogása és ígérete mintha elhomályosult volna a felhős hangulattól.

Kényszerítette magát, hogy csevegjen, hogy tájékoztassa a házaspárt az életéről – pontosabban a családja életéről. Elhatározta, hogy senki mást nem terhel a kudarca miatti csalódottsággal, és magában tartotta azt a hírdarabot, ami a legjobban zavarta: nem egy, hanem két élettervét is elvesztette, és egyre biztosabbnak érezte, hogy nincs több. Arra volt kárhoztatva, hogy cél nélküli életet éljen.

Amikor a beszélgetés elcsendesedett, Béla bácsi szúrós szemmel nézett rá. „Jutka" – mondta a maga simulékony módján. Egy ideig elidőzött, és addig tanulmányozta a lány arcát, amíg az el nem fordította a tekintetét, és biztos volt benne, hogy a férfi átlát rajta. „Ma nem vagy önmagad."

Felnézett, és mosolyt színlelt. A férfi nem viszonozta a kifejezést, az aggodalom vékony ráncokat vájt a homlokába.

Béla és a felesége, Judit természetesen tudtak Kaffka Margit elutasító magatartásáról – Béla hallhatóan zihált, amikor Judit elmondta nekik, hogy az igazgató azt mondta, hogy „elrontja a gyerekeket az ateizmus ellen", és azt válaszolta: „Remélem is!".

Nem volt hajlandó még több bánatát rájuk zúdítani, de ez aztán felvetette a kérdést, hogyan válaszoljon Béla bácsi kérdésére – nem volt önmaga, ez igaz volt, és nem volt biztos benne, hogy valaha is újra önmaga lesz.

„Minden rendben van" – válaszolta, és kényszerítette magát, hogy könnyebb legyen az arckifejezése.

Látogatóba ment Bartókékhoz, ahogy mindig is tette, és most végeztek. Összeszedte a holmiját, jó estét kívánt mindkettőjüknek, és visszabotorkált a családja házába.

Mindössze néhány nap múlva végre jó hírt kapott. Az egyetem átgondolta a jelentkezését, és felvette a vegyészmérnöki szakra. Szinte megmagyarázhatatlan volt, hogy meggondolták magukat, de Juditot mélységesen megdöbbentette. Később megtudta, hogy Bartók Béla zeneszerző özvegye, Pásztory Ditta felhívta az egyetemet, és kérte, hogy vizsgálják felül a jelentkezését.

Abban a pillanatban azonban csak az új álom felépítése érdekelte. Nem az volt, amit remélt, de elégnek kellett lennie. Egy évvel az érettségi után, a Gellért tér sarkán álló nagy, kőből épült épületben, az első tanóráján vett részt.

Hirtelen úgy tűnt, hogy a dolgok jobbra fordulhatnak.

Egyik nap az órák után Judit azon kapta magát, hogy egyszerre szállt fel a buszra egy lábmerevítőt viselő lánnyal, bottal az oldalán. A lány ügyesen manőverezett fel a lépcsőn, az érdektelen buszsofőr segítsége nélkül, és Judit gondolkodás nélkül letette a táskáját, és nekiment a lány sétapálcájának.

Sürgősen bocsánatot kérve Judit felnyúlt, hogy megigazítsa a lány könyökét, és biztosítsa, hogy meggondolatlansága miatt ne veszítse el az egyensúlyát. A lány, akiről kiderült, hogy Áginak hívják, rávigyorgott Juditra és felnevetett. Egész nap lökdösték, egy ilyen kis döccenés nem billentette volna fel.

Kettejük között azonnal kialakult a kapcsolat – Ági nagyjából egyidős volt Judittal, hosszabb barna hajjal, csinos mosollyal, és szintén egyetemista. Bár egész jó tanuló volt, a budapesti közlekedési lehetőségek öregedése sokszor kihívást jelentett számára. Judit szenvedélyesen szerette mások szolgálatát, és nagyra értékelte a lehetőséget, hogy segíthet.

Gondolta, talán ez az ő célja – segíteni az elnyomottakon. A legtöbb osztálytársa nem is nézett Ágira, kerülte őt társaságban, hogy ne kelljen segítenie egy fogyatékkal élő embernek az együttlét kellemetlenebb részeiben. Ez Juditot egyáltalán nem zavarta. Mindig is örömét lelte abban, hogy felemelje a társadalom alulmaradottjait. Ő ilyen volt.

A gondolat egy ideig felvidította. Legalább volt mire összpontosítania. Egyre inkább úgy érezte, hogy nem bír a jövőre gondolni. Csak úgy tudta igazán élvezni a képzést, ha nem törődött azzal a ténnyel, hogy a képzés célja a mérnöki pályára való felkészítés volt.

Nem tudta elképzelni, hogy mérnök lesz. Ez a rideg valóság ragaszkodott hozzá, és piócaként szívta el a motivációját.

Ennek súlya elkísérte őt első külföldi útjára, amikor Krakkóba utazott. Még soha nem hagyta el Magyarországot, és az izgalom áramütésszerű volt. Némi megkönnyebbüléssel érezte, hogy a rettegés szorítása lazul.

Egyik nap a csoportja túrázni indult, végigvágtattak az erdőn, és gyönyörködtek a csodálatos tájban. Amikor egy tisztásra értek, egy nyílásra a fák között, ahonnan a hegyek hatalmas kiterjedése és az alatta elterülő folyóra nyílt kilátás, Judit szeme könnybe lábadt. Az időjárás tökéletes volt, egy csipetnyi hűvös volt a levegőben, hogy távol tartsa a nap melegét, de mégis, ragyogó fehér hófoltok tarkították a sziklás hegyeket, ahogy lecsúsztak a víz üveges felszínéhez.

Egész nap tudott volna állni és bámulni ezt a látványt.

A többiek azonban hamarosan nyugtalanná váltak. Ők tipikusabb fiatal felnőtteknek tűntek, mint amilyen ő volt. Nagy terveik voltak – mindig volt valami tennivalójuk, valaki, akit meglátogattak, valami nagy jövő, amire készülniük kellett.

Így aztán aznap is tovább trappolt. És minden egyes nap előrevágott a jövőjébe.

Visszament az egyetemre, elnyomva csalódottságát, még akkor is, amikor a tanulmányai megrekedtek. Néhány évvel a képzése után hivatalosan is szünetet tartott, és laboratóriumi asszisztensi állást vállalt.

Ez a szünet egy újabb nagy problémának bizonyult az akadémiai karrierjében, amely egy leküzdhetetlen problémahalomnak tűnt. Nem volt különösebben sikeres hallgató, tekintve, hogy úgy érezte, egy kiteljesedettebb utat kell találnia. A tanácsadója figyelmeztette, hogy ha az egyetemen akar maradni, be kell hoznia magát. Az esti órákat ajánlotta. A következő hetekben éjjel-nappal az egyetemen volt, és a diploma megszerzésének kényszere egyre jobban gyötörte csökkenő érdeklődését.

Minél jobban erőltette magát, annál kevésbé volt szenvedélyes. Biztosan nem erről szól az élet, remélte.

Néha azon tűnődött, hogy talán megőrült. Az ő Nanyája – a nagymamája, Elza beceneve, amit a testvéreivel használt – híres volt nyugtalan személyiségéről. Nanya aggódott, hogy a boltokban elfogynak az élelmiszerek, ezért korán vásárolt. Aggódott az egészsége miatt, ezért állandóan zaklatta az orvosát. Ha valaki nem volt otthon, amikor azt hitte, hogy otthon lesz, elképzelte, hogy egy villamos alá szorult.

Judit úgy gondolta, talán ő is ugyanebben a betegségben szenved.

A családja soha nem nevezné Juditot csalódásnak – még csak közel sem mondaná ezt –, de aggódott, hogy így gondolják. A testvérei világos célokkal és irányokkal indultak el a saját útjukon, lehetetlenül boldog családot és karriert építve. Még a szülei is, akik mindenféle politikai zűrzavarban kitartottak, könnyedén megtalálták a céljukat ezen a földön. Az apja még az első világháborúban is harcolt, és vitézzé avatták hősiességéért és lovagiasságáért.

Nevetett volna a kontraszton, ha nem lett volna kedve sírni – soha, de soha, egymillió év után sem adhatott volna neki a vegyészmérnöki pálya ilyen lendületet és céltudatosságot.

A legtöbbször nem is volt biztos benne, hogy képes lenne elvégezni ezt a munkát.

Próbálta elnyomni ezt a gondolatot, az elméje leghátsó zugába gyömöszölni, de még mindig ott bujkált, keserűen és fenyegetően.

Minél tovább próbálkozott, és minél tovább feszült a munka és az iskola összeegyeztetésének nyomása alatt, annál nehezebbé vált a kudarc súlya.

„Nem akarsz továbblépni az életeddel?" – kérdezte az anya, és a kérdés szelídsége csak még élesebbé tette a szúrást. „Talán egy stabilabb karriert keresni?"

Az apja kérdéseit durvábbnak érezte, bár tudta, hogy ugyanabból a gondoskodásból fakadnak. „Mikor diplomázol?" – bökte rá. „Tartod a lépést a munkáddal?"

De Bori volt az, akinek a kérdései a legforróbban égettek, az aggodalomtól feszült arccal. „Van valami komoly fiú?"

A legártatlanabb kérdés, mégis olyan rázkódást okozott Judit szívében, amit nem volt könnyű megingatni. A huszonötödik születésnapja már elmúlt, és bár igen, találkozott néhány fiúval, egyikük sem mutatott igazi házassági potenciált.

Így hát imádkozott érte. Ha találna egy rendes férjet, talán még egy kis időt nyerhetne, hogy rendbe tegye a karrierjét. Tudta, hogy túl nagy kérés lenne, hogy Isten leejtse az égből a tökéletes férfit.

De remélte, hogy megteszi.

7. fejezet

BUDAPEST

~~~~~~

A VILÁG MÁSKÉPP NÉZETT ki a magasból. A repülőgépből a folyók kígyóztak és kanyarogtak, mély, mohazöld színűek voltak Lagos texturált szürkésbarna színével szemben. A világosbarna és a zöld kavargása hamarosan átváltott a homokos hegyek kifehéredett narancssárgájába, amely a leggazdagabb kékbe változott, amit Matthew valaha látott.

Hirtelen a repülőgép megremegett. A motorok még mindig zúgtak, és a gép ereszkedett, miközben Matthew szíve a torkába ugrott. Tényleg tíz óra telt el? Gondolataiba merülve, a Newsweek új száma és a lenyűgöző kilátás között váltogatva, valahogy mégis az út végére értek.

A márványként csíkozott folyók és a zöld, amit lent látott, a nigériai tájat tükrözte. Csakhogy ahogy egyre közelebb értek a földhöz, rájött, ezek nem folyók voltak. Barna, zöld és borostyánszínű, takaros négyzetek álltak egymás mellett bonyolult mintázatban, de a köztük húzódó vonalak utak voltak. Ahogy egyre lejjebb ereszkedtek a föld felé, az utak sűrű hálózattá futottak össze, apró házakkal tarkítva, amelyek egyre nagyobbak és nagyobbak lettek, míg a repülőgép mintha a földhöz csapódott volna, egy pillanatra megpattant, majd gyorsan lelassult, és az erő az üléshez szorította.

Nem sokban különbözött a lagosi repülőtértől, a budapesti repülő-tér ragyogott, a fénycsövek megvilágították a tiszta, szürke vonalakat és a csempézett padlót. Itt az emberek jelentették a különbséget. A repülőgépe különböző származású és etnikumú utasokat szállított a sokszínű Lagosból, de ő már jobban kezdett kilógni a csatlakozó járat európai tömegéből. Sápadt bőrükkel és széles arccsontjukkal a budapesti emberekből áradt a homogenitás.

Ez nem csak a külsőségekre volt jellemző.

A reptér visszhangzott egy sajátos, éppoly lenyűgöző, mint amennyire ismeretlen ritmustól. A ritkán megszakított, hosszú, kerek magánhangzókból álló sorokat időnként egy-egy éles C hang szakította félbe. Úgy csengett a fülében, mint a tenger, a tömeg morajlása csupa *áá* és *ss*, ismeretlen és furcsa. Amióta az eszét tudta, több nyelvet és dialektust beszélt. De nem tudta értelmezni, amit hallott, a hangok nem hasonlítottak egyetlen nyelvre sem, amit korábban hallott.

A repülőtérről felszállt egy buszra. Magyarország látványa suhant el előtte, tele kanyarokkal, ívekkel és magas, tornyosuló épületekkel, és ő a nyakát megnyújtva kikukucskált az ablakon, homloka elma-szatolódott az üvegen.

Otthon kifinomult értelmiséginek tartotta magát. Most messzebbre utazott, mint bárki, akit otthonról ismert. A szemöldökét önkéntelenül felvonva csuklós nevetés hagyta el az ajkát. Port Harcourt néhány évvel korábban még hihetetlenül divatosnak tűnt.

Milyen gyorsan változtak a dolgok. Akkoriban mezítláb érezte magát a legjobban. Most a mellette lévő bőröndben a busz padló-ján több pár kemény talpú cipő volt, valamint egy egyre növekvő nyakkendőgyűjtemény. Elegáns színekkel és nyomatokkal mintázott felsőkabátok, mellények és ropogós haranglábak voltak szépen össze-hajtogatva a bőröndjében.

Az öltözködése stílusos volt, de ritkán tűnt ki a port-harcourt-i tömegből.

Aztán hazament. Alig várta, hogy megossza az apjával az ösztön-díjáról szóló jó hírt, ezért elutazott a faluba. A szülei elváltak, az apja elköltözött, hogy a Saint Mark-templomban vállaljon szuperinten-dáns-papi állást. És Ekowéban még Matthew leglezserebb ruhája is oda nem illőnek tűnt.

„Papa, megkaptam az ösztöndíjat" – jelentette be, és hirtelen nagyon is tudatában volt a majdnem üres háznak, amelyben az apja egyedül lakott. Csendes volt, annyira különbözött gyermekkora nyüzsgő otthonától. „Magyarországra költözöm."

Apja arca felragyogott, a meglepetés és az öröm ismeretlen kifejezése látszott rajta. Miközben várta, hogy válaszoljon – hogy gratuláljon neki, vagy mondjon bármit is –, Matthew észrevette, hogy apja szemében könnyek csillognak. „Fiam" – mondta végül, és megszorította a kezét.

„Van egy egyéves nyelvi program, hogy megtanuljak magyarul" – folytatta – „aztán megyek egyetemre".

Apja felállt a székéből, és idősebbnek tűnt, mint amire Matthew emlékezett, de úgy lépett be a szomszéd szobába, és úgy pattant a lába tövére, mint egy lelkes gyerek. Egy köteg kopott fontot hozott vissza.

Bár az ösztöndíj a képzés nagy részét fedezte, Matthew-nak fedeznie kellett a költségek többi részét. Őrülten független volt, inkább egyedül intézte a dolgait. De szüksége volt a pénzre, ezért tiltakozás nélkül elfogadta. Amúgy sem volt értelme megkérdőjelezni – az apja tudta, hogy szükség lesz a hozzájárulásra, és annyit adott a fia oktatására, amennyit csak tudott.

Ahol ő felnőtt, ott a legtöbben nem jártak egyetemre. Rájött, hogy ő szerencsésebb volt, mint a legtöbben, hogy még a gimnáziumba is eljutott. Bizonyára olyan lehetőségeket kapott, amilyeneket a nővére nem. Ismét elgondolkodott azon, vajon mit csinált volna, ha nem kell gondoskodnia róla és a fiatalabb nővéreikről, Dorcasról és Ruthról. Okos és lelkiismeretes volt, biztosan kitűnően teljesített volna a gimnáziumban, ha nem lett volna annyira elfoglalva otthon.

A falujában a legtöbb lánynak ez volt a tapasztalata. Mire bármilyen magasabb szintű iskolába járhattak volna, már a házimunkára szánták el magukat, ami éppoly makacs szokás volt, mint amennyire társadalmilag kívánatos.

Comfort jobban ellenállt ennek, mint a legtöbben, és jó életet épített magának általános iskolai tanárnőként Bori városában. Nyugodt és békés jelenléte tökéletesen alkalmassá tette a feladatra.

Ő volt a következő állomása, amikor kenuval bejárta a vidéket, és megállt, hogy bejelentse szerencséjét a barátainak és a családjának. Comfort az anyjukra emlékeztető sikollyal ugrott fel, és táncolt oda hozzá, hogy megölelje, olyan izgatottan, hogy nem tudta megállni, hogy ne nevessen.

Ő is átnyújtott neki még néhány fontbankjegyet.

„Bei taye o?" – kérdezte, bár természetesen már tudta. Mi ez itt?

„Ott pénzre lesz szükséged. A városban drágák a dolgok." Matthew kuncogott egy kicsit, mire Comfort aprót mosolygott, és a földre pillantott. „Micsoda?" – kérdezte feldúltan. „Tudok a városról."

„Ó?" – vigyorgott a férfi.

Felvonta a szemöldökét, mielőtt témát váltott volna. „Mindegy" – mondta. „Ezt neked hoztam. Tudtam, hogy meg fogod kapni az ösztöndíjat."

Matthew rámosolygott, és szavak nélkül megköszönte, miközben Comfort tovább fecsegett a magyarázatával.

„Papa azt mondta, hogy szükséged lesz némi pénzre, amikor elmész, ezért szeretnék adni, amit tudok, hogy segítsek, Okpoma" – mondta hirtelen komolyan.

Ekkor összeráncolta a homlokát. A várt ünnepélyes hangnem helyett a nővére hangja halálosan komollyá vált.

„Te vagy a népünk nagy reménysége."

Akkor még nem teljesen fogta fel, hogy ez mit jelent, de ahogy leszállt a buszról és belépett Budapest nyüzsgő belvárosába, a nővére szavai égtek a szemei mögött. Mindig is magabiztos és nyugodt volt nyomás alatt, most azonban meglepődött, hogy egy csipetnyi pillangót érzett a gyomrában, egy halvány bizsergést, amely idegességgel fűszerezett izgatottságot sugárzott.

Az érzés ismerős volt. Emlékezett arra, hogy először járt Port Harcourtban, és csodálkozott az egész újdonságán.

Budapest minden volt, csak nem új, Budapestnek más volt az energiája. Az épületek magasan az égbe nyúltak, de nem modern találmányok voltak. Régen eltűnt kezek építették őket, a boltívek és a zárókövek a történelmükről suttogtak.

Matthew büszke volt Port Harcourt fejlődésére.

Most pedig Európa történelmi szépségétől volt elragadtatva. De Budapest mégsem volt teljesen régi. A villamosok a macskaköves utcákba mélyen beásott, egymást keresztező síneken suhantak. Ezek nagyon különböztek a nigériai buszoktól. Dobozszerűek és sárgák voltak, hosszúkásak, zsanérokkal, amelyek lehetővé tették a kanyarodást, és a felső vezetékekből származó elektromossággal működtek. A járművek oldaláról nem lógtak ki kóbor karok vagy vállak – az ablakok üvegezettek voltak. Az emberek csendben ültek a fantasztikus gépek fedélzetén, újságot olvastak vagy lazán csevegtek, mintha nem is értették volna a csodálatos találmányt, amely egyik pontról a másikra szállította őket.

És akkor meglátta a vizet.

Matthew ismerte a vizet. A víz körül nőtt fel. Csak egy rövid sétára volt a kollégiumától, és azt hitte, hogy a Duna majd megalapozza az ismertségét. De bár a lakótelep tiszta, szögletes vonalai Port Harcourt néhány üzleti épületére emlékeztették, a folyó semmihez sem hasonlított, amit korábban látott. Tiszta volt, mint egy tükör, a város fenséges épületei mintha önmagukat bámulnák a tükörképében.

Bár a folyó ismeretlenül nagyszerűnek tűnt, ugyanakkor megnyugtató volt. Itt biztonságban érezte magát.

Átvészelte a puccsokat, forradalmakat és polgárháborúkat, és bár soha nem érezte magát különösen rémültnek, a nigériai levegőben állandóan feszültség lógott. Itt az emberek gondtalanul mozogtak. Sétáltak az utcán, karjukon papír- és újrahasznosítható szövetszatyrokkal, mások pedig ültek, vagy bicikliken sikátorokban suhantak, és a városnézők csoportjai között kavarogtak. Néha kiszúrt egy-egy párat, akik szeretetüket mutatták egymásnak. Meglepődve vette észre, hogy mennyire elfogadta a nigériai politikai feszültséget – a mindennapi életének részévé vált.

Budapest egyszerűbbnek tűnt – réginek és újnak, nyugodtnak és gyönyörűnek, mintha a háború soha nem érhetné el ezt az idilli országot idilli embereivel és idilli lehetőségeivel.

Az ő idilli lehetőségeivel.

Az első tanítási napon Matthew is csatlakozott a tanterembe beszűrődő diákok csorduló tömegéhez. A csoport gyorsan kisebb csoportokra oszlott, nemzetiségek szerint válogatva – egy ghánai csoport a sarokban, több lengyel csoport a terem túlsó végében, és nigériaiak a terem közepén. A Matthew-nál jóval közelebbi bolgárok könnyedén beszélgettek egymással, míg a litvánok és az oroszok az osztály hátsó részében találtak helyet.

És ott ültek, napi hét órában, és gyakorolták a magyar nyelvet. Hetekbe telt, mire elsajátította a nyelv alapjait.

„Máté" – szólította a középkorú tanár, magyarra fordítva a nevét, ahogy az új hazájában szokás volt. „Hogy vagy?"

„Jól vagyok" – válaszolta gyorsan. Őszinte válasz volt – valóban jól haladt, nemcsak az új országhoz való alkalmazkodásban, hanem a nyelv elsajátításában is. Mivel úgy nőtt fel, hogy gyakran váltogatta a nyelveket és kultúrákat, volt érzéke az új dialektusokhoz.

„És te hogy vagy, tanárnő?" Matthew gyorsan válaszolt, viszonozva a kérdést.

Aztán szünetet tartott. Míg az új nyelv nagy része viszonylag könnyen ment neki, a magázás nehéz, bár lenyűgöző fogalom volt számára. A nyelv rejtélyes formális változata, a magázás a magyar nyelv egyedi szintaxisának kihívását rejtett alaki szabályokkal egészítette ki. A formális magyar nyelv megkövetelte a beszélőktől, hogy harmadik személyű névmást használjanak, amikor hatalmi pozícióban lévő személyekkel beszélnek. Ezt a szempontot különösen a hallgatóknak kellett tudatosítaniuk, nehogy véletlenül tiszteletlenül szólítsák meg valamelyik professzorukat.

„Hogy van a tanárnő?" – javította ki a kérdését olyan magabiztossággal, amely meghazudtolta a küszködését.

„Kitűnő!" – kiáltott fel sugárzóan.

Néhány hónapon belül Matthew már nyugodtan beszélhetett volna magyarul a többi diákkal. Diáktársai viszont nehezen boldogultak, és a mindennapi beszélgetések során általában az angol nyelvet választották, ami lehetővé tette számára, hogy becsatlakozzon a különböző csoportokba, és közben új kapcsolatokat építsen ki.

Az egyik ilyen kapcsolat egy új diák volt Ugandából. Venance alacsony volt, körülbelül olyan magas, mint Matthew, vastag, sötét keretes szemüveggel, és Matthew-hoz hasonlóan mezőgazdasági mérnöki pályáról álmodott. Együtt fedezték fel a várost, és csodálkoztak rá a magyar furcsaságokra, amelyek közül Matthew sok mindent elnézett volna, ha nem lett volna sok magyarnak pimasz a társasági modora. Itt a kereszt- és vezetéknevek sorrendje felcserélődött, ami nem zavarta

Matthew-t, aki felnőtt élete nagy részében a vezetéknevét használta. De hamarosan rájött, hogy az itteni emberek furcsán reagálnak a vezetéknevére.

„Miféle név az hogy Mamah?" kérdezték a magyarok, és kuncogtak egymás között. „Mamah?"

Matthew sosem volt tanácstalan, és sunyi vigyorral válaszolt: „Ez az egyetlen szó, amely minden nyelven ugyanazt jelenti. Ugyanazt jelenti Afrika minden falujában, mint Európa legnagyobb városaiban!"

Ez a megjegyzés mindig eloszlatta a gúny nyomait a hangjukban, és általában döbbent csendet eredményezett.

Néhány magyar a kérdezősködésével bizarr rajongásról árulkodott a kulturális háttere iránt. „Hány feleséged van?" – kérdezték. „Hány testvéred van?"

Rájött, hogy a magyarok hagyományosan a családról kérdezősködtek, de ennél többről volt szó. Nagyon sötét bőrszínétől hajtva az Afrikára vonatkozó kíváncsiságuk mintha lefegyverezte volna a magyar kultúrára jellemző udvariasságot. A feketéket „néger"-nek nevezve, egy olyan szóval amelyet nem sértésnek szántak, kérdésekkel tőmték. Hamar rájött, hogy fogalmuk sincs arról, mit jelent Nigériában élni. Fogalmuk sem volt a kultúrák sokféleségéről, sem az afrikai városok és falvak közötti különbségekről.

Így hát kitalált egy szarkasztikus választ. „Afrikában" – mondta, arca mozdulatlan volt, mint a kő. „Fákon éltem majmokkal." Bámulták, lassan pislogva, ahogy folytatta: „Ott fáról fára hintázunk".

Ilyenkor általában nevetéssel törte meg a csendet, lefegyverezte az ártó szándékúakat, és megkedveltette magát a barátaival.

Segített, hogy Matthew szokatlanul tisztán beszélt angolul. Venance egyszer megkérdezte tőle, miért beszél olyan másképp, mint a többi nigériai, lenyűgözte a kifinomultsága és a nyelvtana. Venance-t még jobban lenyűgözte a magyar nyelvtudása. Míg mások az osztályban küszködtek, Matthew szárnyalt. „Őszintén szólva nem tudom, hogy csinálod" – jegyezte meg egyik nap ebéd közben a barátja.

Matthew belemártotta a kemény kenyeret a halászlébe. Új kedvenc étele, a halászlé a folyók íze volt, és bár még eddig sosem evett paprikát, a friss magyar hal ízei az otthonát juttatták eszébe.

Szinte már hozzászokott a magyar ételekhez, bár eleinte meglepték. Ellentétben a pörköltszerű levesekkel, amelyeket Nigériában eba vagy yam fufuval evett, azt tapasztalta, hogy a magyarok a húsleveseket kérges kenyérrel eszik, és az állaguk éles ellentétben áll az otthoni puha, édes kenyérrel.

„Mit hogyan csinálok?" Matthew válaszolt.

„Azt, hogy ilyen jól beilleszkedtél" – mondta a barátja. „A nyelvtudásod szinte tökéletes – egyáltalán nem riadsz vissza ezektől a furcsa kulturális dolgoktól…".

Megvonta a vállát. „Nem is olyan furcsák."

Matthew élvezettel ismerkedett a magyar kultúrával. Szerette hallgatni a magyarokat beszélni, hallgatni a nyelv árnyalatait, most, hogy már meg tudta különböztetni a jelentést. Bár Venance megdicsérte a nyelvtudását, az akcentusok néha még mindig megnehezítették a dolgát. Néhány szó afrikai akcentussal még a profánba is átcsapott: a „bus" angol kiejtése vagy a „sör" olyan hangokat eredményezetek, amelyek a magyar káromkodásnak hangzottak.

Nem mintha valaha is elárulta volna, de tudta, mire gondol Venance. A „célozz magasra, lőj magasra" mottójának része volt, hogy félelem nélkül nézzen szembe az ismeretlen helyzetekkel. A magasra törés természeténél fogva új dolgokkal való találkozást jelentett, és ő megtanult könnyedén eligazodni a változásokban.

Tudta, hogy egy nap majd az itt megszerzett tudását arra fogja használni, hogy meghálálja Comfortnak és az apjának. Befejezi az évet, majd egyetemre megy, és visszatér Port Harcourtba. Legalábbis azt gondolta, hogy ezt fogja tenni. Minél tovább élt külföldön, annál kevésbé volt biztos a jövőjét illetően, egyre nagyobb és nagyobb lehetőségeket látott a tágas magyarországi tájban.

Egyelőre megelégedett azzal, hogy élvezze a várost. A vaj simaságát, a szalámi fűszerességét, a paprikás meleg, laktató ízét, és az itt kapott lehetőségeket, amelyeket otthon sosem tudott igazán megragadni.

Aztán, mint egy hirtelen felindulás az éjszakában, vége lett az intenzív kurzusnak. A társai viszonylag gyakran utaztak együtt, és vettek részt szabadidős tevékenységeken éppúgy, mint a kommunizmus népszerűsítését szolgáló rendezvényeken. Fociztak, és órákig feküdtek a tengerparton – bár Matthew és a többi fekete diák hamar megtanulták, hogy ez éjszakai izzadással jár, és megfogadták, hogy soha többé nem próbálják ki.

A képzés végéhez közeledve egy különleges kirándulással jutalmazták őket. Osztálytársaik tömege leszállt a vonatról Kiliántelepen, tudván, hogy a kéthetes vakáció lesz az utolsó alkalom, amikor néhányan közülük látják egymást.

A Balatonra néző rövid téglafalhoz lépett, és leült. Nézte a diákok és más nyaralók nyüzsgését, ahogy a kristálykék tavon cikcakkban száguldoznak a sétahajók.

„Apám fia!" mondta Venance, és leült mellé. „Nem tudtam, hová mentél!"

Rámosolygott a barátjára, hirtelen egy kicsit nosztalgiázva. Venance nem utazna messzire az egyetemre, őt a Budapesttől északkeletre, Gödöllőre, a Magyar Agrártudományi és Élettudományi Egyetemre osztották be. Matthew viszont a fővárostól délnyugatra, egy kisebb városba távozna az üdülőhelyről.

„Hát! Veszprémbe mész!" Venance folytatta, a hangja kissé zengett. „Készen állsz?"

„Persze!" – válaszolta, nem igazán gondolkodva a kérdésen. „Már készen álltam. Már régóta." Felállt, és kinyújtotta a karját a tiszta, kék ég felé, amelyet gomolygó felhők pettyeztek. Úgy gondolta, ezt az életet meg tudná szokni.

8. fejezet

KÉMIA

EGY VÉKONY, KEREK téglakémény merészen és büszkén nézett le a budapesti Harangozó utcára. Tiszta időben élénkpiros csíkjai a figyelemért kiáltottak, amit a fehér háttér és a halványkék égbolt ellensúlyozott. Az építmény igen szép volt, bár a budapestiek akkoriban még nem tudták, hogy folyamatosan erősen mérgező szennyező anyagokat bocsátott a levegőbe.

Ezt azonban csak sokkal, de sokkal később tudták meg. Az hetvenes évek elején még senki sem gondolt a légszennyezésre.

A vízszennyezést viszont szigorúan szabályozták.

Judit ezt jól tudta – ez volt a feladata. Minden nap jelentkezett a gyárban, hogy felügyelje a Metallochemia környezeti hatásait. Az elmúlt évek során lelkiismeretes munkásként szerzett magának hírnevet a vállalatnál, aki törődött mind a munkatársaival, mind a környezettel.

Még be sem fejezte a diplomáját, amikor a vállalat 1967-ben felvette. Akkoriban kötelességtudóan dolgozott az energiaosztály tisztviselőjeként, még akkor is, amikor nehezen hitte el, hogy alkalmas a munkára. Akkoriban azt remélte, hogy a diploma megszerzése önbizalmat ad majd neki. Négy évvel később, miután az esti órák és a teljes munkaidős állása fárasztó időbeosztása között egyensúlyozott, végre lediplomázott. Bár büszke volt a teljesítményére, úgy találta, hogy nem sok minden változott. Ekkor már nyolc éve tanult az egyetemen, és bár a diplomája bizonyította, hogy ért a vegyészmérnöki szakmához, még mindig nem volt biztos benne, hogy ez az igazi életcélja.

És aztán, legalább annyira meglepve magát, mint bárki mást, beiratkozott egy posztgraduális képzésre, és be is fejezte azt.

A tudományos mesterdiploma megszerzése után gyorsan emelkedett a vállalat ranglétráján, és 1971-ben a Metallochemia előléptette a központi laboratóriumba. A középiskola elvégzése óta ez állt a legközelebb a szenvedélyéhez, és a munka sokkal érdekesebbé vált. Termékelemzéssel és nyersanyagokkal foglalkozott, mindkettő érdekes volt a maga módján. Még jobb volt, hogy a Központi Gőzüzem kazánjából folyó víz rendszeres szennyezőanyag-vizsgálatainak elvégzésével bízták meg, ami óriási büszkeséggel töltötte el a pozíciója középpontjában álló, tagadhatatlanul nemes környezetvédelmi ügy miatt.

Az üzem elrendezése bonyolult volt, kevésbé hasonlított egyetlen, egységes vállalatra, mint inkább kis, egyedi gyárak szövetkezetére – mindegyikük potenciális bűnös lehetett egy-egy pozitív szennyezőanyag-teszt során. Mégis, valahogy egyszerre volt egyszerű, bonyolult és elegáns a vizsgálati folyamat, ugyanaz a tulajdonság, ami őt a területre vonzotta.

Az ilyen apróságok vonzották őt a munkához. A szenvedélyt természetesen nem lehetett helyettesíteni, de az az érzés, hogy változást hoz – hogy segít az embereken – fenntarthatóvá tette a munkát.

Mindig is csak ezt akarta tenni – segíteni az embereken. Még akkor is, amikor zenetanárnak képzelte magát, ez legalább annyira az embereken való segítés vágyából fakadt, mint a zene szeretetéből. Természetesen mindig is szerette a zenét. A legnagyobb egyenlősítő, a zene reményt, vigaszt és ígéretet hordozott a jövőre nézve. De amikor egy osztálynyi gyerek elé képzelte magát, ahogyan gyakran tette ezt gyerekkorában, mindig is úgy látta, hogy ezzel hatással lehet a világra. A Metallochemia munkája nem a zenéről szólt, hanem a világ megváltoztatásáról. Egyelőre ennek elégnek kellett lennie.

Szorgalmasan lefuttatott tehát minden egyes mintát, és ha valamelyik szennyező anyagot tartalmazott, figyelmeztető levelet küldött az illetékes osztályra.

Született emberbarátként kiválóan végezte a munkájának ezt a részét. Őszintén törődött másokkal – nem csak a helyi közösségekkel, akiket a vegyi anyag kiömlése érinthetett, hanem az üzem másik oldalán lévő épületekben dolgozó többi dolgozóval is. Tudta, hogy mindenki a legjobbat hozza ki magából, így nem volt oka arra, hogy bárkivel is túl keményen bánjon.

Barátságos feljegyzéseket küldött, amelyekben részletezte a szennyezőanyag-szinteket a hatósági irányelvek mellett. A legtöbb részleg viszonozta a nagylelkűségét, és gyorsan és maradéktalanul kijavította a problémákat, elkerülve a kormányzati szankciókat.

Bár tetszett neki a környezet megóvásának gondolata – végül is ez egy módja volt a kevésbé szerencsések támogatásának –, a vegyészmérnöki munka sosem volt a szenvedélye. A karrierjén kívül kellett megtalálnia a beteljesülést. Mivel nem tudta, hol találhatná meg, idejét a zenével és a baráti társaságával töltötte, és a Metallochemiánál végzett munkája révén új és lenyűgöző emberekkel találkozott.

Az új és lenyűgöző emberek között voltak a gyárban az alkalmi nyári gyakornokok, akik közül az egyik a következő hétfőn kezdene. Alkalmanként Judit lesz az egyik felelős – mesélte neki a főnöke –, aki a Veszprémi Egyetem hallgatóját irányítja majd a kutatóasszisztensi munkája során. Elsősorban alantasabb feladatokat látna el a labor körül – tisztítást és előzetes vizsgálatokat –, de azért még mindig szüksége volt felügyeletre.

Bár szerepkörében már segédkezett mások felügyeletében – és ez nem is volt olyan szörnyű, mint ahogyan azt kezdetben elképzelte –, mégis, a gondolatra, hogy egy másik felnőttnek mondja meg, mit csináljon, még mindig megremegett a szeme.

Másfajta rezdülést érzett, amikor a tanonc hétfőn késő délelőtt besétált a laborjába.

A folyosó végéről egy hangos, harsány glissandós nevetést hallott, amitől furcsa módon neki is nevetnie kellett. Ahogy befordultak a sarkon a laborjába, felállt a helyéről, hogy üdvözölje azt a személyt, akinek a nevetése lenyűgözte.

Gyönyörű szemei voltak. Könnyed vigyorát érdes bajusz hangsúlyozta, amelynek enyhe görbülete játékosan fiús külsőt kölcsönzött neki. Karcsú szabású és elegáns, kék-fehér kockás inge ellentétben állt az arcbőrével, amely sötétebb volt, mint amit valaha is látott. Azonnal tudta, hogy ő a forrása annak a hosszú, harsogó kuncogásnak, és alig várta, hogy részese legyen a tréfának.

Annak ellenére, hogy vonzódott ehhez a férfihoz – vagy igazából éppen emiatt –, úgy tűnt, nem találja a szavakat, hogy bemutatkozzon. Ehelyett inkább állt, a karjait ügyetlenül lógatva az oldalán, miközben egy túlságosan széles mosolyt villantott – reflexszerűen reagált a férfi elbűvölő viselkedésére. Hirtelen nem tudta, hogyan viselkedjen normálisan.

Úgy tűnt, a férfit ez nem érdekelte, melegen odahajolt hozzá, hogy kezet rázzon vele, és bemutatkozzon.

„Okpoma vagyok" – mondta. A nő csak enyhe akcentust hallott, ami színesítette éles, pontos magyarságát, és ettől csak még izgalmasabbá vált.

A nő megköszörülte a torkát. „Koós Judit."

A férfi széles és meleg mosollyal megjegyezte: „Á, szóval ön a minőségellenőrző mérnök".

Igyekezett a lehető legjobban megőrizni a szakmaiságát ezzel a lenyűgöző férfival szemben – egy fekete férfival, aki valóban beszéli a nyelvét –, és bólintott. „Nagyon szépen beszél magyarul."

A férfi játékosan odahajolt hozzá. „Ön is!"

A szobához képest túl hangos nevetés hagyta el önkéntelenül a lány ajkát, és a padlóra nézett, arcán bolondos vigyor terült el. Hirtelen túlfűtöttnek érezte magát.

Érezte, hogy a férfi tekintete rajta ragadt, ezért lehunyta a szemét, és el akarta oszlatni a pírját.

„Alig várom, hogy tanulhassak öntől" – mondta, amikor a nő végre ismét felemelte a fejét. A férfi a mondat teljes hosszában tartotta a szemkontaktust, mintha ez a csere a legfontosabb lenne a napjában – legalábbis a viselkedése ezt éreztette vele, ami éles ellentétben állt az iroda legtöbb látogatójával, ahol dolgozott. Nem tudta elképzelni, hogy a férfi ne fejezzen be egy beszélgetést, miközben zavartan sietett végig a folyosón.

„Alig várom, hogy tanulhassak öntől."

A szavak visszhangzottak a fülében, és nevetett volna, ha nem lett volna annyira feldúlt a férfitól – mit tanulhatott volna tőle ez a fiatalember, egy egyetemista, akinek látszólag minden összejött? Az érzés jól esett, ezt el kellett ismernie, még akkor is, ha kétszeresen is megfélemlítő volt. Valójában alig várta, hogy még többet tanuljon tőle.

Nem tudott rájönni, mi az, ami ennyire vonzóvá tette ezt a férfit.

Amikor aznap csatlakozott a csoporthoz a közös ebédhez, rájött, mi az. Matthew okos és vicces volt, és úgy tűnt, mindenkit elbűvöl, akivel találkozott. És ez rengeteg embert jelentett. A gyárat egészében véve a női alkalmazottak uralták, és Judit úgy látta, hogy mindegyikük ellenállhatatlanul vonzódott hozzá.

„Honnan jöttél?" – kérdezte az egyik lány holdkórosan.

92 AHOGY A FOLYÓK ÖSSZEFOLYNAK

„Hány testvéred van?" – kérdezte egy másik az asztal túloldalára hajolva.

„Miért jöttél Magyarországra?"

„Milyen vallású vagy?"

„Tetszik itt neked?"

Minden egyes új kérdésnél megdobbant a szíve – nem számított, mit kérdeztek, vagy ki kérdezte, a férfi ugyanazt a nagylelkű bájt nyújtotta, amit a laborban mutatott neki. A szeme szinte csillogott, ahogy beszélt, és a fesztelen nevetése lányos kuncogást váltott ki az asztal körül.

Amilyen karizmatikus volt, ugyanolyan kedvességet és őszinteséget mutatott. Egyáltalán nem tűnt manipulatívnak vagy beképzeltnek – inkább egy hihetetlen, briliáns, gondoskodó embernek, aki eltökélten igyekszik többet megtudni a körülötte lévőkről.

Magáról is nyíltan beszélt, megosztotta a nehézségeit: hogyan ostromolták a várost, ahol középiskolába járt, és hogyan kellett elmenekülnie a diákvárosából. Mindez nagyon izgalmas és ijesztő volt, és egy mesteri mesemondó érzékével mesélte el a történetét.

Bizonyos értelemben az apjára emlékeztette.

Sokszor hallott már a családja háborús kalandjairól, és nem csak azt a történetet – a kedvencét –, amikor a budapesti lakásuk pincéjében lévő búvóhelyen kellett meghúzódniuk. Amikor még újszülött volt, az apja figyelte a rádiót, hogy híreket hallgasson az előrenyomuló orosz frontról. Elmesélte a szövetségesek szőnyegbombázásait, amelyek 1944 áprilisában Budapesten szinte heti rendszerességgel történtek, és a harci gépeket, amelyeket szöllőspusztai otthonukból a távolból figyelt.

Az apja stratégiai szemléletű volt. Tudta, hogy kis menedékhelyük pontosan az előrenyomuló csapatok útjában van. Gyakorlatias emberként és régi földművesként tudta, hogy a család védtelen lesz, és aggódott a biztonságukért.

Az apja elintézte, hogy a családot elküldje, hogy jobban védve legyenek.

Mindig is olyan bátornak és bölcsnek tartotta, akit egy olyan kíváncsi lelkiség vezérelt, amely nem annyira a valláshoz, mint inkább az igazságossághoz kötődött.

Szerette azt hinni magáról, hogy valamilyen kis mértékben az ő nyomdokaiba lép, de hiányzott belőle az ő önbizalma és ereje. Az apja azt szokta mondani, hogy „kicsi a bors, de erős", – megpróbálta arra bátorítani, hogy legyen magabiztosabb.

Valahogy a szavai nem hatották meg úgy, ahogyan azt gondolta, legalábbis nem eléggé ahhoz, hogy legyőzze az öntudatát.

De most ez a fiatalember, aki négy évvel fiatalabb volt nála, de annyi mindenen ment keresztül, arra ösztönözte, hogy magasabban álljon, és magabiztosabban beszéljen. Vagy legalábbis ezeket a dolgokat akarta tenni.

Tudta, hogy ezt könnyebb mondani, mint megtenni. És különben is, mit számított ez? Egy olyan valaki, mint Matthew, a szikrázó, hívogató személyiségével, soha nem érdeklődhetett iránta. Mindenesetre ez így is volt rendjén. Alig tudott beszélgetni vele anélkül, hogy elakadt volna.

És mégis, úgy tűnt, a férfi eltökélte, hogy kapcsolódni akar hozzá.

Furcsa érzés volt. Soha nem volt népszerű a férfiak körében – és ami azt illeti, a nők körében sem volt különösebben népszerű –, ezért sosem tartotta magát különösen kívánatosnak. Mindenekelőtt gyakorlatias volt. Kevés sminket viselt, és egyszerű frizurát hordott, amely szalonképesnek tűnt, de nem igényelt túl sok erőfeszítést. A gyárban dolgozó többi nővel ellentétben ő a munkaköpenyt a munka egyik igazi előnyének tartotta – nem volt értelme olyan ruhával bajlódni, amit úgysem látott senki.

De mivel Matthew figyelme ráirányult, azon kapta magát, hogy reggelente különös gonddal formázza a haját, és hajlakkal fújja be magát, hogy távol tartsa a szálló hajszálakat, és időnként elővette a hajsütővasat, hogy egy kis lendületet adjon az alvás közben ellaposodott fürtöknek. Még egy tubus rúzst is felkapott, és bár furcsa volt, hogy barackszínű ajkakkal látta magát, el kellett ismernie, hogy szinte szexinek érezte magát tőle.

Egy nap, amikor különösen jól érezte magát, vett egy mély lélegzetet, és elindult a közös ebédlő felé. Matthew néhány férfi dolgozóval ült együtt egy másik épületből és néhány nővel, akiket ismert, és a szívverését akarta lelassítani, amikor helyet foglalt vele szemben.

„Ha ennyire nehezedre esik rájönni, azt hiszem, én is jöhetek segíteni" – szólt hozzá az egyik férfi. A férfi olyan durva hangon folytatta, amire nem számított, „de nem tudom, miért olyan nehéz ez neked".

Egy falat étel közben a Matthew másik oldalán ülő férfi hozzászólt: – „Tudod, igaza van. Tényleg nem olyan nehéz."

Judit felháborodva nézett Matthew-ra, felháborodva a leereszkedésükön. Az arca a magabiztosság álarca volt, az első férfi tekintetét tartotta, és bólintott. Összeomlott volna a durvaságuk miatt, de Matthew nem látszott megzavarodottnak, sőt szokatlanul sztoikusnak tűnt. „Nagyra értékelném a segítségét."

„Hogy is hívnak?" – folytatta az első férfi.

„Okpoma" – válaszolta.

„Milyen név az, hogy Okpoma?"

A második férfi felnevetett. „Mi lenne, ha egyszerűen csak Misinek hívnánk. A magyar nevek sokkal egyszerűbbek – ki tudna megjegyezni egy ilyen furcsa nevet?"

Judit gondolkodás nélkül kibökte: „Nem kell megváltoztatni!".

Az egész asztal elhallgatott, és mindhárom férfi, valamint a nők is megfordultak, hogy ránézzenek. A férfiak majdnem a hajvonalukig felhúzott szemöldökkel olyan ostobán néztek rá, hogy Judit majdnem elnevette magát.

Mielőtt elvesztette volna az önuralmát, folytatta: „Az Okpoma nagyon szép név". Megfordult, és egyenesen a második férfira nézett, majd hozzátette: „Ha olyan okos vagy, nem okozhat gondot, hogy megjegyezd".

A szíve a mellkasában kalapált, és szinte attól félt, hogy a blúzán keresztül is láthatják. Igazság szerint ugyanúgy meglepődött, mint ők – sosem tartotta magát különösen merésznek, de nem is tudta tétlenül nézni, hogy egy ilyen felesleges, megalázó beszélgetésbe bocsátkozzon.

A két férfi nem sokkal a szembesítés után összeszedte a holmiját, és távozott. Matthew azonban nem.

Ehelyett úgy nézett rá, ahogy még soha senki más nem nézte, sem ő, sem más. A férfi tekintete mindig átható volt – a legjobb értelemben véve mindig sebezhetőnek érezte magát tőle –, de azon a napon az ebédnél valami többet látott.

Megvonva a vállát, feltételezte, hogy a férfit csak lenyűgözte a gyors gondolkodása. Valójában ő is le volt nyűgözve! Mivel úgy vélte, hogy ez valószínűleg nem nyitja meg a lehetőséget semmi romantikusra, úgy fogta fel, mint egy lehetőséget, hogy megismerje a férfit. Elvégre nagyon érdekes ember volt, és nem árthatott egy új barátot szerezni.

„Hogy hívnak téged a barátaid – kérdezte – itt, Magyarországon?"

„Mamah" – válaszolta.

„Akkor én is így foglak hívni."

Matthew széles és őszinte vigyora szétterült, és Judit nem tudta megállni, hogy ne mosolyogjon vissza. Annyira kötődött hozzá, ehhez a férfihoz, akiről olyan keveset tudott. Ez a férfi, aki Afrikából származott, egy olyan kontinensről, amire alig gondolt, sokkal magasabbnak tűnt, mint a fizikai mérete. Jóképű és könnyedén elegáns volt, de okos és kedves is.

Ez volt az a fajta férfi, akiért imádkozott.

Miután elhatározta magát a barátságra – a férfi bizonyára nem volt az ő súlycsoportja –, meglepődött, amikor meghívta egy kávéra. Bár egy teljes órán át készült a randira – legalábbis remélte, hogy ez egy randi lesz –, érezte, hogy az öntudata elolvad, amint leültek a kis, kerek asztalhoz a budapesti belvárosi kávézóban. De nem csak az öntudatosságáról volt szó.

Úgy érezte, mintha az egész univerzum elolvadt volna.

Órák teltek el, ahogy beszélgetésbe merülve ültek, és azon kapta magát, hogy a lehető leglassabban kortyolgatja a kávéját, hogy meghosszabbítsa az együtt töltött időt. A férfi lenyűgöző életet élt, tudta meg, még a teljes Bibliát és a Korán nagy részét is elolvasta, egyszerűen azért, mert kíváncsi volt az iszlámra.

Judit sokáig hívő katolikus volt, de még soha nem találkozott senkivel, aki annyire kíváncsi lett volna a vallásra, mint ő.

Most pedig itt ült, és nemcsak a saját vallás iránti érdeklődését magyarázta, hanem azt is elárulta, hogy egy pap fia.

A következő hetekben egyre többet látták egymást, a kapcsolatuk egyre kényelmesebbé vált. Úgy érezték, mintha egymásnak teremtették volna őket. Judit randevúzott már néhány férfival, de még sosem tapasztalt ilyen közeledést, olyan könnyedén egymásra hangolódtak, mintha egy hullámhosszon lennének. Soha nem érezte magát bizonytalannak vagy védekezőnek, még a saját családjával szemben sem, és azon kapta magát, hogy sebezhető, intim élményeket oszt meg vele.

És a férfi viszonozta ezt.

Az egész túl szépnek tűnt ahhoz, hogy igaz legyen.

Talán az is volt.

Vagy talán nem volt az.

Akárhogy is, hamarosan megtudja. Amilyen hirtelen kezdődött, olyan hirtelen ért véget Matthew tanulóéve, ami új bizonytalanságot hozott magával a jövőt illetően, amit vele képzelt el.

9. fejezet

MÜNCHEN

⌒

MATTHEW ÉVEK ÓTA azt akarta, hogy az idő gyor-
sabban haladjon. Úgy tűnt, hogy az élete csak kúszik
előre a Port Harcourt-i középiskolán, a háborús évek
viharain, és végül a budapesti elmélyült magyar évén keresztül. Minden
idegszálával azt akarta, hogy siettesse az időt, és folytassa az életét.

De most hirtelen úgy tűnt, hogy az élet csak tántorog előre, és nem
reagál a hirtelen késztetésére, hogy lelassítsa.

A Münchenbe szóló repülőjegyet még a tanulóévei előtt vette meg.
A Metallochemiánál töltött idő alatt gyakran beszélt arról, hogy részt
kíván venni a nyári olimpián. A külföldi utazásokhoz nem szokott
magyarok csillogó szemmel hajoltak előre, amikor elmesélte a terveit.

A terveit különösen egy magyarral szerette megbeszélni.

Ahogy leszállt a vonatról, és beáramlott a terminálba – egy olyan
térbe, amely a játékok diplomáciai lehetőségeitől zsongott –, azt
kívánta, bárcsak itt lenne, hogy osztozzon az élményben.

A város rendkívül izgalmasnak tűnt.

Matthew számára nem volt idegen az elmélyült, kultúrák közötti
oktatás, tudta, mire számíthat, amikor új, ismeretlen városokba

érkezik, de nem tudta volna megjósolni az izgalom érzését, amely áthatotta a nyugatnémet várost. Mivel korábban csak egyszer volt házigazdája a játékoknak – harminchat évvel korábban, amikor a nácik az olimpiai látványosságot gyűlöletes rendszerük népszerűsítésére használták fel –, az ország békés eseményt ígért. Németország azt tervezte, hogy megmutatja a világnak új arculatát.

Az ország bizonyos szempontból ideális választás volt. Az előző nyári mexikói olimpiai játékok után, amelyeken a kormány több száz tüntető diákot gyilkolt meg, a németországi játékok sikere még sürgetőbb volt. Németország, amely még mindig abban reménykedett, hogy visszanyeri a Hitler halála után több évtizeddel megmaradt fasiszta imázsát, álmában sem gondolt volna ilyen akcióra.

Elsődleges kötelezettségük az volt, hogy mindenkit nagylelkűséggel és nyitottsággal fogadjanak. Bár a biztonságiak még mindig jelen voltak az egész városban, a németek visszaszorították a megfélemlítő képeket, és a tipikus őröket fegyvertelen ügynökökkel helyettesítették. A müncheni tervezőbizottság még a polgárokat is megkérdezte, hogy melyik a legkevésbé politikai szín – mint kiderült, a világoskék –, és a tiszteket ebbe a látszólag semleges színbe öltöztette.

Ami Matthew-t a legjobban megdöbbentette - még a békés környezetnél is jobban, vagy a németek drámai erőfeszítéseinél, hogy átformálják az imázsukat -, az a tömeg sokszínűsége volt. Soha nem látott még ehhez hasonlót.

A városon keresztül emberek áradata kavargott egymásba, némelyikük bőre olyan sápadt volt, mint Judité, másoké olyan sötét, mint az övé, és számtalan árnyalat a kettő között. Már jó ideje Magyarországon volt, és ritkán látott más afrikaiakat. Az olimpiai falu környékén azonban mindenütt nigériaiak voltak. Már majdnem elfelejtette, milyen érzés elvegyülni, az ő bőrszíne sok magyar számára újdonságot jelentett, és jó érzés volt újra beilleszkedni. Túl azon, hogy más afrikaiakat látott, tetszett neki a hasonló gondolkodású tömeg. München, legalábbis egyelőre, az elfogadás és a kíváncsiság helye volt – annak ünneplése, hogy milyen teljesítményeket lehet elérni, ha az ember elfogadja a tőle különbözőek erősségeit.

A körülötte nyüzsgő globális falutól inspirálva és egy új kapcsolat izgalmától feldobva lebegett München utcáin, és alig várta, hogy focit, úszást és atlétikát nézzen.

Természetesen a sportok csak egy részét képezték olimpiai látogatásának. Ott voltak még a város és az ország új látványai, hangjai, illatai és hagyományai is. Lenyűgözve szívta magába ezeket, és sok jegyzetet készített a látottakról.

Mindig, minden alkalommal arra gondolt, hogy megosztja Judittal az élményeit. Elvigyorodott a gondolatra, egy nagy, bamba mosolyra, amitől valószínűleg kissé őrültnek tűnt az idegenek szemében a kávézóban, ahol ült, és azt kívánta, bárcsak megoszthatna vele egy süteményt.

Az iránta való vágyakozás arra késztette, hogy felvegyen még egy képeslapot. Bár minden magyar munkatársa könyörgött neki, hogy írjon nekik az utazásairól, Judit megérdemelte volna a saját lapját. Több mondanivalója volt, mint ami egy képeslapra valaha is ráférne, ezért bámulta az előtte lévő üres kartonpapírt. Szinte félt, hogy elrontja a kártya tökéletes üres lapját. Tiszta és ropogós, a keresztsoros textúra gúnyolódott vele, a hely egyszerre volt apró és tágra nyílt a lehetőségektől.

Azt kívánta, bárcsak mindent elmondhatna neki – hogyan ragadta meg a figyelmét a lány, már az első találkozásukkor, aznap a laboratóriumában, hogyan találta elbűvölőnek és imádnivalónak a lány esetlenségét, és hogyan nem tudott nem gondolni rá. El akarta mondani neki, hogy reméli, együtt utazhatnak, és megmutathatják egymásnak a világot. Fantáziájában kommentálták a Münchenben és azon túl látott nevezetességeket, új városokat ismerhettek meg, miközben többet tudtak meg egymásról – és a másik szemszögéből többet saját magukról is.

Mindezt el akarta mondani neki.

És el akarta mondani neki, hogy kétségkívül tudja, különösen most, hogy külön vannak, hogy ő lehet az a nő, akit feleségül vesz.

De mivel a Metallochemián keresztül akarta elküldeni a képeslapot – egy másik, az összes munkatársuknak szánt képeslappal együtt –, jobb belátásra tért. Nem lehetett ilyen merész egy olyan üzeneten, amelyet bárki elolvashatott, különösen nem a munkatársai. Így hát, kényszerítve magát, hogy rövid és könnyed legyen az üzenete, egy vidám üzenetet firkantott le – a „bárcsak itt lennél" kissé intimebb változatát.

Aztán, mint egy titkos kódot, amely arra hivatott emlékeztetni a nőt, hogy mit jelentett neki – hogy mit tett érte, még annál is többet, minthogy aznap megvédte őt a büfében –, aláírta a nevét: „Mamah".

A szíve egy kicsit gyorsabban vert, amikor bedobta az élénksárga postaládába. Amikor arra gondolt, hogy a lány olvassa a képeslapot, először a mosolya jutott eszébe. A vigyora mindig ragyogó és őszinte volt, barátságos és meleg, és a figyelmes lelkivilága elállította a lélegzetét.

A barátságosságon és őszinteségen túlmenően okos volt – már vegyészmérnök, ugyanezt a szakmai címet hamarosan ő is viselni fogja, és egyike a kevés női mérnöknek Budapesten.

Ez volt az a nő, akit soha nem fog megunni – valaki, aki valóban annyit tanított neki a világról, amennyit ő tanított neki.

Ő volt az a nő, akivel leélné az életét.

Megfogadta, hogy elmondja neki, ha legközelebb találkozik vele.

De jelenleg München követelte a figyelmét.

Érezte a sürgősséget – a levegőben lévő változást –, mielőtt megtudta volna, mi történt. Hirtelen a békét és biztonságot hirdető játékok halálosra fordultak. A hirtelen kitört káosz közepette látott egy csapat nigériait – legalábbis ő nigériaiaknak hitte őket –, akik összebújva álltak.

„Mi történt?" – kérdezte, meglepődve a feszültségtől, amely olyan azonnal elöntötte a hangját.

Az egyik férfi komor arccal felnézett rá – egy joruba, ha tippelnie kellett volna –, és azt válaszolta: „Terrorista támadás történt".

Matthew csak bólintott, miközben a világ, amely alig néhány órája még a lehetőségektől nyüzsgött, most a félelem terévé változott. Közvetlenül azután a férfi nem tudott több részletet. Valaki betört az olimpiai faluba. Két ember meghalt, és többeket elraboltak.

Huszonnégy órán belül a nap eseményei tragikus fénybe kerültek. A Fekete Szeptember nevű palesztin fegyveresek egy csoportja behatolt az izraeli sportolók és edzők lakásaiba. Egy órán belül ketten meghaltak, mivel az első sportolók, akik találkoztak a terroristákkal, megpróbálták megállítani a támadást, mielőtt az elkezdődött volna.

Nem jártak sikerrel.

A Fekete Szeptember terve rendkívül részletes volt – az egyik lakásban még az izraeli lövészekkel való konfliktust is elkerülték a következő lakásban a birkózócsapat javára –, és a nyolcfős csoport kilenc izraelit rabolt el. Kétszáz bebörtönzött palesztin szabadon bocsátását követelve a terroristák fegyverrel tartották fogva a sportolókat és az edzőket, miközben a német tisztviselők a megfelelő lépéseken törték a fejüket. Az összeesküvés halálos lövöldözéssel végződött. Az olimpiai bemondó, aki az eseményekről tudósított, csak annyit tudott mondani: „Már nincsenek többé".

De amikor Matthew félrehúzta azt a jorubai férfit, senki sem tudta, mi lesz az eset vége. A legtöbben azt sem tudták, hogy pontosan mi is történt aznap reggel.

Abban a pillanatban csak annyit tudtak, hogy a játékok békésen kezdődtek, majd erőszakba torkolltak, és a biztonság, amit Münchenben mindannyian elképzeltek, fantáziálássá vált.

Ez azzal fenyegetett, hogy Matthew-t ledönti a lábáról.

Természetesen átélt már erőszakot – nem is keveset –, de ezeket az élményeket mindig is rendhagyónak tartotta. Az ilyen típusú értelmetlen, katasztrofális erőszaknak, amely nagyon is a hazájában összpontosult, nem volt értelme Európa nyugodt tájain.

De aztán, emlékeztette magát, Nigériában sem volt értelme, legalábbis amikor fiatal volt.

A következő napokban, amikor az eseményeket elhalasztották, és helyette megemlékezést tartottak, Matthew sokat gondolkodott hazájáról. Nagyon szeretett volna elmenekülni az erőszak elől, iskolai tanulmányai alatt az országon belül költözött, és végül megragadta a lehetőséget, hogy Magyarországon tanulhasson.

Örült ennek. Sikerült biztonságban tartania magát, ami több volt, mint amit sok nigériai elmondhatott magáról.

De felnyitotta a szemét, amikor látta, hogy máshol ilyen ismerős erőszak zajlik. A nigériai konfliktushoz hasonlóan az izraeli-palesztin konfliktus középpontjában a terület állt, és olyan embereket állított egymás ellen, akiknek hasonló érdekeiknek kellett volna lenniük a föld nevében.

A középpontjában szintén a vallás állt. Nigériai fiatalként látott embereket gyilkolni egymást olyan nézeteltérések miatt, amelyeknek felszínesnek és jelentéktelennek kellett volna lenniük, politikai versengést olyan konfliktusok miatt, amelyeket nem volt könnyű megoldani, de amelyekhez bizonyosan nem volt szükség olyan erőszakra, amely holttestek sorát hagyta maga után.

A nigériai és a müncheni nyári játékok alatti tapasztalatok között talán a legmeglepőbb hasonlóság abban rejlett, ahogyan az erőszak átalakította a légkört. Matthew és mások számára is egy pillanat alatt szertefoszlott a játékok varázsa. Az események csak egyetlen napra szüneteltek, de amikor újraindultak, a dolgok nehéznek és feszültnek tűntek.

Az olimpiai tömeg nyüzsgését, amit eddig élvezett, most fenyege-
tésnek érezte, a játékok zajos felfordulását, figyelmeztető szirénának.
Jobban, mint valaha, hazavágyott, de legnagyobb meglepetésére
nem Nigériába – ehelyett a budapesti kollégiumba vágyott. Tudta,
hogy ott már nem fog újra élni. A nyár halványuló fényével maga
mögött hagyta a szakmai gyakorlatát. De vágyott az új, növekvő
kapcsolatának intrikájára.

Ő és Judit eddig a pontig szemérmesek voltak, finoman flörtöltek,
apró kötekedő megjegyzéseket és piruló pillantásokat váltottak – elég
butának tűnt, ha így belegondolt. De nem érdekelte – a kávéházi
találkozóik voltak életének legmélyebb beszélgetései.

Miközben a vonaton utazott vissza Veszprémbe, újra és újra
lejátszotta a fejében ezeket a beszélgetéseket, mint egy új Stevie
Wonder-albumot. Számára a kapcsolatuk megállapodottnak tűnt,
mintha mindig is ismerték volna egymást, de ugyanakkor egy
új szerelem izgalma vibrált a mellkasában, megfoghatatlanul és
könnyedén.

Nehéz volt ezeket az érzéseket leveleken keresztül közölni, mégis
ez volt az egyetlen elérhető kommunikációs mód. Bár csak 650 kilo-
méterre voltak egymástól, ami rövidnek tűnt, ha belegondolt, milyen
messze van nigériai otthonától, a távolság néha mégis áthidalhatat-
lannak tűnt. És mégis, még a távolság ellenére is, még az egyeteme
és a nő főállású munkája ellenére is – még a kulturális különbségek
ellenére is, amelyek egyszerre jelentettek kihívást és sok lenyűgöző
információ forrását – a csontjaiban érezte, hogy ő az igazi.

Az előző félévben túlterhelte az egyetem, és nem írt annyit,
mint szokott. Judit olyan aggodalommal, ami őt is meglepte, írt,
hogy megkérdezze, minden rendben van-e. Akkor döntötték el,
hogy komoly kapcsolatuk lesz, és azóta többször is szóba került
a házasság.

Nehezen, de igyekezett a tanulmányaira koncentrálni, de gondolatai örökké Juditra terelődtek. Egyik tanóra a másik után húzódott, akadályozva a következő látogatását.

Végül olyan izgatottsággal, amilyet már rég nem érzett – és amit nem valószínű, hogy be akart vallani senkinek, még saját magának sem –, eljött a nap, amikor vonatra kellett szállnia, hogy meglátogassa Juditot, miután Gödöllőre utazott, hogy újra találkozzon Venance-szal, az előkészítő intézeti barátjával.

Persze már sokszor meglátogatta őt korábban is. A téli szünetben több napot töltött vele, beszélgetéseik egyre érdekesebbek és élénkebbek lettek, ahogy kapcsolatuk egyre erősebbé, kiszámíthatóbbá vált. Bemutatta őt Venance-nak, és Judit mesélt neki a testvéreiről és a bátyjáról.

Meg akarta ismerni a családját.

Judit nővére, Bori szemüveget viselt, de a testvérek közül rá hasonlított a leginkább, hasonlóan kerek arcú, bár sötétebb barna volt. Bori azon kevesek közé tartozott, akik tudtak a kapcsolatukról, és a férje, Hajtman Béla meghívta a házaspárt a házukba. Venance elkísérte őket.

A családja ugyanolyan szívélyes és barátságos volt, mint Venance volt, annak ellenére, hogy Judit láthatóan idegeskedett, amikor elindultak feléjük. Vágyakozva nézett a nővérére, amikor bemutatta őket, és a szokásosnál is jobban belehajolt a beszélgetésbe, kétségbeesetten vágyott Bori elismerésére.

Így aztán nem lepődött meg, amikor Judit szemei felcsillantak, amikor Bori megkérdezte, játékos hangon: „Szóval ez most" – szünetet tartott – „komoly?".

Judit arca felragyogott, és az ajkába harapott, hogy megpróbálja elrejteni a mosolyát.

„Igen" – mondta.

És amikor Matthew felé fordult, a vigyor elöntötte az arcát.

Bori is elmosolyodott, ez az arckifejezés, amiről tudta, hogy Juditnak fontos lehet. Nagyon szerette volna, ha a családja kedveli őt.

Bizonyára meg tudta érteni, hogy miért. Mivel még sosem találkozott egy másik nő családjával, nem tudta, hogyan szoktak ezek a dolgok általában menni, de tudta, hogy neki és Juditnak is fontos, hogy a családja kedvelje őt.

Bori és Judit kimentek a konyhába beszélgetni és harapnivalót hozni, egyedül hagyva a férfiakat.

Hajtman nagyon kíváncsi volt Matthew-ra, ahogy az előtte ülő afrikai férfiakat nézte. A kérdéseiből világosan látszott, hogy érdekli, milyen lehet az élete a sógornőjének, ha hozzámegy Matthew-hoz.

„Jutkát gyűlölni fogják az afrikaiak?" – kérdezte nyersen. „Megtámadnák?"

Matthew igyekezett pozitív képet festeni hazájáról. Hangsúlyozta, hogy a külföldieket szeretik Nigériában, sokan még ott is letelepednek. Kiemelte a jó időjárást és a gyors gazdasági fejlődést hazájában.

Hajtmant és Borit is lenyűgözte Matthew magyar nyelvtudása, valamint intellektuális kíváncsisága. Bájos és szórakoztató volt. Jellegzetes, ragályos nevetése jó hangulatban töltötte meg a szobát.

Ha már akkor, amikor Münchenben járt, biztos volt a kapcsolatban, most már kétségtelenül tudta, hogy feleségül akarja venni Juditot. Hónapok óta tartó vágyakozás után az együtt töltött idő olyan volt, mint hideg víz egy forró nyári napon.

Ez egy olyan nő volt, aki mindent elfogadott benne, aki bátorította, értékelte és tolerálta a hibáit. Mintha az együtt töltött idő elixírként hatott volna a szívében, a nő mintha napról napra szebb lett volna, az öröm és az élet addig áradt belőle, amíg az egész világ csillogni nem látszott.

Így aztán egy este, amikor egymáshoz bújva ültek, halkan megkérdezte tőle, hogy nem találkozhatna-e hamarosan a szüleivel.

Judit a fejét a vállának támasztotta, így nem láthatta az arcát, mégis érezte a mosolyát – azt a mosolyt, amitől teljesen felragyogott. De aztán valami megváltozott. Felemelte a fejét, és átállt vele szembe, és komolyan nézett.

„Az apám" – mondta, miközben a tekintete Matthew és a padló között kalandozott. „Ő nem fog..."

„Mi?" – kérdezte. „Ennyire nem lehet rossz!" Ezen felnevetett, legalább annyira azért, hogy megtörje a pillanatnyi feszültséget, mint inkább humorból.

Judit az ajkát rágta, és bólintott, majd mély, erőltetett lélegzetet vett. „Nem tudom, hogy..." Szünetet tartott, és elhessegetett egy bogarat, amit Matthew nem igazán látott. „Annyira védelmező, ennyi az egész."

Tudta, hogy Judit néha összetűzésbe kerül a családjával. A legfiatalabb testvér, nem egyszer elmondta neki, hogy gyakran érezte magát kritizáltnak, mintha mindig is gyerek maradna, még akkor is, amikor a testvérei – sőt, a testvérei gyerekei is – felnőttek körülötte.

Most, hogy belegondolt, Judit szinte furcsán hallgatott arról, hogy találkozzon az apjával. Tudta, hogy elmondta a testvéreinek. Mielőtt eljöttek Budapestre, hogy találkozzanak Borival és Hajtmannal, elmondta neki, hogy a testvérei izgatottan várják a találkozást.

Nem jutott eszébe, hogy kerülte, hogy a szüleiről beszéljen, de most már világosnak tűnt számára, hogy a bemutatkozást is elkerülte.

Tudta, hogy Judit a kapcsolatukat komolyan gondolja. Nemcsak az arcán látszott – és ezért szerette őt –, hanem megbeszélték ezt is. Ez mindkettőjük számára világos volt, még akkor is, amikor távol volt, a leveleikből. A házasság alkalmi, kissé felszínes említései mindennapossá váltak a beszélgetéseikben – Judit meglátott egy menyasszonyi ruhát egy kirakatban, és arról álmodozott, hogy felveszi, vagy egy barátja megnősül, és azon tűnődött, mikor kerül rá a sor.

Tudta, hogy Juditnak ugyanolyan elképzelései vannak a jövő-jükről, mint neki. Valami visszatartotta. Csak ki kellett derítenie, hogy mi az.

10. fejezet

BARTÓK

~~~~

BÉLA BÁCSI TUDNÁ, hogyan kell segíteni. Vagy leg-
alábbis Judit remélte, hogy tudna. Végigsietett a Köbölkút
utcán a Bartók-ház felé, és néma imát küldött fel, hogy
legyen válasza. Mivel Matthew ragaszkodott ahhoz, hogy találkozzon
a szüleivel – és mivel teljes tudatában volt annak, hogy egy ilyen
találkozó katasztrofális lenne –, nem maradt más választása.

Aztán eszébe jutott: Béla bácsi már járt Afrikában! Néhai édesapja,
a híres magyar zeneszerző nagyköveteként, nemrég pedig a Magyar
Unitárius Egyház elnökeként sokkal többet utazott a világban, mint
amennyit a legtöbb magyarnak megengedtek. Ezek a tapasztalatok
nem csak világi bölcsességet hoztak neki, amiről ismert volt, hanem
más kultúrák iránti toleranciát – vagy pontosabban: csodálatot – is
növesztettek benne.

Tudná, mit kell tenni.

Tudnia kellett.

A Béla bácsira jellemző melegséggel és bölcsességgel üdvözölte őt
az ajtóban. „Jutka" – harsogta, hangja selymesen sima volt, mint egy
hollywoodi színészé. Beceneve örömmel csengett a fülében. Kedves

név volt, amelyet a családja használt, de még Matthew is Jutkának kezdte szólítani, ahogy egyre közelebb kerültek egymáshoz.

A szükséges csevegés után visszaköltöztek a nappaliba, ahol a díszes konzolasztalon álló kis kristálytálból vett magának egy csokoládét.

„Olyan boldognak tűnsz, Jutka" – jegyezte meg a férfi.

Mintha csak a végszóra, széles mosoly ült ki az ajkára. Valóban boldogabb volt, mint valaha, még akkor is, amikor egy olyan kihívással nézett szembe, amelynek nem volt ésszerű megoldása.

„Az vagyok!" – válaszolta egy kis nevetéssel. „Találkoztam egy fiúval."

A férfi szeme felcsillant, és hátradőlt a kanapén, vékony lábait térdénél keresztbe vetette, hogy még többet mondjon.

Amit Judit ezután mondott, letörölte a vigyort az arcáról. „Béla bácsi, a szüleim nem fogadják el őt."

A benne felgyülemlett szenvedély erejével ömlött belőle a történet. Ő és Matthew házasságot terveztek. Bárhogy is próbálta, nem tudta lebeszélni arról, hogy találkozzon az apjával, ezért megelőzte a találkozásukat azzal, hogy ő maga kereste fel az apját. Komoly és szigorú volt az apja viselkedése, az arca mindig sima vonalakba merevedett. Mégis, mélyen törődött a legkisebb lányával, és Judit remélte, hogy ez elég lesz ahhoz, hogy elsimítsa a helyzetet.

Nem ment jól.

Eleinte támogatta a lánya terveit ezzel a férfival, sűrű, sötét szemöldökét jóváhagyólag felhúzta. Matthew vallásos volt, magyarázta, sokat utazott és okos.

Amikor Judit elárulta az etnikai hovatartozását, a dolgok szörnyű fordulatot vettek.

„Ha behozod azt a feketét ebbe a házba, szétrúgom a seggét" – kiabálta az apja, fehér haja megmozdult a düh erejétől.

Dühösen kiviharzott. Könyörtelen volt és eltökélt – senki sem akadályozhatta meg abban, hogy feleségül menjen a férfihoz, akit szeretett.

Bevillant neki a saját gyerekkora. Akkoriban persze voltak kihívások – a politikai zűrzavar és az erőszak, amit a forradalom idején láttak –, de volt ott szépség is. Olyan könnyűnek érezte magát akkoriban, a gyermekkor egyszerűsége vitte át a gondtalan verebi nyarakon.

Verebnek nem sok városi kényelem jutott – vidéken, ahol az apja gazdaságvezető volt, a környezet többnyire szántóföld volt, de ő szeretett az apjával tartani. A testvérei közül Jutka volt az, akit minden nyáron magával vitt, és a melegebb hónapokban a szabadban tartózkodott. Szedte a szedret, hogy együtt ehessenek, de az apja ritkán szakított időt arra, hogy csatlakozzon hozzá.

Szívesen emlékezett vissza azokra a napokra, emlékezett arra, ahogy a lovas kocsiba szállt, hogy a városba utazzon cukorért és szódáért, miközben lila ruhája lengett a szélben.

Kis barátnőjével, Andreával együtt naphosszat sütkéreztek a napon, szedret szedtek, és addig ettek, amíg a gyomruk szét nem pukkadt az édes gyümölcstől. Egyszer, amikor a parasztház előtti rövid fűben feküdtek, ő és Andrea kuncogva nézegették mélyen lebarnult, napszítta bőrüket.

„Olyan vagyok, mint egy néger!" Judit felnevetett a barátnőjének.

Andrea karját Judité mellé tartva azt válaszolta: „Én még nálad is sötétebb vagyok!".

A napok így teltek, lusta nyári órák, amelyek örökké elnyúltak, a fű édes illata keveredett az árpaföldek poros illatával.

Ezeknek a Verebbe tett kirándulásoknak köszönhette, hogy olyan közel érezte magát az apjához. Szerette volna ugyanezt a közelséget érezni, amikor bemutatja őt annak a férfinak, akihez feleségül szeretne menni.

Amikor legközelebb találkozott Matthew-val, megpróbálta finoman meggyőzni, hogy hagyja az egészet – az apja beleegyezése nélkül is összeházasodhatnak, gondolta.

Matthew csak megrázta a fejét, és megint eleresztett egy lefegyverző nevetést, ami mindig oldotta a feszültséget, még akkor is ha frusztráció rejtőzött mögötte. „Nem, nem, nem, nem, Jutka, találkoznom kell vele" – ellenkezett, még mindig mosolyogva. „Legalább…" – ekkor szünetet tartott, és a tekintete elkalandozott Judittól. „Meg kell próbálnom."

Judit megpróbálta félbeszakítani – nem volt értelme erőltetni a dolgot az apjával. Az csak rontana a helyzeten.

De Matthew kitartott.

„Légy szíves. Ha nem tudom meggyőzni, akkor a beleegyezése nélkül házasodunk össze."

Nem tudta, mit válaszoljon, hogy átkarolja-e a nyakát, hálásan, hogy az apja megfoghatatlan beleegyezése nélkül is összeházasodhatnak, vagy vigasztalja, elszomorodva a helyzet igazságtalansága miatt. Csak bólintott, a szája vékony, határozott vonallá húzódott.

Aznap este tervezgetni kezdett, azon törte a fejét, hogyan segíthetne a helyzeten. Kezdetben habozott a gondolattól, hogy elmondja Béla bácsinak, nem volt biztos benne, hogy ő is úgy reagálna, mint az apja. Egy újabb olyan találkozás, mint az a kiabálós vita, amit a valódi apjával folytatott, túl sok lenne neki – ha Béla bácsi ugyanúgy reagálna, az összetörné a szívét.

De végül rájött, hogy nincs más választása. Ha elvitte volna Matthew-t az apjához, az helyrehozhatatlanul tönkretehette volna a kapcsolatát mindkét férfival. Nem volt biztos benne, hogy az apja valóban harcolna Matthew-val, és abban sem volt biztos, hogy Matthew mit tenne egy ilyen helyzetben, de inkább elszökne, és soha többé nem jönne vissza, minthogy itt maradjon, hogy kiderítse.

Ezért tétován úgy döntött, hogy megkéri Béla bácsit. Nem tudott emlékezni olyan időre, amikor nélküle volt. Mivel nem volt saját gyerekük, ő és a felesége, Judit néni úgy fogadták be őt, mintha a sajátjuk lenne, és gyakran meghívták a közeli házukba, hogy ott töltse az idejét.

Amilyen kedves volt, olyan nyájas, és olyan modorossággal rendelkezett, amely művészi neveltetéséről árulkodott, Judit csodálta Béla bácsi egyedi világlátását. Mindig is lenyűgözte az ő és Judit néni természetszeretete. Ezzel szöges ellentétben pedig imádta otthonuk bonyolult, drága részleteit – a ház körül gondosan elhelyezett vágott virágokat, a gyönyörű, gazdagon festett, kézzel faragott részletekkel díszített bútorokat.

Béla bácsi mindig is apafigura volt számára – szerencsésnek tartotta magát, hogy két ilyen figurája is van, ő és a valódi apja –, most pedig szüksége volt rá, hogy segítsen neki elnyerni az apja áldását.

Béla bácsinak más elképzelései voltak. Felajánlotta, hogy afféle diplomataként kikövezi az utat Matthew belépése előtt a Koós-házba. Úgy tűnt, őszintén érdeklődik a kapcsolatuk iránt, és egyszer sem ítélte el a kultúrák közötti házasságra vonatkozó terveiket.

Megdobbant a szíve, mikor erre gondolt. Büszke volt arra, hogy egy ilyen intelligens, karizmatikus férfira talált, de nem is tudta, mennyire vágyik a családja elismerésére. Persze, már bemutatta őt a nővérének, Borinak, aki mindig is anyai szerepet játszott az életében. De azon kapta magát, hogy izgatottan várja, hogy bemutassa Matthew-t Béla bácsinak.

Ez az izgalom szorongó várakozássá változott – pillangók repkedtek a gyomrából a torkába, majd vissza -, ahogy Matthew-val a hetes busz megállójához igyekeztek. Ahogy a pár a Zsombolyai utcai családi ház közelében lévő megállóhoz közeledett, Judit várakozóan intett Béla bácsinak, aki kedvesen mosolygott rájuk.

„Jutka" – kiáltott fel, olyan lelkesedéssel, ami még különlegesebbé tette a találkozást, mint ahogy Judit elképzelte.

„Béla bácsi, ez itt Mamah".

Az idősebb férfi kezet nyújtott, Matthew pedig megfogta, Béla foghíjas vigyorához illően. Kettejük láttán – a három legfontosabb férfi közül kettő az életében – Judit ugrálni tudott volna örömében. De visszafogta magát.

„Béla bácsi járt Nigériában!" – jelentette ki, izgatottan, hogy közös nevezőre hozza őket.

„Á" – felelte Matthew. „Hová utazott?"

És ezzel a két férfi belevágott a csevegés meglehetősen intenzív változatába, Matthew a rá jellemző bájjal, Béla pedig a nyugodt, kedélyes modorával.

Beszélgetésük szabadon folyt, egy szellemes rapszódia, melyben könnyedén elszórtan nevettek.

Pontosan olyan volt, amilyennek Judit elképzelte, méghozzá a legjobb értelemben. Csakhogy az ő képzeletében az apja ott állt mellettük.

Béla bácsi megérezhette a lány kétkedését, mert megfogta a kezét, és azt súgta neki: – „Jó ember. Az apád is meg fogja látni."

És akkor Béla felment a lakásba.

Aggódva, hogy tiszteletlenül viselkedik, Matthew visszautasította Judit lökéseit, hogy menjenek fel, és ragaszkodott hozzá, hogy várjanak lent, amíg Béla megnyugtatja az apját. Judit nagyra értékelte, hogy ilyen türelmes; csak azt kívánta, bárcsak ne lenne rá szükség.

Jó ember volt, az apja általában nem volt gyűlölködő vagy ésszerűtlen. Tizenegy gyerek közül a legfiatalabbként nőtt fel – Judit gyakran rokonította ezt a tulajdonságát, mint maga is a legkisebb gyerek –, és szilárdan meg volt szilárdulva a maga módján. Amilyen ritkán találkoztak a magyarok feketékkel, még ritkábban házasodtak velük.

Miután megvárták, ami Judit reményei szerint elég hosszú idő volt ahhoz, hogy Béla és az apja beszélgessenek, a pár felmászott a lépcsőn a lakásba. A szíve vadul dobogott a mellkasában, mert többször is elgondolkodott azon, hogy vajon nem késő-e már visszafordulni. Talán könyöröghetne Matthew-nak, hogy gondolja meg magát. Vagy, ha a legrosszabbra fordulna a helyzet, egyszerűen megtagadhatná a továbbhaladást. Persze egyikre sem gondolt igazán. Hozzá akart menni Matthew-hoz, és a házassághoz – az érett felnőtté váláshoz – hozzátartozott, hogy azt tegye, ami helyes, még akkor is, ha az nem volt könnyű.

Ezért minden bátorságát összeszedve megfogta Matthew kezét, és felment a lépcsőn. A cipőjük csattogott a barna csempés lépcsőfokokon, ahogy felfelé haladtak, és olyan visszhangot keltett, amelyet újnak és ismeretlennek érzett.

Bizonyos értelemben új és ismeretlen volt.

Randevúzott már más férfiakkal is, sőt egy-kettőt be is mutatott a családjának, de soha nem akart egyikükhöz sem hozzámenni. Néha még a szerencséjét is átkozta, hogy soha nem találta meg a honfitársai között azt a fajta férfit, akire vágyott.

A dolgok sosem voltak olyan egyszerűek, mint amilyennek lenniük kellett volna, de most már tudta, miért. Mindig is arra volt hivatott, hogy megtalálja Matthew-t.

Gyermekként vágyott arra az egyszerű életre, amit a szülei éltek a szöllőspusztai tanyán. A hatalmas birtok békés és régies volt, bár Judit most már rájött, hogy viszonylagos gazdagságot jelzett, különösen a nagyvonalú profil, a masszív homlokzati oszlopok, a szolgák és a lovászok, akik segítettek a szüleinek a gazdaság működtetésében.

Otthonuk, melyet Szöllősre rövidítettek, két szomszédos tanyából állt, amelyeket az Aradi út választott el egymástól – ez volt az út a legnagyobb közeli városba, Orosházára, ahol Judit született.

Még egyéves sem volt, amikor Budapestre menekültek, nem emlékezett arra, hogy ott élt volna. De az édesanyja mesélt neki a szöllősi életükről, és szeretettel mesélt a málnabokrokról és a spárgáról, amit a ház mögötti hatalmas kertben nevelt. Judit szerette elképzelni az édesanyját sokkal fiatalabb nőként, virágos ruhákban, hímzett bordűrökkel, hullámos, szőke haját könnyed kontyba fogva.

Az egész olyan egyszerűnek és tisztának tűnt, mintha egy mese története lenne, amelyet a békák károgása még fantasztikusabbá tett. Egy gyakori látogató, Béla bácsi apja, a nagy zeneszerző, Bartók Béla, még egy híres kompozíciót is írt a békák hangjáról: Az „Éjszaka zenéje" a szülei tanyáján töltött derűs nyári éjszakák meleg tükörképe volt. Ez a darab, többek között, világszerte hírnevet és vagyont hozott Bartóknak.

Az idősebb Bartók, mielőtt élete végén az Egyesült Államokba emigrált, éveken át Szöllősön töltött időt a Koós családnál. Mindannyian összegyűltek a ház tágas szalonjában, egy hatalmas kandallóval és egy nagy Bösendorfer zongorával felszerelt szalonban, amelyen a zeneszerző, aki kiváló zongorista volt, néha játszott. Ez volt Judit kedvenc képe – a zene, amely a folyosókon keresztül áradt, miközben a családja felállt, hogy táncoljon a lantos zenére, amely a ház falain kívüli természetes hangok kiegészítője volt.

A család mindig is fontos volt.

Ezt a gondolatot a szívéhez közel tartotta, miközben mély levegőt vett, és belökte a lakás bejárati ajtaját, nem tudva, mi várhat rá.

Bármit is mondott Béla bácsi, úgy tűnt, megnyugtatta az apja idegeit – még ha a sajátjával nem is tett semmit. A szülei ridegnek tűntek, de szerencsére nem történt erőszak – bárcsak már az elejétől fogva békés találkozást feltételezhetett volna, de apja figyelmeztetése a fülében csengett.

Matthew minden bőséges báját bevetette, miközben beszélgettek, megdicsérte az otthonukat és az anyja ruháját, és udvarias kérdéseket tett fel az apjának, hogy kimutassa az érdeklődését.

Judit egyszerűen nem tudta – nem is akarta – megérteni, hogyan találhatják őt másnak, mint lefegyverzően karizmatikusnak. És mégis, félt a legrosszabbtól, idegesen pillantgatott a szülei és Matthew között, miközben a társaság beszélgetett, amit csak Béla bácsi időnkénti megnyugtató biccentése szakított meg. A tenyere nyirkos volt, a torka összeszorult, és megpróbált a beszélgetésre koncentrálni, amennyire csak tudott.

Amikor vége lett, kikísérte Matthew-t az ajtóhoz, és bent várta, hogy beszélhessen a szüleivel. Alig ért vissza a bejárati ajtótól, amikor az apja kijelentette: „Nincs semmi baj ezzel a fiatalemberrel".

Judit látása megingott, ahogy a megkönnyebbülés elöntötte a testét. De az apja még nem végzett. „Kivéve," – folytatta –, „hogy fekete".

Judit tiltakozásra nyitotta a száját, a felszabadulás hulláma szinte észrevétlenül tüzes dühvé változott. Mielőtt tiltakozhatott volna, az apja a szemébe nézett, és könyörgő hangon hozzátette: „Kedves lányom, Nigériában egy kecskéért is eladnának téged!".

Nem ezt a reakciót remélte.

És mégis, ahhoz képest, hogy Matthew megverésével fenyegetőzött, nem tehetett róla, de úgy érezte, hogy apja szavai enyhébbek voltak. A hangja kevésbé tűnt agresszívnek, kevésbé dühösnek.

Matthew elbűvölő volt – tudta, hogy az lesz –, és talán kezdte megnyerni az apját, ahogy őt is megnyerte. Szellemes megjegyzésekben nem volt hiány, ki ne szerette volna őt? Matthew egyáltalán nem tűnt feszültnek a megbeszélésen, ami szöges ellentétben állt a saját dobogó szívével és nyirkos tenyerével.

A reménytől felbuzdulva úgy döntött, hogy Matthew sármjára fogad. Egyszerűen elintézi, hogy az apja több időt töltsön vele. És, úgy vélte, minél többet érintkeznek, annál kevésbé fog aggódni az apja.

Eladnának egy kecskéért!

Amikor erre a megjegyzésére gondolt, szinte kínosan érezte magát – hogyan gondolhatott ilyesmit az apja? Nem is beszélve arról, hogy hangosan kimondja?

Természetesen ő is táplálta a saját előítéleteit, amikor először találkozott Matthew-val. Az újdonságot lehetetlen volt túlzásba vinni, egyszerűen soha nem érintkezett még fekete emberrel, és valóban semmit sem tudott Afrikáról.

De már egyetlen Matthew-val folytatott beszélgetés után rájött, hogy semmiben sem különbözik tőle, semmiben sem, ami számítana. Okos és tanulékony, vicces és könnyed, szenvedélyes és céltudatos volt, és ugyanúgy képzelte el a közös jövőjüket, mint ő. Nem tudott tehát semmi okot elképzelni arra, hogy a bőrszíne vagy afrikai származása kizárja a hosszú és boldog közös életüket.

Így hát nekilátott egy tervnek, hogy megmutassa apjának az általa ismert Matthew-t. A család legkisebbjeként, utálta, hogy gyerekként kezelik. De ezek az érettségére vonatkozó felfogások kétoldalúak lehettek – ő is nagyobb mozgásteret kapott a döntéseiben, mivel a családja csak úgy tekintett a furcsaságaira, hogy Judit egyszerűen csak önmaga. Ezt kihasználva elhatározta, hogy minél jobban magához téríti Matthew-t.

Először a nővérét, Acit hívta fel. „Szeretnélek bemutatni Mamáhnak" – mondta. „Át tudnál jönni a Zsombolyaiba?"

Aci örömmel fogadta, és ők öten – a szüleikkel együtt – kedélyesen elbeszélgettek. Amikor a Zsombolyai utcai lakásban találkoztak, tényleg nem volt lehetőség arra, hogy a család elkerülje Matthew-t. Talán ha még Szöllősön laktak volna, az apja elvonulhatott volna valamelyik ebédlőbe vagy a kert melletti verandára, de a hangulatos kis lakás nem nyújtott ilyen menekülési lehetőséget. Matthew elbűvölte Acit – Juditnak nem volt kétsége afelől –, és a szüleik viselkedése is

megnyugodni látszott. Az apja még nevetett is Matthew egyik poénján.
Ez előrelépést jelentett számára!

Alig egy héttel később megkérte Matthew-t, hogy hozza magával
Venance-t és Nyamát, egy nigériai diákot, akit még az iskolából ismert.
Már nem érezte magát kényelmetlenül, sőt, nem is volt különösebben
lenyűgözve, amikor afrikai diákokkal töltött időt – talán ugyanez a
fajta interkulturális elmélyülés jót tenne az apjának is.

A bátyja, Berci csatlakozott hozzájuk ebédre, és élvezték a húslevest,
amit az anyjuk készített. Bőségesen megdicsérték az ételt – Judit úgy
vélte, még azt is látta, hogy az anyjuk egy kicsit elpirult –, a három
diák jól beilleszkedett a családba.

Bár Venance és Nyama nem beszélt magyarul olyan precízen, mint
Matthew – az igazat megvallva, Judit néha azt hitte, hogy jobban
beszéli a nyelvet, mint ő –, erős társalgók voltak, ugyanolyan ambí-
cióval és intelligenciával, mint Matthew. És Matthew, szerinte, nem
is különbözött annyira az apjától.

Talán csak képzelte, de érezte, hogy Matthew és az apja között
igazi kötelék alakulhat ki. Matthew és Béla bácsi mégiscsak kedves
beszélgetést folytattak, Berci és Aci pedig úgy tűnt, nagyon kedvelik
Matthew-t.

Még ha az egész csak a fejében is volt, akkor is megadta Matthew-nak
a kellő alaposságot, amit kért. Nemcsak bemutatta őket egymásnak,
hanem, amilyen ügyesen csak tudta, elintézte, hogy még többször
is együtt töltsenek időt. Matthew eredeti kérése óta szkeptikus volt
azzal kapcsolatban, hogy bármi jó származhat a találkozásukból, de
most be kellett látnia, hogy imádta együtt látni az apját és a leendő
férjét, ahogy beszélgetnek és nevetnek, még ha ez utóbbiak ritkábban
is fordultak elő, mint szerette volna.

Ezt el is mondta Matthew-nak, amikor legközelebb szóba került a
házasság témája. A férfi a rá jellemző meleg vigyorral ölelésbe húzta, és

megcsókolta a homlokát. Judit beleolvadt Matthew karjaiba – remélve, hogy a teljes biztonság és bizalom érzése soha nem múlik el.

A mellkasába mosolygott, egy kis kacaj szökött ki belőle, és hallotta, ahogy Matthew is kifúj egy kis kuncogást.

És ezzel eldőlt a jövőjük.

II. fejezet

A NAGYKÖVETSÉG

A NAP SUGARAI BEÁRADTAK az ablakon, amikor Matthew felébredt azon a különleges napon 1973-ban. A nyár csúcspontját ismerősnek és megnyugtatónak érezte. Augusztus 26. El sem tudta hinni, hogy végre elérkezett a nap – az idő az elmúlt hónapokban úgy száguldott előre, mint egy türelmetlen gyermek.

Még aznap délután ő és Judit elmennek a budapesti brit nagykövetségre, és életüket egymásnak ígérik. Ellentmondásosnak tűnt, hogy a napra ébredt, mint mindig, csakhogy ez a reggel nem volt normális. Valójában ez lesz élete egyik legnevezetesebb napja.

Amikor az egyszerű, meghitt szertartás előkészületeiről döntöttek, az apjáéhoz hasonló templomot akart választani. Anglikán vallásban nőtt fel, az apja már a születése előtt is ebben a hagyományban dolgozott éveken át.

De amikor megérkezésekor templomot keresett, tudta, hogy Budapesten egyetlen anglikán templom sem létezik. A városban töltött első napjaiban egy baptista gyülekezetet választott, azzal az érveléssel, hogy a felekezet hagyományai csak kis mértékben különböznek azoktól, amelyekben ő felnőtt.

Szerette a templomot, bár csak alkalmanként járt oda – egyszer még Venance-t is magával rángatta. Végighallgatták az egész istentiszteletet, ami messze nem volt azonos azokkal az anglikán hagyományokkal, amelyeken ő felnőtt, de jobb volt, mint a semmi.

A szertartás után egy férfi megkocogtatta barátja vállát. „Fiúk, ti túl fiatalok vagytok ahhoz, hogy itt legyetek" – mondta olyan hangon, amelyben keveredett a zavarodottság és az egyet nem értés.

Matthew oldalra hajtotta a fejét, és összehúzta a szemét.

Az ajkai sarkában egy csipetnyi mosollyal az arcán a férfi folytatta: – „Nem kéne inkább a parkban szórakoznotok? Vagy lányokat kergetni vagy ilyesmi?"

Matthew elnevette magát, remélve, hogy a férfi megjegyzése csak vicc volt, és továbbra is rendszeresen látogatta a templomot. Venance nem ment vele többé, mindig elfoglalt volt, miután külön utakon indultak el az egyetemre.

Egyszer Matthew és Judit együtt tettek egy rövid kirándulást. Szentendre csak egy rövid vonatútra volt Budapesttől, és nem különbözött annyira a többi magyar várostól, legalábbis Matthew számára. De Judit, az ő édes Jutkája, gyönyörködött a kisváros jellegzetes szivárványszínű esernyőiben, amelyeket egy festői, színes házakkal szegélyezett utca fölé függesztettek.

Mindketten nagyon rajongtak a vallásért, amelyben felnőttek, és megbeszélték az esküvő részleteit. Judit katolikus pap alatt akart megházasodni, hódolva az énekek előtt, amelyek annyi örömet és szenvedélyt szereztek neki fiatalkorában. Mégis, amikor látta a büszkeséget Matthew szemében, amikor az apja hitéről beszélt, nem tudta nem észrevenni azt az ünnepélyességet is, amellyel a férfi arra emlékezett, hogy az apja nem tudott részt venni. Judit örömmel fogadta el az anglikán szertartást a házasságkötésükhöz.

Bár a táj lenyűgöző volt, a leendő menyasszonyához képest

elhalványult. A boldogságtól ragyogó, mosolya ragályos volt, és az egész út alatt elárasztotta őt szeretettel. Annyi mindent tanult tőle – az országról és a mérnöki munkájukról –, és beleszeretett a lány őszinte segítőkészségébe. Soha nem volt leereszkedő, mindig biztatta, büszkén és bátorítóan vigyorgott.

Venance is kedvelte őt. Minden barátja szerette.

Ez csak egy újabb jele volt annak, hogy egymásnak vannak teremtve. Így hát, az apjával történtek után – egy konfliktus, amely el fog oszlani, biztosította Judit – meghívták a veszprémi és más, Magyarországon szétszórtan lévő állomásokról a barátait, hogy csatlakozzanak hozzájuk az esküvőjükön.

Az esküvőre, amelyre aznap délután kerülne sor.

Alig tudta elhinni. Még a gyors eljegyzésük ellenére is úgy tűnt, hogy az idő csak húzódik, késleltetve a napot, amikor hivatalosan is elkezdik közös életüket. Ez a nap végre elérkezett.

Fekete, háromrészes öltönyét húzta le a fogasról, és a keze remegett a várakozástól. Helyi formaruhát választottak az esküvőre, így egy ropogós fehér inget vett fel elegáns, fehér nyakkendővel. Miután begombolta a mellényt, felhúzta a zakót, és megcsodálta magát a tükörben.

Úgy gondolta, hogy elég elegánsan néz ki. Egészen addig, amíg meg nem látta a nőt.

Elállt tőle a lélegzete.

Szépen fésült barna haja előbukkant egy élénk színű, hagyományos magyar mintával hímzett menyasszonyi sapka alól, mögötte hosszú fátyol omlott ki, amely végigfutott a szép hátán. A ruha ujján egyforma motívum díszelgett, ellensúlyozva az egyébként egyszerű, fehér ruhát. A korona ékessége a csodálatos, ragyogó mosolya volt.

Amikor először meglátta, azt gondolta, hogy ő a legszebb nő a világon.

Nem vette észre, amikor közeledett, a nővére, Bori a sapka rögzítésével bajlódott, így csak egy röpke pillanatig csodálta a nőt.

Aztán eljött az idő.

Egy anglikán pap, Bruce Duncan tiszteletes Bécsből utazott, hogy egy katolikus esküvőtől nem sokban különböző szertartással összeházasítsa őket. Kivéve persze, hogy az angol nagykövetségen lesz.

Letérdeltek előtte, miközben az úrvacsorát szolgáltatta ki, a mögöttük álló mintegy harminc vendég pedig felállt, hogy tudomásul vegye a szertartás komolyságát, majd előre sorakozott, hogy maguk is elfogadják a gazdatestet.

Utána megáldották a gyűrűket, és egy dalt hallgattak meg – Matthew egyetemi barátját, Tündét kérték fel, hogy énekeljen, és gazdag baritonja mélyen és tisztán visszhangzott a követség falaiból. A lelkész felszólítására elmondták szent fogadalmukat. Matthew odanyúlt, hogy megszorítsa Judit kezét. Judit felé fordult, mosolya ragyogóbb volt, mint amilyennek valaha látta.

Ekkor a szüleire gondolt. Az ő házasságuk a maga nemében valószínűtlen szövetség volt, és egészen más körülmények között jött létre, mint az övé.

Sokszor hallotta már a történetet.

Apja még huszonkét éves fiatalemberként hallott egy középkorú keresztény asszonyról, akinek szörnyű, torzító elváltozásai voltak. A himlőjárvány terrorfenyegetése követelte a bőrét és a közösségét. Arra kényszerítették, hogy elszigetelje magát másoktól, és száműzték az erdő mélyére, ahol betegen és egyedül fog meghalni.

Az apja szíve megszakadt a nőért. Amikor elmondta a barátainak, hogy nem bírja elviselni, hogy otthagyja a nőt, azok elborzadva reagáltak.

„Ebből az átokból nem gyógyulsz ki" – figyelmeztette az egyik barát. „Úgyhogy bármit is teszel, az kárba vész."

De, ahogy az apja gyakran elmesélte, ő ellenszegült a figyelmeztetéseiknek. „Az a hivatásom, hogy segítsek az embereken" – válaszolta, a hangjában jellegtelen dacossággal. „Isten nem engedi, hogy meghaljak." Csak egy fekete Bibliával felfegyverkezve merészkedett le a tiltott erdei ösvényen arra a helyre, ahová csak a legközelebbi családtagok mertek lépni.

Az asszony mozdulatlanul feküdt egy fa mellett, de amikor megérezte, hogy közeledik, felállt, és a férfi bemutatkozott. Torz és összefolyó, hólyagok húzódtak végig a testén, alig felismerhetővé téve az arcát.

Aznap és még sok nappal később is letérdelt mellé, imádkozott, részleteket olvasott fel a Bibliából, és ételt vitt neki.

De a betegség által elpusztított asszony lélegzete egyre szaporább lett, mígnem legyengült teste megadta magát.

A kétségbeesés, mondta az apja Matthew-nak, amikor tizenéves volt, megnyomorította őt. Istenhez kiáltott válaszért – azon tűnődött, hogyan engedhette, hogy ez megtörténjen a szorgalmas imáik ellenére –, de nem kapott megfelelő választ.

És akkor meglátta: egy apró, lapos, piros foltot az arcán. Hamarosan a foltok mindenütt ott voltak, elborították a kezét, az alkarját és a törzsét. Az elváltozások ezután apró hólyagokká alakultak, amelyek először tiszta folyadékkal, majd gennyel teltek meg.

Gyomra görcsbe rándult, és tudta, hogy annak a nőnek az útját kell járnia, akin segíteni próbált. Jól ismerte az erdőt, és a barátaitól kapott ruhákkal és élelemmel a kezében végigjárta az ösvényt, és imádkozott a csodáért. Ám ahogy egyre gyengült és magatehetetlenebb lett az erdő közepén, kezdte elveszíteni a reményt. Ott fog meghalni, akárcsak a nő, egyedül és félelemben.

A történetnek ezen a pontján Matthew mindig felült, apja szemében felcsillant az öröm.

Ahogy az apja gyakran elmesélte, egy csapat keresztény látogatta meg akkor, de jelenlétük nem sokat segített a lelkén – elvégre imádkozott az asszonnyal, és felolvasott neki bibliai részeket. De ez nem mentette meg őt. Az ételért azonban hálás volt, és a társaság is feldobta a lelkét – különösen az apró termetű tizenéves lányé.

A lány, aki a derekára kötött ruhadarabot viselt, amelyet egy bő blúz koronázott meg, többször is meglátogatta, imádkozott és beszélgetett ogbiai nyelven. Bár kevesebb iskolázottsággal rendelkezett, mint Matthew apja, szellemes és bájos volt, tele elég energiával ahhoz, hogy ellensúlyozza komor modorát.

Rettegett attól, hogy mi következik, de ahogy a hegek kialakultak és lehullottak, eltorzítva az arca körvonalait, úgy érezte, hogy jobban érzi magát. Az arca, amelyet tartósan megjelöltek a pattanások, soha többé nem nézett ki úgy mint régen.

De neki megadatott az, ami a nőnek nem – az élet.

És ezt ki is akarta használni.

Nem sokkal később feleségül vette a lányt – azt a vékony, kedves, vidám lányt, aki mellette maradt, amikor egyedül volt, elszigetelten az erdőben. Valamivel később családot alapítottak. Az első két babájuk ismeretlen betegségben halt meg, és Matthew apja egészséges gyermekekért imádkozott, és azért, hogy a hite túlélje ezt a gyomorszorító veszteséget.

Az imái teljesültek, amikor jött Comfort – az idősebbik húga –, akit nem sokkal később maga Matthew követett.

Amikor az apja elmesélte a történetet, távolba révedt a tekintete. Őszintén hitte, hogy Isten szólt hozzá, amikor ezt a lányt – Matthew édesanyját – küldte, hogy megmentse őt. Az események megerősítették a hitét, amelyet hálásan továbbadott Matthew-nak és a testvéreinek.

Matthew ugyanezt a hitet látta, amikor Juditra nézett, ott mellette, az oltárnál térdelve az esküvőjük napján.

„Mamah" – mondta most, és a vállát a férfi karjához simította. „Boldog vagy?" A mondat aggodalmat imitált, de Judit nem tűnt aggódónak, minden igazat megvallva, egész nap hatalmas mosolyt viselt, a szemében öröm és fény áradt.

Matthew rámosolygott, és egy apró kacsintást intézett hozzá, amit halk nevetéssel válaszolt.

És aztán kész volt. Kifelé indultak a követség épületéből, a kis, meghitt tömeg elárasztotta őket a nyüzsgéssel. A nagykövetség lépcsőjén a fényképezőgépek villogásának és a film előrehaladásának csettintése olyan volt, mint a zene, és Matthew a feleségére vigyorgott, ahogy ide-oda néztek, pózoltak, miközben a barátaik és a családtagjaik megemlékeztek a napról.

A követségről egy profi fotóshoz mentek – Judit ezt akarta, a nő izgatottsága ragályos volt. Megbeszélték, hogy Berci viszi őket. Liliom- és zöldágakkal feldíszítve, a kis, doboz alakú Lada a járdaszegélyen várakozott, és ők szinte odaugrottak a járműhöz, miközben nevettek magukban.

A fotózás egy kis fogadásnak adott helyet a Zsombolyai utcai lakásban. Judit kezét a kezébe fogva felment a lakásba vezető lépcsőn, és csodálkozva emlékezett vissza arra az idegességre, amit mindketten éreztek, amikor néhány hónappal korábban az édesapjával találkozott. A lakás ajtaján át vidámság hangja szivárgott be, és amikor beléptek a térbe, éljenzés tört ki. Judit dallamosan és könnyedén felnevetett, és a férje átkarolta a kezével a hátát, majd felnézett rá, és ugyanaz az élénk vigyor terült szét gyönyörű arcán.

A szűkös helyiséget – nem több mint száz négyzetméter – a harmincegynéhány vendég zsúfolásig megtöltötte. Körbepillantott a szobában, mentális térképet alkotva a vendégeikről – Venance vigyorogva integetett a nappali egyik sarkából, ahol Tundével beszélgettek, Bori vigyorgott feléjük, Béla bácsi pedig poharat emelt a koccintásra.

És akkor ott állt mellettük az apja, a csillogó szemmel, ami félreérthetetlen volt.

„Jutka." Átölelte a lányát, mielőtt hátralépett volna, és megfogta a vállát. „Gyönyörű vagy, drágám."

Aztán felé fordult, és a kezét nyújtotta Matthew-nak. Megfogta, meglepődve apósa szorításának erejétől. Mielőtt kigondolhatta volna, mit mondjon, Albert betöltötte az űrt. „Ha te vagy a lányom férje – mondta –, akkor az én fiam vagy".

Érezte, hogy Judit tekintete rá szegeződik, tágra nyílt és elragadtatott, de ő állta apósa tekintetét, és bólintott. „Köszönöm" – felelte.

A beszélgetés megkönnyebbülése katapultálta őket a lakásban, ahogy szinte átlebegtek a recepción. Először Nyamát és Béla bácsit köszöntötték – a két férfi hivatalosan is tanúja volt a házasságkötésnek, aláírva az oklevelet. Nyama könnyedén elbeszélgetett Venance-szal és Adamsszel, Duncan tiszteletes pedig a közelben állt. Béla bácsi közelebb állt a zongorához – az apja régi tulajdonához –, amely vázákkal és egyéb csecsebecsékkel volt tele, ami arról tanúskodott, hogy az elmúlt évtizedekben nem használták.

És persze köszöntötték Judit minden egyes testvérét, a nők ölelkeztek és ájuldoztak Judit ruhája, sapkája és fátyla felett.

Az este egyre ünnepélyesebbé vált, ahogy a vendégek koccintottak a párra és táncoltak, és ahogy a kora este éjszakába fordult, az egész terem dalra fakadt. Nem is akármilyen dalok voltak, hanem magyar nóták, népszerű népdalok, amelyeket hagyományos cigány stílusban adtak elő.

„*Szeretni, szeretni, szerettelek*", énekelték. Bár gyengéd volt, olyan fergetegesen énekeltek, hogy nevetni kellett. „*Feleségül elvenni mégse mertelek*".

Erre a feleségére vigyorgott.

Pedig merte. És Judit is merte őt férjének fogadni.

A fergeteges dal hullámként öntötte el a termet, miközben a férfiak magasra lendítették a poharukat, a nők pedig nevetgéltek. Aztán egy dörgő tapsviharral véget ért a dal – és az este. A pár elbúcsúzott, és leereszkedett a lépcsőn, a nászutas lakosztály felé.

Nem sokkal később lakást béreltek, amíg Matthew-nak vissza kellett mennie Veszprémbe, hogy befejezze az egyetemet. De abban a pillanatban nem volt energiájuk ilyen dolgokon aggódni. Berci elvitte őket a szállodába, miközben Matthew és felesége kimerülten és szédelegve egymásba omlottak, Judit karja az ő karja köré fonódott, a feje pedig a vállára nehezedett.

Nem emlékezett rá, mikor volt ilyen boldog.

És mégis, hallott egy megjegyzést a paptól, egy gondolatot, amit legszívesebben kitaszított volna a fejéből. „Semmi baj nincs azzal, ha különböző országokból származó emberek házasodnak" – mondta Judit nővérének. „A gyerekeknek azonban nehéz lesz. Nem fognak tartozni sehová."

Be kell majd bizonyítaniuk, hogy tévedett. És, remélte, hamarosan be tudják.

12. fejezet

EGY PÁR LÉLEGZETVÉTEL

~~~

INÉL NAGYOBB LETT a hasa, Judit annál fáradtabb
lett – és nem csak fizikailag. Úgy tűnt, az idegenek elősze-
retettel tettek megjegyzéseket a terhességére.

„Ó!" – kiáltották az idegenek. „Biztos hamarosan szülni fogsz!"

Néhányan csak annyit kiáltottak: „Hűha!", vagy mosolyogva és
zihálva: „Istenem!".

„Hatalmas vagy!" – ez volt a legkevésbé kedvelt, de történetesen
igaz volt. A családja még soha nem látott olyan nagyméretű terhes
nőt, mint Judit, és bár kezdett belefáradni, hogy a méretéről halljon,
leginkább csak belefáradt. A plusz súlyt nem volt könnyű cipelni!

Nagyon röviddel az esküvő után észrevette a testén a változást, és az
orvos izzóan közölte vele, hogy hamarosan anya lesz. Olyan sokáig úgy
érezte, hogy elveszett, mintha céltalanul bolyongott volna az életben.
Most, hogy férjhez ment, és egy kisbabát várt, már látta, hogy Isten
mit szánt neki – egy háromtagú kis családot.

Miután érezte az első magzatmozgást – egy furcsa érzést, amiről
hallott már leírást, de amit sosem értett egészen addig, amíg nem
érezte mélyen a hasában a rezdülést, a nyugtalanító érzést –, elment

egy vizsgálatra. Indonéz orvosuk a Tétényi utcai kórházban széles
vigyorral nézett fel a hasáról.

„Ikrek!" – kiáltott fel akcentusos magyarsággal.

Úgy tűnt, több lesz, mint három Mamah. Négy lesz.

Elragadtatva a lehetőségtől, hogy ilyen gyorsan bővülhet a családja,
felhördült örömében.

De minél nagyobbak lettek benne a babák – minél nagyobb lett
ő is –, annál inkább keveredett az izgalom a félelemmel. Mindig is
tudta, hogy anya akar lenni, de most, hogy az anyaság kilátása elé
nézett, úgy találta, hogy az aggodalom a mindennapjai részévé vált.
Annyi minden elromolhatott volna.

A családja jól tudta ezt. Veszélyes és feszült helyzet, a saját szülés-
története mindig is izgalmasnak – sőt, lenyűgözőnek – tűnt számára.
Rájött, hogy annál kevésbé élvezte a történetet, minél tovább haladt
előre a saját terhessége. Várandós anyaként a történet úgy nyaggatta,
mint még soha.

A történet szerint nagy hó esett, és fehérbe borította a falut.
Szöllősön a február gyakran borította vastag porrétegbe a hegyolda-
lakat, de ez a nap különleges kihívást jelentett. A kis Judit érkezése
közeledett – méghozzá gyorsan.

Az édesanyja érezte az árulkodó görcsöket a hasában, ami nem
sokban különbözött az előző négy szüléstől, de ezúttal egy vidéki
lakótelepen éltek – messze a gyulai várostól, ahol korábban éltek.
Szöges ellentétben Gyula modern felszereltségével, Szöllősön még
gyógyszertár sem volt, nemhogy kórház, orvos, nővér vagy szülésznő.

Nehéz hely volt kilenc hónapos terhesnek lenni.

És mégis, ott voltak, a hó jéggé keményedett, és kis Judit nem volt
hajlandó várni. Az anya tehát felkapta a meleg, barna bundáját, és
bemászott a kocsiba. A barna, izmos testű, jellegzetes fehér központú
arcú muraközi lovak vezetésével az anyja nem volt biztos benne, hogy a

hóban való utazás lehetséges lesz-e. De a lovak erős bennszülött fajták voltak, a kocsisok pedig tapasztaltak, és hálás volt a meleg takarókból álló fészekért, amelyet ott helyeztek el neki. Legalább, nyugtatta magát, két kocsi volt. Ha az egyik lerobban az egyórás út során – és imádkozott, hogy ne így legyen –, akkor lesz tartalék.

Amikor Judit arra gondolt, hogy az anyja görcsösen és hatalmasra nőtt hasával felmászik a kocsiba, összeszorult a mellkasa. Gyerekkorában elbűvölőnek találta a történetet. Lenézve a saját duzzadt hasára, nem tudta elhinni. Mi lett volna, ha még azelőtt megérkezik, mielőtt a városba érnek? A kocsis leszállította volna? Judit nem tudta elképzelni – nem is akarta. Sok nő halt meg így. Csecsemők is.

A kis Judit és az édesanyja szerencséjére Orosházáig eljutottak, lekanyarodtak az Aradi út széles kavicsos útjára, ahol a jeges, gödrös ösvényen navigáltak, ahogy tudtak. Édesanyja elmesélte, milyen szépet látott – két fájás között –, ahogy a fehér térség elnyúlt előtte, ellensúlyozva a lusta vonatot, amely a kocsi mellett gőzt pöfögött a levegőbe.

Amilyen szépnek találta a vonatot, még szebbek voltak a házak és a lakótelepek, amelyek Judit édesanyját a városban fogadták. Az evangélikus templom bézs színű tornya magasan emelkedett bronzszínű teteje fölé, és hívogatta őket, hogy lépjenek be. A kocsisokkal az oldalán Judit édesanyja bebattyogott egy magánszobába, ahol kiságy volt, a nővér készenlétben várta.

Maga a szülés szerencsére simán lezajlott. Mindketten túljutottak az utazáson, és Judit diadalmasan, zajosan lépett a világra, a feje csupa haj, a szeme mélybarna, mint a családban mindenkié, kivéve az édesanyját.

Ahogy Judit elgondolkodott azon a nehéz utazáson, amit édesanyja megtett, hogy világra hozza őt, csodálkozott édesanyja erején. A szülei előre eldöntötték a nevét. Juditnak fogják hívni. Az édesanyja volt az, aki először Jutkának szólította, a név kicsinyítő formájának. Ha most erre gondolt, megfogadta, hogy jó előre eldönti a gyermekei nevét – a történet egyik kedvenc része volt, amikor az anyja a pici, bepólyált alakja előtt a nevét huhogta, és ezt akarta a gyerekeinek is.

Erre gondolva végigsimított a kezével a felfúvódott hasán, és érezte, hogy megmozdul a keze. Elvigyorodott. „Viselkedjetek odabent, kis bogaraim" – suttogta egy kis kuncogással.

Az anyja története olyan nyugodtnak, olyan teljesen központosítottnak tűnt, még egy életbevágó és veszélyes pillanatban is. Persze az anyja már többször szült Judit előtt, így tudta, mire számíthat.

Judit összegyűjtött minden információt, amit csak tudott más anyáktól, akiket ismert, de még mindig nem volt biztos benne, hogy a szülés hogyan fog menni. Bár bízott a saját erejében, fogalma sem volt, hogyan készülhetne fel – fogalma sem volt, hogyan fog reagálni, amikor eljön a szülés ideje.

A gondolattól elakadt a lélegzete a torkában.

Így hát, ahogy a teste nőtt, ő és Matthew a kis albérletükből a Zsombolyai utcai családi házba költöztek.

Amúgy igyekezett a megszokott módon folytatni. Matthew hamarosan visszatért Veszprémbe, ő pedig addig dolgozott a Metallochemiánál, amíg csak tudott.

Áprilisra a fáradtság váltotta fel a terhesség korábbi hullámait, a hányingert. Megkezdte a szülési szabadságát, majd egy felismerés, amely izgalommal és idegességgel töltötte el – az anyaság jön, akár készen állt rá, akár nem.

A legtöbb nap azt hitte, hogy készen áll.

Ez nagyon jó dolog volt, mivel a napok és hetek csak úgy repültek előre, és egyre csak gyűltek, ahogy a hasa nőtt.

Aztán egy májusi éjszakán fájdalom lüktetett a testében.

Először azt hitte, hogy csak egy görcs. Ahogy teltek a hetek, a teste egyre kevésbé volt kiszámítható. Felállt egy pohár vízért, és biztosította magát, hogy ez csak téves riasztás – végül is még mindig két héttel korábban érkezett. Matthew még mindig az egyetemen volt. De a fájdalmak addig folytak, amíg azzal fenyegették, hogy térdre kényszerítik.

Ahogy közeledett a hajnal, azért imádkozott, hogy a babák várjanak – hogy ő is úgy tudjon várni, mint az anyja azon a hosszú úton a városba. Akkor majd felhívhatja Matthew-t.

Ehelyett az éjszaka sötétjébe utazott, az anyjával az oldalán, és bejelentkezett a szülészetre, miközben a fájdalmak egyre erősebbek és gyakoribbak lettek, míg végül eljött az ideje, hogy nyomjon.

Azok a pillanatok egy örökkévalóságnak tűntek, a teste szétszakította magát a vér, a hányinger és az ordítóan forró fájdalom kusza kuszaságában. De amikor az óra négyet ütött, a vajúdást egy halk, reszelős kiáltás fogadta.

A szoba mintha felrobbant volna. Egy csecsemős nővér, egy ügyeletes orvos és még több tucatnyi ember érkezett a szobába, némelyikük mosolyogva, mások komolyan.

Hol volt a kisfia?

Itt volt, tudta. Hallotta őt. De valahogy érezte is őt. Mintha soha többé nem lenne egyedül, legalábbis nem úgy, mint korábban.

Aztán egy nővér tartotta fel, és meglátta a gyönyörű, édes, finom arcát.

Az idő megállt.

Anya volt.

Az ő anyja.

És ő volt a fia.

Attól félt, hogy a szíve felrobban a gondolatra, hogy ez a tökéletes, kis babszemű gyermek, egy Mamah és egy Koós, az övé és Matthew-é – az övék –, és azt hitte, megfullad a tiszta örömtől.

„Készen állsz még egyre?" – kérdezte a nővér.

Akkor eszébe jutott. Még nem végzett. Még csak közel sem. Egy pillanatnyi nyugalom után kapkodva próbálta megacélozni magát. Már elfelejtette a fájdalmat, de egy pillanat alatt újra elöntötte. És ahogy korábban, most is nekifeszült, a világ egy pillanatra elcsendesedett, amíg a hangok, a fény és a mozgás második robbanásában elő nem bukkant a második fiú.

Már nem volt mit adnia, és mégis, tudta, hogy most már ez az élete – megadja, amit tud, és amikor már nem tud többet adni, akkor is megtalálja a módját, hogy adjon. Ez volt a hivatása – a beteljesülése.

Ezzel a gondolattal utolsó erejét összeszedve felemelte a fejét, hogy lásson.

Ez a kicsi úgy nézett ki, mint az apja.

Mint Matthew.

Érezte, hogy egy könnycsepp csorog az arcán. Vagy talán egy izzadságcsepp volt. Nem tudta biztosan – semmit sem tudott biztosan. Csak azt tudta, hogy megtalálta az értelmet, ami oly sokáig elkerülte.

Amikor a nővér odatartotta hozzá az apró, nyúlós, kis csöppséget, megérintette tökéletes, zizegő lábfejét, tökéletes, kacskaringós, lehetetlenül apró lábujjaival, és felnevetett egy kicsit.

„Szia, kisfiam" – suttogta. A köszöntés megdöbbentette, emlékeztetve őt arra, hogy ezeknek a tökéletes kis ajándékoknak még nincs nevük. Órákkal – úgy tűnt, egy egész élettel – korábban egy cédulát tett a ruhája zsebébe. Most elővette a fiainak, és ahogy az anyja tette évekkel ezelőtt neki, elmondta a világnak hogy kik lesznek.

Ayibatonye és Obebiedoni.

Az első azt jelentette, hogy „Isten akarata" Matthew anyanyelvén, az idzsa nyelven. A második pedig azt, hogy „jó utat" az ogbiai nyelven, ami a baba nagyanyjára utalt.

Tonye és Obibi, így hívták őket, mindketten egészségesek és a vártnál jóval nagyobbak voltak. Kicsit kuncogott a nővérek felkiáltásain

– „Ez itt 3,5 kiló! Milyen nagy fiú!" Ugyanezt hallotta már korábban is, amikor még az ő méhében volt a kettő. De most hálát adott Istennek, hogy boldogan, egészségesen és – legalábbis az újszülött ikrekhez mérten – pufókon jöttek a világra. Valójában együttesen körülbelül hat kilogrammot nyomtak!

Az apjuk nagyon büszke lenne rájuk.

Az apjuk.

A gondolattól, hogy édes Matthew-ja apa lesz, megdobbant a szíve – úgy tűnt, minden megdobogtatta a szívét –, és amikor arra ébredt, hogy a férje az ágya mellett ül, és egy apró, pici, bepólyázott csöppséget ringat, elöntötte az öröm.

Néhány napon belül a fiúk annyira az élete normális részévé váltak, hogy már el sem tudta képzelni az előttük lévő időszakot. Az első néhány napból hetek lettek – most már túl gyorsan –, és ezek a hetek hamarosan átadták a helyüket a hónapoknak.

Bár megjelenésük hasonló volt, világosbarna bőrük és nagy, fekete fürtjeik keretezték az arcukat, kialakult a saját kis személyiségük, mindegyikük különbözött a másiktól. Tonye izgatott volt és könnyen megijedt. Amikor Judit hirtelen az ágya fölé hajolt, meghökkent. Obibi vidámabb volt, és gyakran elevenebbé és extatikusabbá vált, ha idegenek néztek rá. Obibi jobban szerette a cumit, mint Tonye.

A két kiságyat egymás mellé helyezte, és úgy állt, hogy egyszerre tudjon játszani mindkettővel. Számolva mozgatta a kezét különböző irányokba, és a fiúk szeme követte az ujjait. Kis gumiállatkákat helyezett a párkányra, ahol a két kiságy összeért, és figyelte, ahogy a vaskos karjuk fel-le mozog, a lábuk rugdalózik, és a kuncogás betölti a szobát.

De aztán Obibi változni kezdett.

Már nem elégedett meg azzal, hogy a kiságyában aludjon, ritkán hagyta abba a nyűglődést, bármit is tett az anyja. Pedig olyan boldog baba volt. A megszokott aggodalom, mint egy szikla a mellkasán, összepakolta, és elvitte Dr. Zakariás Judithoz.

Az orvos egyszerűen elküldte őket egy fülészhez, aki kitisztította a baba fülét, és vattával betömte.

Ezzel Judit elfojtotta aggodalmát. Valahogy vicces volt, hogy egy ilyen apróság miatt idegeskedett. Obibi rendbe fog jönni. Minden csecsemő nyűgösködik. Tényleg feleslegesen aggódott.

Ahogy az ősz télbe fordult, úgy érezte, hogy egy gyermek szédületével közeledik a közelgő ünnephez. A karácsony mindig is a kedvence volt – és a családjának is –, és mivel már nyolc hónaposak voltak, a fiúk igazán élvezhették, hogy a család kényezteti őket. December 6-án segített nekik kifényesíteni a kiscipőiket, és kitette őket Mikulás elé, elmagyarázva a kis Tonyénak és a kis Obibinak, hogy arra fognak ébredni, hogy finomságokkal megtömve találják őket.

Másnap reggel a fiúk feldúlták a nagy csokor szaloncukrot és válogatott csokoládékat, gyönyörködve a két fényesen becsomagolt ajándékban. Tonye tépte le először a papírt, és nem az ajándékot, hanem a dobozon lévő ünnepi képet bámulta. Ekkor mindenki nevetett, és Judit mellkasa dagadt a büszkeségtől. Később megpróbálta lerajzolni a fiú kedves, csodálkozó arcát. Tudnia kellett volna, hogy ez bolondok dolga – mindkét fiú túl szép volt ahhoz, hogy portréval megörökítse, legkevésbé az ő amatőr próbálkozásaival.

De ahogy teltek a napok, rettegés kúszott a torkába.

Az apja karácsony este reggelén, a „kis Jézus" – és a gyerekek ajándékai – megérkezésének napján influenzás lett. A szemükben visszatükröződött a fán csillogó szaloncukor, a fiúk annyira különböztek egymástól. Judit ismerős, gyötrő aggodalommal hasonlította össze méretüket. Tonye lendületes ereje napról napra felfedte Obibi gyengeségét.

Obibi másnap magas lázzal ébredt. Kis ínyének bal alsó oldalán egy új fogacska bukkant elő, és a nő megnyugtatta magát, hogy bizonyára a fog okozta a lázat. Ám ahogy a homloka egyre forróbb lett, orrváladékozás jelentkezett. Aprónak és törékenynek tűnt, ahogy küszködött a légzéssel, és Judit orrcseppekkel próbálkozott, ringatta és nyugtatta, miközben a félelem jeges folyamként terjedt szét a zsigereiben.

Aztán Obibi nem tudta meginni a teáját.

Hiába szopogatta buzgón a cumisüveget, úgy tűnt, képtelen lenyelni.

Judit nem tudta tovább nyugtatni magát.

Aznap este jött az akkoriban szokásos házi vizitre Zakariás doktor, pipolfen és kalciumot adott be, és arra biztatta, hogy ha nem javul, vigye a szánalmas kisfiút a László Kórházba.

Alig néhány órával később Judit átvette az orvos által hátrahagyott felvételi lapot, meleg takarókba burkolta a kicsit, és csitította a ziháló, fuldokló csecsemőt.

„Valószínűleg influenza" – mondta Garami Edit doktornő, és megnyugtató mosolyt villantott Juditra. „Pár nap múlva rendbe jön."

De december 29-re csak rosszabbodott az állapota.

Ugató köhögéssel került a gégészetre. „Krupp" – mondta akkor az orvos. Két napra gőzsátor alá helyezték és intubálták. Négy nappal az intubációs cső eltávolítása után a nehézlégzése folytatódott.

Mivel nem maradt más lehetőség, az orvosok légcsőmetszést javasoltak.

Judit azt hitte, hogy a szíve majd megszakad a gondolatra. Ezt az apró, törékeny, ártatlan csecsemőt – egy csecsemőt, akit nem tudott megvédeni, nem tudott megmenteni – a torka tövénél egy kis bemetszéssel kezelték.

Ha mehetett volna helyette, megtette volna.

Akkor még nem tudta, de a gyermeknek, az ő édes, édes kisfiának csak ötven százalék esélye volt a túlélésre.

Körülötte úgy tűnt, mások magukat hibáztatják. Az apja minden nap két doboz cigarettát szívott, amióta az eszét tudta. Most, miután egy nővér megerősítette, hogy ez a dohányzás hozzájárulhatott a baba állapotához, azonnal leszokott róla. Matthew is azon tűnődött, mit tehetett volna.

De egyikük bűntudata sem volt hasonlítható Juditéhoz.

Tudta, hogy butaság volt. Nem tett semmi rosszat, és tudta, hogy nem tehetett volna többet. Semmi sem az ő hibája volt. Mégsem tudott szabadulni a bűntudattól, az ösztöntől, amely azt súgta neki, hogy meg kell mentenie a gyermekét.

Mintha gúnyolódna azon a gyorsaságon, amellyel a fiúk első hónapjai elteltek, a napok most csak vontatottan teltek, miközben a kisfia a kórházi kiságyban küszködött. Úgy érezte, mintha soha többé nem fogja látni a napot, soha többé nem fog nevetni vagy énekelni. Aggódott, hogy nem fogja túlélni. Hogy Matthew nem fogja túlélni. Hogy családként nem tudják elviselni azt, ami rájuk vár.

Tonye, aki egészséges és virágzó volt, még mindig gondozásra szorult. Ő és Matthew végigcsinálták az ápolást, játszottak vele, és gondoskodtak a szükségleteiről. De a szívük ketté volt osztva – az egyik felét az egészséges gyermeküknek, a másikat pedig a betegnek szánták.

Január 8-án meglátogatták az orvost. A látogatások éppoly gyakoriak voltak, mint amilyen félelmetesek, és egymás kezébe kapaszkodtak, erőt találtak egymásban, bár egyiküknek sem volt mit adni.

De aznap jó hírt kaptak.

Obibi légzése javult, légzésszáma a normális tartományhoz közeledett.

„Csak egy kis hasmenés" – jegyezte meg az orvos, és Judit érezte, hogy mosoly terül szét az arcán.

Tudta, hogyan kell kezelni a hasmenést!

Megkönnyebbülten fellélegezve hozott almapürét a kórházba, és örömmel vette tudomásul, hogy a fiú megette. A hangja reszelős volt, mert a toroksebe még nem gyógyult be, de amikor az apja bohóckodott vele, nevetett – az ő kisbabája nevetett!

Attól félt, hogy soha többé nem fogja hallani a kacagását.

Az apró, beteges kisfiú még a nyelvét is kinyújtotta felé.

És akkor tudta meg. Nem lesz semmi baja.

A borzalomnak vége volt. Egy köteg forintot diszkréten egy borítékba dugva, az orvos asztalára helyezte a hála apró jelét, majd becsomagolta a kicsit, és újra hazavitte, nem egészen egy évvel azután, hogy a két kisbabát először összepakolta és hazavitte a Zsombolyai utcai lakásba.

Túlélték.

Négytagú kis családjuk egész, biztonságos és vidám volt. És végre előretekinthetett arra, hogy mit tartogat a jövő.

13. fejezet

MANCHESTER

M AGASRA CÉLZOTT ÉS magasra lőtt. Miután előző tavasszal, 1975 októberében végzett az egyetemen, Matthew tudta, hogy több mint megérdemelte a családja büszkeségét. És mint népe reménysége, teljesítenie kellett a kötelességét. Haza kellett mennie.

Kötelességtudóan és szomorúan búcsúcsókot adott Juditnak és a fiúknak, és elindult Nigéria felé. Minden harmincegy évnél fiatalabb nigériai egyetemi végzősnek el kellett végeznie a Nemzeti Ifjúsági Szolgálatot. Ő a maga részéről Ughelli városában fog dolgozni.

Az igazi áldozatot az jelentette, hogy hátrahagyta a családját. Mire elutazott, a felesége pocakja újra kerek volt.

Hat hónapos terhes volt, amikor Nigériába indult, és tudta, hogy a felesége a lehető legjobban fogja kezelni a távollétét, de a szívét megviselte, hogy ilyen messzire kellett utaznia, alig néhány hónappal azelőtt, hogy gyermeke világra jönne.

Tudta, hogy mennyire fog hiányozni neki.

Amikor az ikrek megszülettek, ő is távol volt. Akkoriban fejezte be a diplomáját Veszprémben, az apósa hívta fel a hírrel. Ahogy a kollégiumi portás később elmesélte Matthew-nak, eleinte elküldte az újdonsült nagypapát – alig hajnalodott, túl korán volt még a telefonáláshoz.

De az apósa kegyesen ragaszkodott hozzá, és azt mondta a portásnak, hogy ébressze fel.

Éppen két gyönyörű, egészséges fiú apja lett.

Egy pillanat alatt az egész világa megváltozott.

Akkoriban még nem igazán tudta, hogyan kell apának lenni, ezért mindent megtett, ami csak eszébe jutott. Felkapott egy nadrágot, és igyekezett összeszedni a holmiját. Tudta, hogy rendetlenül néz ki, kialvatlan szemmel, ahogy a táskájába dobálta az alapvető dolgokat.

„Mamáh-ból papa lett!" – viccelődött a szobatársa.

Ezután minden homályos volt. Az első néhány napot a kórházban töltötték. Az épületből kis erkélyek nyúltak ki, és Judittal együtt élvezték a buja zöldet és a friss levegőt, amikor a barátok és a családtagok eljöttek, hogy megünnepeljék a kis Tonyét és Obibit. Néhány barát magas és gyermeki hangon, suttogva üdvözölte a csecsemőket: „Szia, gyönyörű kis tündérek!" és „Odanézz!" és „Milyen szépek!". Mások egyszerűen csak mosolyogtak.

A mellkasa minden egyes újabb dicsérettől dagadt.

Gyönyörűek voltak. Mélybarna szemükkel és laza fekete hajfürtjeikkel pufókok, boldogok és tökéletesek voltak. Bőrszínük közelebb állt Judítéhoz, mint az övéhez. Mégis, a két fiú kettejük tökéletes kombinációja volt, és imádta őket a karjában bölcselni, szagolgatni a puha kis fejecskéjüket.

Utált távol lenni, amikor megszülettek, de még jobban utálta, hogy az iskola befejezése elvonta a figyelmét, miközben ők Obibi egészségéért küzdöttek.

És most megint távol volt.

Ezúttal nem lesz gyors utazás Budapestre. Tekintettel a Magyarország és Nigéria közötti kommunikációs nehézségekre, valószínűleg még telefonhívás sem lesz.

Hogy elterelje a figyelmét, belevetette magát a munkába, és még egy új barátot is szerzett Ughelliben, Stevie-t. Mindketten mérnökök voltak – Matthew vegyészmérnök, Stevie pedig gépészmérnök –, akik Európában tanultak, és európaiakkal házasodtak össze.

És mégis, bármennyire is próbált a munkára és a barátokra koncentrálni, a szíve mindig Judit mellett volt, közel ötezer kilométerre tőle. Furcsa érzés volt egyszerre a hazájában lenni és honvágyat érezni a családja után.

De az igazi kiteljesedés sosem volt könnyű. Gyakran nehéz áldozatokat kellett hozni – például, távol lenni a feleségétől, miközben ő arra készült, hogy a gyermekeiket a világra hozza.

Ezért megpróbált az örömre koncentrálni, és nem a vágyakozás fájdalmára, amikor januárban megkapta a levelet.

Volt egy lánya.

Ebinimi, a neve Matthew anyanyelvén, az idzsa nyelven azt jelenti, hogy „jól van", boldog és egészséges volt.

A vajúdás gyorsabb és könnyebb volt, mint a fiúknál, írta a felesége. Szinte hallotta a hangját a levélben, ahogy elmesélte a részleteket – délután két óra körül hívta a nővért, mert aggódott, hogy a fájások akkor kezdődtek, amikor az orvos még nem volt ott. Azt az utasítást kapta, hogy ne nyomjon, és megpróbált lélegezni a fájdalomtól, miközben a szülés iránti vágya egyre erősebbé és erősebbé vált.

És így, írta, amikor az orvos megérkezett, egyetlen erős nyomást adott, és világra hozta a nagy kislányt.

Két fiú és egy lány.

Imádkoztak ezért az eredményért. Judit számára egy kislány teszi teljessé a kis családjukat. Megegyeztek abban, hogy a gyerekek egészségesebben nőnek fel vegyes neműként.

Ötgyermekes család voltak.

Matthew most jobban érezte a nyomást, hogy gondoskodnia kell a családjáról, mint valaha.

Aztán egy nap a buszon kinyitotta az újságot, és meglátta a nevét.

Tizenéves kora óta szokása volt, hogy minden adandó alkalommal elolvasta az újságot. Vonaton, iskolai szünetekben, de még a kórházban is, amikor Judit és a babák szundikáltak – mindig volt nála legalább egy újság. De a nevét soha nem látta benne.

A szíve megdobbant, és széles vigyor terült szét az arcán – elnyerte az áhított szövetségi ösztöndíjat, egy olyan megtiszteltetést, amely lehetővé tette számára, hogy a Manchesteri Egyetemen doktorálhasson.

Korábban is kapott már hasonló ajánlatokat. Januárban az Edinburgh-i Egyetemtől kapott ösztöndíjat, egy olyan ajánlatot, amely együtt járt azzal, hogy felvették a vegyészmérnöki képzésre. De az ifjúsági szolgálata teljesítésének kötelezettsége miatt vissza kellett utasítania.

A szövetségi ösztöndíj azonban életre szóló lehetőség volt. Növekvő családjával valami ilyesmire volt szüksége – egy kézzelfogható lehetőségre, amellyel megvalósíthatja álmait, hogy magasra célozzon és magasra lőjön, és amely gazdasági stabilitást, sőt talán még gazdagságot is biztosíthat a családjának.

Így, bár arról álmodott, hogy egy nap az egész családja hazaköltözik Nigériába, egyelőre ennek az álomnak várnia kellett. A képzésére Manchesterben került sor. Amint befejezte a Nigériában töltött időt, Angliában jelentkezik majd a továbbképzésre. A család manchesteri lesz.

Talán ez így is volt jó. Nigéria nem volt instabil – legalábbis közel sem volt olyan összeomlásban, mint amilyet fiatalabb korában látott –, de a dolgok kezdtek megváltozni

Az ország hét új állammal bővült, így összesen tizenkilencre emelkedett. Bár egyesek azt remélték, hogy egy felvidéki Port Harcourt állam és egy folyóparti Rivers állam lesz az eredmény, Matthew mélyen felháborítónak találta a folyóparti régiók független joghatóság iránti igényét. A saját faluja változatlanul és fejlődés nélkül maradt, még most is, majdnem egy évtizeddel azután, hogy először remélte, hogy a kormány villanyáramot és folyóvizet hoz a városba.

Annak ellenére, hogy az ő falujában viszonylag kevés előrelépés történt, az ország a zűrzavar új pillanatába lépett. Egyik délután bekapcsolta a rádiót, és azt hallotta, hogy a nigériai politika mintha csak egy hurokban szólna. Alig tíz nappal az új államok bejelentése után Nigéria elnöke, Murtala Muhammed tábornok meghalt, merénylők támadtak rá.

A merénylő hangját hallotta aznap a rádióban. „Jó hírt hozok önöknek" – mondta, hangja dermesztően nyugodt volt. „Murtala Muhammed hiányát felfedezték. Kormányát most megdöntik a fiatal forradalmárok".

Ez egy fájdalmasan ismerős pillanat volt, amely a bánat nyugtalanító áradatát hozta vissza. Ismét instabilnak tűnt, országa állandóan a bukás szélén állt.

Látta, hogy nem csak az ő hazája küzd ilyen zavargásokkal – ezt az olimpiai tapasztalatai is bizonyították, és Judittól azt is tudta, hogy Magyarország is megszülte a maga részét a politikai felfordulásból.

Elszántan fordult a család következő lépése felé. Olyan kevés időt töltöttek együtt családként, és vágyott arra, hogy közelebb legyen hozzájuk. A fiúk nőttek, és a lánya hamarosan megannyi új mérföldkövet fog megélni.

1977 januárjában besétált a Manchesteri Egyetem campusára, és először találkozott a professzorával. Az idős, hófehér hajú férfi lelkesen fogadta Matthew-t, aki gyorsan belevetette magát a doktorandusz munkájába.

Számolta a napokat, amíg a családja csatlakozhat hozzá Manchesterben. Meglepetésére az idő gyorsan telt. Végül márciusban a karjában tarthatta kislányát. Már nem is volt olyan kicsi. A fiúk is nagyon megnőttek. Bármennyire is izgatottak voltak a fiúk a repülőút miatt – a repülőtérről a kis lakásukba tartó háromórás vonatút alatt végig erről fecsegtek –, még jobban örültek, hogy láthatják őt.

Nem tartott sokáig, amíg a család berendezkedett – ami nagyon jó dolog volt, tekintve a küszöbön álló változásokat. Nemcsak Matthew kezdte meg az oktatást – a fiúk sokat nőttek a távollét alatt. Az ikrek már felkészültek az óvodára, és alig várták, hogy az apjukhoz hasonlóan megkezdjék az iskolát.

Nem sokáig voltak Manchesterben, amikor besétált az iskolájukba, hogy beíratja őket. Alig várta, hogy beiratkozzanak és felvegyék őket, bár csak a következő ősszel kezdenének. Mivel az iskola elég közel volt a lakáshoz ahhoz, hogy gyalog is el tudjanak menni, Judit végigvezette őket az iskola udvarán, és néha vicces történetekkel tért vissza a bohóckodásukról. Obibi, akit mostanában Obinak rövidítettek, egyszer nem volt hajlandó elhagyni az iskola udvarát, mert lenyűgözte egy focimeccs, amit ott látott, Tonye pedig bután viselkedett, valahányszor találkoztak Sharonnal, a szomszédlánnyal.

Mindketten tele voltak energiával. Érezte Judit megkönnyebbülését, amikor elkezdték az iskolát – amikor otthon volt a gyerekekkel, nehezen tudta őket kordában tartani. Gyakran úgy tűnt, hogy a nap végére kimerült.

Matthew is kimerültnek érezte magát. Általában a számítógépteremben dolgozott, a képernyők visszatükröződtek a szemüvegén, még jóval azután is, hogy a többiek már hazamentek. Nagyon komolyan vette a munkáját a Vegyészmérnöki Tanszéken. Tekintélyes állás volt – asszisztens a Manchesteri Egyetem Tudományos és Technológiai Intézetében. Már régen megtanulta, hogy a többi dolgozótól való megkülönböztetés egyik biztos módja az, ha hihetetlenül magas színvonalat tart – még akkor is, ha ez azt jelenti, hogy akár éjszakába nyúlóan is dolgoznia kell.

De megoldották. Amikor csak este tízkor vagy tizenegykor ért haza, a gyerekek néha fennmaradtak, hogy üdvözöljék Aput, aki segített megfürdetni, felöltöztetni és lefektetni őket. Végül is sokáig tudtak aludni, és fontosabb volt számukra, hogy az apjukkal töltsenek időt. Vasárnaponként otthon dolgozott, a kis kazettás magnója tartotta a társaságát. Néha az ágyban dolgozott.

Judit azzal cukkolta, hogy még álmában is dolgozik. Ha ez volt a helyzet – ha ez volt az, ami megkülönböztette magát a többiektől –, hát legyen. Elhatározta, hogy a legjobbak között fejezi be a tanulmányait.

Mégis, mindig Nigéria hívta őt haza.

Egy nap levél érkezett a nővérétől. Az anyja valami meg nem nevezett betegségben szenvedett és gyógyszerekre volt szüksége, és Comfort remélte, hogy Matthew pénzt küld. A nő beszámolt arról, hogy anyjuk sokat fogyott, és valamilyen hallásproblémája volt. Többször is átolvasta a levelet, de a nővére szavai homályosak voltak – zavaróan homályosak. Mivel fogalma sem volt arról, hogy milyen gyógyszerekre van szüksége az anyjuknak, vagy egyáltalán, hogy azok a receptek segítenének-e, pénzt utalt a nővérének. Mindig is ő volt a család reménysége – az ő sikere volt a büszkeségük.

Amikor végre befejezi a szakdolgozatát – amihez egy írógépet kellett vásárolnia, ami drága, de szükséges vétel volt –, még büszkébbek lesznek. Judit továbbra is írt nekik friss híreket, néha még ajándékot is küldött nekik, de ők nem gyakran írtak vissza.

Remélte, hogy boldogok. Ahogy teltek az évek, egyre valószínűbbnek tartotta ezt. Nigéria végül visszatért a polgári kormányzáshoz, és Shehu Shagarit nevezték ki első demokratikusan megválasztott elnökévé – egy alacsony termetű férfit, aki magas, bonyolult szövésű kufit viselt. Az optimizmus érzése úgy tért vissza az országba, mint egy meleg, megnyugtató takaró. Korábban is voltak már bajok, de mindig talpra álltak. Most valóban úgy érezték, hogy az emberek gazdasági helyzete jelentősen javulni fog.

Olyan volt ez, mint egy jel, egy meghívás, hogy térjenek haza. Elmondhatná a családjának – személyesen – mindazt, amit elért. Bemutathatná édesanyját és édesapját a feleségének és gyermekeinek.

Hamarosan egy újabb jel jelent meg. Nem sokkal azután, hogy megvédte doktori disszertációját, interjúfelkérést kapott a Shell Internationaltól. Hónapokkal később, nem sokkal azután, hogy Margaret Thatcher megkezdte miniszterelnöki megbízatását, Manchesterből rövid magyarországi látogatásra indultak.

Ezután a család Nigéria felé tartott. Hazafelé tartott.

14. fejezet

KERTVÁROS

~~~~~

ANCHESTER FURCSA VOLT. Bármerre ment,
mindenütt új, ismeretlen dolgok várták. Arra számított,
hogy megrázzák a kulturális különbségek – az új ízek és
látványok hátborzongató csattanója –, de a változások gyakran finom,
észrevétlenek voltak.

Az angoltanára kuncogott a zavarán, amikor rácsodálkozott a nyelv
furcsa választásaira. Az emberek azt mondják: „Sorry", nemcsak bo-
csánatkérésként, hanem az együttérzés gesztusaként is.

„Az angol nyelv valóban tud egy kicsit furcsa lenni!" mondta Mrs.
Power.

Judit egyetértett.

Ellentétben a magyarral, a kiszámítható, fonetikus kiejtéssel, az
angol áradt a különleges szabályoktól és kivételektől, amitől a szemöl-
döke összeráncolódott a szemüvege kerek keretei alatt. Furcsa volt az
alkalmazkodás, különösen az összes névmás. A magyarban mindenki
számára ugyanazt a névmást használják, az angolban viszont minden
nemre külön szavakat használnak.

Mrs. Power hetente kétszer jött, és gyakran rámutatott, hogy Judit rosszul ejtett ki egy-egy szót.

„Mi nem hangoztatjuk az ʼuʼ-t a *becauseʼ*-ben" – mondta egy nap. Máskor kijavította, hogy a ʼwʼ hangot ʼvʼ-vel, vagy a ʼthʼ hangot ʼszʼ-el helyettesítette.

Judit szerint ezek apróságok voltak – csak az akcentusa részei.

Mrs. Power is rosszul ejtett dolgokat – különösen Judit nevét. „Magyarországon" – magyarázta Judit – „a ʼJʼ betű úgy hangzik, hogy ʼjuʼ. Judit, nem Dzsudit."

„Ó, elnézést kérek!" – válaszolta az idősebb asszony.

Judit csak megvonta a vállát. Igazság szerint nem bánta, hogy Magyarországon kívül másképp ejtik a nevét. Manchesterben sok mindenhez alkalmazkodott. Megtanulta, hol talál az otthoniakhoz hasonló alapanyagokat és fűszereket, és azt is, hogy melyiket lehet jól helyettesíteni. Alkalmanként kapott Boritól egy-egy csomagot, amiben édesség volt a családnak és igazi magyar paprika. Béla bácsi kétszer is meglátogatta, és elég ideig szórakoztatta a gyerekeket ahhoz, hogy Judit kipihenhesse magát és élvezze a jelenlétét.

Manchesterben töltött idejük sajnos egybeesett az „elégedetlenség telével", amelyet a köz- és a magánszektorban sztrájkok jellemeztek. Az eredmény egy sor áremelkedés volt, ami az alapvető szükségletekhez való hozzáférés hiányával párosult, és mindezt még nehezebbé tette az a tény, hogy Matthew-nak szinte állandóan dolgoznia kellett.

Az utolsó manchesteri napjaikban Anglia éppen csak elkezdett újjáépülni a nyugtalanságok és a munkásfelkelések hosszú időszaka után. Bár az utcákon még mindig szemét hevert, és az élelmiszerárak továbbra is magasak voltak, az országot végre újra a béke érzése borította.

A Mrs. Powerrel töltött idő gyorsan elrepült, és amikor eljött az idő, hogy elhagyja Manchestert, összeszedte a gyerekeket, és a vállára csatolta a nagy kézipoggyászt.

Mielőtt a család Nigériába utazott volna, hogy véglegesen lete-lepedjenek új otthonukban, egy kis időt még otthon, Budapesten töltöttek. Judit akart néhány hónapot a rokonaival tölteni, de azt is szerette volna, hogy a fiúk megismerkedjenek egy európai általános iskolával – még ha csak egy félévre is.

Matthew utazott először, hogy elintézze a család érkezését, végül Judit és a gyerekek a zürichi repülőtérre indultak, hogy felszálljanak a Nigériába tartó gépre.

A gyerekek még nála is gyorsabban beilleszkedtek a repülőútra. Eleinte félénkek voltak, de nagyon örültek, amikor a stewardess egy-egy kis Swissair figurát adott nekik. Judit úgy gondolta, sokat elmond a személyzetről, hogy ennyire törődtek a gyerekeivel, és a nagyon hosszú repülőút hátralévő részében nagy segítségükre voltak.

Ahogy emelkedtek az ég felé, Ebinimi fölé hajolt, hogy kinézzen az ablakon. Emlékezett, hogy a rokonok azt mondták neki, hogy Afrika felé közeledve hegyeket lehet látni. Ő azonban csak felhőket látott.

Ahogy közelebb értek új otthonukhoz, egy csíkos, sárga szőnyeg került a látóterébe. Végül rájött, hogy ez a sivatag, amelyet a szél hullámokká formált.

Két órával később leszálltak a lagosi Murtala Muhammed repülő-téren. Ahogy a repülőgép leereszkedett az éjszaka sötétjében, rájött, hogy gyorsan kell cselekednie, hogy összeszedje a gyerekeket, és a pulóverek, táskák és játékok mintha megszaporodtak volna a levegőben töltött órák alatt.

A gép elejéhez és a kifutópályára csoszogtak, a forró, nyirkos szellő egy pillanatra kiszívta a levegőt a tüdejéből.

És már Afrikában voltak.

Magyarországon egyszer meglátogatott egy pálmafás üvegházat. Dús tetejükkel és ráncos törzsükkel ritka és egzotikus látványt nyújtottak, amit lenyűgözőnek talált. De itt mindenütt ott voltak, és nem volt üvegplafon a láthatáron. A fényes fluoreszkáló világítás visszatükröződött a szürke csempepadlón, és fényesen ragyogott, ahogy Judit és a gyerekei a repülőtér vastag, fehér oszlopai között kanyarogtak. Minden sarkon élénk színű, feltekert szoknyák és tunikák forgószele csapott be Judit látóterébe. A dolgok gyorsan mozogtak minden irányba, miközben a saját családját próbálta irányítani.

„*Madam!*" – kiáltott fel egy fiatal, sötét bőrű férfi. Asszonyom! Az akcentusa sűrű volt – olyannyira sűrű, hogy nehéz volt megérteni –, de a férfi emlékeztette őt arra, hogy hamarosan látni fogja a férjét, és a szíve ugrált a várakozástól.

Aztán a félelemtől is megugrott.

„Asszonyom! A csomagjai!" – ismételte a férfi még nyomatékosabban, és mohón nyúlt a táskái után. Két férfi volt, most már rájött, és nagyon valószínű, hogy ellopják a holmiját.

Tiltakozott: „*No, I…*"

„Anyu!" kiáltott fel Tonye. Megrántotta a szoknyáját, megrázta Ebinimit, aki jajveszékelni kezdett.

„*No… please*" – ismételte, felkapta Ebinimit, de a férfiak már egy kocsira tették a csomagjait, és a szeme sarkából látta, hogy Obi a csomagok visszavitele felé vándorol. Meg kellett bíznia az emberekben. Néhány gyors lépéssel előrekapta a gyereket az inge hátuljánál fogva, visszarángatta a csoporthoz, és négyen követték a férfiakat – és a csomagjaikat – a repülőtéren keresztül.

A hónalja nedves volt, a haja pedig a tarkójára tapadt. A gyerekek is izzadtak voltak, még mindig a Manchesterben felvett pulóverekben és kabátokban. De egyelőre csak sétálni tudott.

„Asszonyom," – kérdezte a két férfi közül a magasabbik – „hová megy?"

Ekkor döbbent rá, hogy fogalma sincs. Miután követte a férfiakat a vámon keresztül, és valahogy átjuttatta a gyerekeket a nemzetközi átszállítás akadályain, most szorítást érzett a mellkasában. Eltévedt.

Hirtelen, mint egy reménysugár, meglátta a férfi arcát.

„Jutka!" – kiáltotta a férje. Úgy tűnt, élvezte nevének ezt a formáját, néha körbejárta a házat, és újra és újra ezt mormolta: „Jutka, Jutka, Jutka, Jutka".

A hang olyan volt, mint a zene.

„Mamah!"

A fiúk látták meg először. Az apjuk felé rohantak, és azzal fenyegették, hogy megelőzik, ő pedig nevetett, és a pillanat öröme egy kicsit feloldotta a félelmét.

„*Welcome to Nigeria*" – mondta, miközben Obi és Tonye belekapaszkodott. Judit átnyúlt a fiúk fölött, hogy megcsókolja.

Annyira büszke volt rá, hogy lediplomázott – doktori címmel – és megkapta az állást a Shellnél.

Ahogy a család átlépte az új ország küszöbét, szemügyre vette a furcsa, ismeretlen tájat, és a bizonytalanság érzése úgy zümmögött körülötte, mint egy szúnyogfelhő. Bármerre mentek, mindenhol zúgni látszott, a forgalom és a hangok zaja mindenütt jelen volt.

Először félt attól, hogy nincs felkészülve az itteni gyermeknevelés kihívására. Még abban sem volt biztos, hogy saját magát is biztonságban tudná tartani.

Idegességét leküzdve követte Matthew-t a kocsihoz. Shell gondoskodott egy sofőrről, akinek az ő legnagyobb megdöbbenésére sikerült az összes csomagjukat bepakolnia velük együtt a kocsiba – néhányan az első utasülésen halmozódtak fel, míg mindenki hátra zsúfolódott.

De ahogy a kocsi elhúzott a repülőtérről, még jobban megfélemlítette. Utcai lámpák és „felüljárók" voltak, egy furcsa jelenség, ahol hidak keresztezték a szárazföldet, és a száguldó autók egyik sorát a másik fölé emelték. Néha emberek álltak az út szélén, és integettek az autóknak. Megkérdezte Matthew-t, hogy miért, mire a férfi elvigyorodott.

„Taxit próbálnak fogni" – kuncogott. „Minden autónak integetnek, hátha valamelyik hajlandó elvinni őket."

Judit csak megvonta a vállát. Ha ekkora igény volt a taxikra, miért nem voltak taxiállomások? Miért nem lehet megkülönböztetni a taxikat a többi autótól?

És akkor ott volt még az áram kérdése.

Amikor megérkeztek a lagosi Shell vendégházba, örömmel tapasztalta, hogy a szállás jól felszerelt, generátorral is rendelkezett. Amikor azonban másnap megérkeztek új otthonukba, Port Harcourtba, az áramszolgáltatás megszűnt. Hideg rettegés lüktetett az ereiben, miközben Matthew fel-le kapcsolgatta a nappali villanykapcsolóját, sikertelenül.

Csalódottan fújt egyet: „NEPA!".

NEPA.

Gyakorlatilag a nigériai áramszolgáltatási hatóság rövidítése, de hamarosan a felháborodás mantrájává vált. Az áramkimaradások gyakran több órán át tartottak, és Judit nem volt hozzászokva a kellemetlenségekhez.

Mégis, a ház elég szép volt. A Port Harcourt Rumubiakani negyedében található szerény, két hálószobás otthon kívül-belül kékre volt festve, a halvány szín csillogott a befejezetlen szürke kőpadlóval szemben. Matthew vásárolt egy étkezőasztalt hat székkel – szép dolog volt, hiszen így együtt tudnak majd étkezni –, de a ház többi része üres volt.

Judit megfogadta, hogy a legjobbat hozza ki a dologból.

Elvégre Manchester sem volt küzdelmek nélkül, és sikerült túlélnie. Bár remélte, hogy itt könnyebb lesz a helyzet, tudta, hogy bármivel megbirkózik, ami az útjába kerül.

Szerencsére sok minden javulni látszott, minél tovább voltak Nigériában. Különösen a szomszédok tűntek nagyon barátságosnak.

Elbűvölte őket a sápadt bőre – ő volt az egyetlen fehér ember a negyed-
ben –, ezért „oyibo"-nak nevezték, ami egy helyi kifejezés a fehér vagy
világos bőrű külföldiekre. Megtudta, hogy kevert rasszú gyermekeit is
oyibónak tekintették, de a szomszédok gyorsan elfogadták őket, sőt,
még a házhoz is eljöttek, hogy üdvözöljék a családot az első napjukon
a városban.

Lenyűgöző kulturális hagyományokat hozott az ajtaja elé. A nigé-
riai nők bonyolult frizuráikkal és élénk színű ruháikkal lenyűgözték
őt. Némelyiküknek haját cérnára fűzték, vagy ahogy ők nevezték,
„plait"-olták, amely során különböző hosszúságú hajszálakat fekete
cérnával szorosan feltekertek a hosszukra. Ez állítólag segített a haj
hosszabbá és egészségesebbé válásában.

Mivel a haja nem volt alkalmas ilyen stílusra, Judit megelégedett
a fejkendő viselésével, ami egyrészt színt adott az öltözékének, más-
részt praktikus volt a nagy hőségben. Könnyedén alkalmazkodott a
nigériai ruházathoz, praktikusnak és kényelmesnek találta a tekerhető
szoknyákat. Nem nagyon zavarták az apróságok – a narancsok pél-
dául egyáltalán nem narancssárgák voltak, hanem zöldek. Ilyenkor
megvonta a vállát, és nevetett, emlékeztetve magát arra, hogy milyen
lenyűgöző új perspektívát nyert a világról.

De bár új otthonát sok szempontból érdekesnek találta, jobban
hiányzott neki a régi otthona, mint valaha, különösen karácsony,
kedvenc ünnepe közeledtével. A nigériaiak, akárcsak a britek, nem
ünnepelték a kis Jézus eljövetelét szenteste.

Mégis kitartott gyermekkori hagyományai mellett, és megkérte
Matthew-t, hogy karácsony este vigye el a gyerekeket éjszakára, hogy ő
felállíthassa a sovány fehér fát – egyetlen füzérrel és néhány díszítéssel
díszítve –, és kiteríthesse az ajándékokat.

Énekeltek is, az ő otthonának nyelvén. „Mennyből az angyal" –
trillázták. „Lejött hozzátok."

Megosztották egymással az öleléseket és puszikat, valamint a csirké-
ből, rizsből és jamgyökérből, valamint lekváros krémes süteményekből
álló terítéket. Matthew-nak külön tányér apróra vágott piros csípős
paprikát készített, hogy kielégítse a kivételesen csípős ételek iránti
vágyát.

De teljesen felkészületlenül érte az, amit másnap látott. Ahogy
belépett a nappaliba, valami furcsát hallott odakintről. Kinyitotta az
ajtót, és zihált.

Több ember táncolt és mulatott, miközben végigvonultak a kör-
nyéken. Egyre nagyobb tömeg követte az előadást, ahogy minden
ház előtt lelassultak. Ezek nem azok a tipikus betlehemesek voltak,
akiket Magyarországon megszokott. Volt egy dobos és egy maszkos
táncosnő démoni, mégis nőies jelmezben. A maszk világos színű fából
volt faragva. Összesen három fellépő volt: egy dobos, egy táncos és egy,
aki pénzt kért. Utóbbiak a teraszra jöttek, és azt várták, hogy fizetnek
nekik a szolgáltatásukért.

Judit nem tudta, mit tegyen, visszalépett a házba, és az ablaküvegen
keresztül figyelte a múló eseményt.

Furcsa érzés volt kinézni a saját ablakán, és rájönni, hogy a
kinti világ nem az otthona. Mivel Manchesterben élt, tudta, hogy
ez az érzés el fog múlni. Biztos, hogy egyre jobban hozzászokik
Nigériához.

De az átmenet brutális tudott lenni.

Ezért még hálásabb volt a szívélyes fogadtatásért, amit mindenhol
tapasztalt, ahová csak ment.

Amikor még Manchesterben éltek, az apósa írt neki, üdvözölte
a családban, és kommunikációs csatornát nyitott közte és a nigériai
család között. Sokat jelentett neki, hogy nemcsak a szomszédok
fogadták szívesen, hanem a család is, amelyet azzal szerzett, hogy
Matthew-hoz ment feleségül.

Opupapát személyesen is ugyanolyan elbűvölőnek találta – bölcs, kedves embernek, még ha olyan halkan is beszélt, hogy gyakran előrehajolva kellett hallani.

Mivel még soha nem találkozott vele személyesen, nem tudta, mire számítson. Matthew elmondta neki, hogy az apja a himlő hegeit viselte – elmesélte neki a hit és a szeretet gyönyörű történetét, amely összehozta a szüleit –, de nem volt biztos benne, hogy milyen lesz a férfi személyesen.

Valójában az arcán lévő hegek miatt valahogy bölcsebbnek és királyibbnak tűnt. Ez az Isten szolgája, aki olyan szívélyes fogadtatásban részesítette.

Olyan nagyon kedves volt, már attól a pillanattól kezdve, hogy a lány kinyitotta az ajtót, és a lépcsőn találta, hagyományos, kék, kétrészes nigériai öltönyben.

Rögtön átölelte, saját lányaként köszöntötte, és Judit hálából, hogy egy idősebb ember támogatja, azt hitte, hogy belé omlik.

Ekkor döbbent rá, mennyire hiányzott neki a saját apja, és Béla bácsi is, és hogy anyja és Bori anyai jelenléte mennyire támasztotta őt azokban az években.

A melegség és a hála érzése csak fokozódott, ahogy Opupapa a fiúkkal ült. Még mindig az iskolai egyenruhájukban – ropogós, fehér, hímzett ingben, kék rövidnadrággal – azonnal vonzódtak hozzá, kíváncsiak voltak a nagyapjukra. Ebinimi természetesen csatlakozott hozzájuk, a rózsaszín egyrészes fürdőruhában, amelyet a hőségben jobban szeretett, és tágra nyílt, kíváncsi szemekkel nézett fel Opupapára.

Akkor Judit már nem érezte magát olyan egyedül.

Végül is nem volt oka csalódni vagy szomorkodni a nigériai élete miatt. Bár természetesen hiányzott neki az otthona, ez az új világ tele volt izgalommal és intrikával. Sétálhatott a természetben, és gyönyörködhetett a kertjében lévő szokatlan növényekben – a hibiszkuszvirágok voltak a kedvencei, gyönyörű, egzotikus, rózsaszín virágaik semmihez sem hasonlítottak, amit Magyarországon látott. Gyermekei örömmel figyelték, ahogy a banán apró tuskókból édes, pépes gyümölccsé nő.

Tudta, hogy a család sok szép dolgot élvez – minden bizonnyal többet, mint néhány szomszédjuk. Még két autójuk is volt, ami sokak számára elképzelhetetlen luxus volt.

Először egy fehér Volkswagen Bogarat vettek, és alig egy évvel később vették a másodikat, egy gyönyörű kék metálfényű Datsun Bluebirdöt, amellyel a gyerekeket is tudta fuvarozni a városban.

Eleinte nehezen boldogult a vezetéssel Nigériában. A törvények lazának és kiszámíthatatlannak tűntek, az utakat pedig néha hatalmas kátyúk és káosz tarkította. A városban csak egyetlen közlekedési lámpa volt – a köznyelvben „Traffic Light"-ként emlegetett kerületben –, amely ritkább volt, mint a közlekedési rendőrök. Idővel, ahogy alkalmazkodott a nigériai élethez, a vezetéshez is hozzászokott, és az önbizalma is nőtt.

Meg tudta csinálni. Fel tudott építeni itt egy új életet a férjével és gyönyörű gyermekeivel.

Bizonyos értelemben jó érzés volt vezetni. Büszke volt arra, hogy gondoskodik a gyerekekről, így ha el kellett vinni őket valahová – iskolába, orvoshoz vagy valami szórakoztatóbb helyre –, azt is el tudta intézni. Nem volt szükség arra, hogy Matthew-t hívja ilyen dolgok miatt. A gyerekek is egyre önállóbbak lettek, ahogy nőttek, könnyebben vitte őket magukkal, amikor a mindennapi ügyeket intézte.

Így hát bepakolta a gyerekeket a kocsiba, és elindultak a piacra, a hátsó ülésen mindhárman boldogan és vihogva. Aztán hagyta, hogy a gondolatai egy kicsit elkalandozzanak, és elgondolkodott azon, hogy mennyire megszerette ezt a helyet, még az alatt a rövid idő alatt is, amióta itt van. Egy csipetnyi hitetlenkedéssel gondolt arra, hogy milyen kívülálló volt, amikor megérkeztek. Még nem régóta éltek Nigériában, de máris ráérzett az ételek ízére – bár még mindig hiányolt néhány magyar ételt –, és megbecsülte a ruházatot és a hagyományokat.

A gyerekek is alkalmazkodtak. A hátsó ülésről csicsergésük és éneklésük hangja hallatszott.

És akkor minden megváltozott.

A fiatal lány a semmiből jött.

Rácsapott a kocsi fékjére. Borzalmas puffanás visszhangzott az első lökhárítónak. A tekintete egy rövid pillanatra találkozott a lányéval, és mindketten visszatükrözték a másik rémületét.

Gondolkodás nélkül bedobta a kocsit a parkolóba, és kivágta az ajtót, a fiatal tinédzsernek kiáltva, aki most a földön feküdt, és fogait összeszorítva, lassan vonaglott ide-oda a fájdalomtól. Úgy tűnt, mintha a combja feldagadt volna.

És hirtelen Judit megint kívülálló volt.

Tömeg gyűlt össze, és kettejüket bámulta, miközben Judit a lány mellett guggolt, bizonytalanul, hogy mit tegyen. Félt, hogy mi történhet a lánnyal, és hogy a tömeg hogyan reagál majd rá. A szíve összeszorult, amikor eszébe jutott, hogy nincs segélyvonal, nincs mentő, nincs azonnali orvosi segítség.

Így hát felkapta a lányt, amennyire csak tudta, és néhány közelben álló bámészkodó segítségével az autó első ülésére tette. Mivel nem tudta, hogy pontosan hová is menjen, a Shell-tábor klinikájához száguldott.

És közben imádkozott mindkettőjükért.

15. fejezet

OPUMAMA

~~~~~

MATTHEW UTÁLTA ÍGY látni a feleségét. Bűntudattól gyötörten remegett a keze, miközben elmesélte neki a történetet a lányról, aki nem volt több egy tinédzsernél, és aki kilépett az autója elé.

Hallgatta, az aggodalom mint egy csomó a zsigereiben. Legalább – nyugtatta meg Juditot –, a lány nem halt meg. Legalább két Shell-alkalmazottról tudott, akik az elmúlt években közúti balesetben vesztették életüket, és bár a nigériai utak sosem voltak különösebben biztonságosak, a balesetek aránya az utóbbi időben egyre nőtt – a vállalat járműveinek több mint harminc százaléka szenvedett balesetet az előző évben.

A felesége balesete rosszabbul is végződhetett volna. Sokkal roszszabbul.

Elképzelve az egész családját abban az autóban, beleborzongott a gondolatba, mi történhetett volna.

„Nem tudtam, mit tegyek." Judit siránkozott, remegő hangon. „Azt hittem, meg fognak verni engem vagy a gyerekeket" – utalt a bámészkodók tömegére, amely a helyszín körül alakult ki.

„Ne is gondolj erre." Matthew megnyugtatónak remélt ölelésbe vonta, lapockái mintha sziklák lettek volna a keze alatt. „Majd kiderítem, mit tehetek. Minden rendben lesz."

Hónapokkal korábban befogadtak egy fiatal „házi lányt", aki pénzért, szállásért és ellátásért cserébe házimunkát végzett náluk. Ez bevett szokás volt a városban, magyarázta. Judit mégis ragaszkodott hozzá, hogy elutazzanak, hogy találkozzanak a lány családjával. „Ha az én gyerekem lenne", mondta, „tudni szeretném, ki vigyáz rá".

Matthew tudta, hogy ugyanígy érezne a szegény lány iránt is, akit elütött az autóval. Miután felesége az anyósülésen ülő kislányt a Shell klinikára vitte, az ottani klinika személyzete felvette a kapcsolatot a lány családjával, és közölte, hogy nem fogják kezelni, mivel a kislány nem alkalmazottja vagy családtagja valakinek a vállalatnál.

Matthew felajánlotta, hogy kifizeti a röntgenfelvételt és minden máshol szükséges kezelést. Bár a család hálás volt az ajánlatáért, inkább úgy döntöttek, hogy elviszik a lányt egy natív gyógyítóhoz, akiben a rokonok megbíznak.

Egész életében látta ezt a fajta bizalmatlanságot – a nigériai közszolgáltatások nem mindig voltak stabilak, és az emberek szemében nem mindig voltak megbízhatóak. Bizonyos értelemben meg is értette ezt. Mindig is büszke volt a logikájára és a józan ítélőképességére. Most, hogy saját gyermekei születtek, néha aggódást érzett – szerette volna tudni, hogy biztonságban lesznek. Amennyire csak tudta, elhessegette ezeket a gondolatokat. Elvégre a gyerekek az idők kezdete óta gyerekek voltak, és a csínytevéseik ritkán okoztak tényleges kárt.

Mégis utálta olyan helyekre vinni őket, ahol nem tudta irányítani a helyzetet – ahol a dolgok ismeretlennek, bizonytalannak vagy potenciálisan veszélyesnek tűntek.

Ilyen volt például a saját faluja is.

Mióta Nigériába érkeztek, Judit próbálta meggyőzni, hogy vigye el a gyerekeket a szülőföldjére.

„Miért fontos ez?" – kérdezte tőle, pedig már tudta a választ. Bár a szülei mindketten meglátogatták őket Port Harcourtban, Judit azt akarta, hogy a gyerekek lássák, hol nőtt fel. Ő maga is látni akarta.

Jobb belátása ellenére elintézte, hogy meglátogassa Otuogidi falut Ogbiában, ahol az édesanyja élt. Rövid lesz, hangsúlyozta Juditnak és a gyerekeknek is. Nem kockáztathatták meg, hogy egy olyan faluban ragadjanak, ahol nincs vízvezeték, nincs áram, és nincs hol megszállniuk.

Túlságosan is kockázatosnak érezte. De amikor végül beadta a derekát, Judit olyan boldognak tűnt.

Így egy szombat délután elvezette a családot a vízi parkba, ahol egy férfihez mentek egy kereskedelmi motorcsónakkal. Egyetlen pillantást vetett Matthew családjára – gyakorlatilag leolvashatta a férfi fejében felvillanó „oyibo" szót –, és a hajó vezetője jóval a piaci ár fölötti árat ajánlott nekik.

„Mpsscs" – sóhajtott Matthew elutasítóan –, *„Dis man, you are not serious, make I find betta pesin,"* – folytatta pidzsin angolul, miközben úgy tett, mintha a sofőr egyik versenytársa felé sétálna. Te férfi, nem vagy komoly, keresek jobb embert.

Végül a család felkapaszkodott a férfi motorcsónakjára, hogy megtegyék a kétórás utat Ogbia felé.

Megnyugodott, miközben a családja kíváncsi arcát figyelte. Felesége arcán, akit mindig is lenyűgözött a vidéki Nigéria növény- és állatvilága, az aggodalom és a tiszta öröm keveréke tükröződött. Úgy markolta a csónak oldalát, mintha az élete múlna rajta. Amikor elhaladtak egy mangrovefasor mellett, amelynek gyökerei a vízbe nyúltak, Judit felkapta a fejét, szemei tágra nyíltak és felcsillantak.

„Elképesztő!" – kiáltott fel, valósággal ámulva a fák tövének kusza kuszaságán. „Úgy néz ki, mintha óriások rángatták volna ki őket".

Ekkor Matthew elmosolyodott, bár nem engedte meg magának, hogy teljesen megnyugodjon, amíg ez a mozgalmas utazás véget nem ér, és a gyerekek nem térnek haza biztonságban az ágyukba. Félelmei ellenére élvezte, ahogy Judit csodálkozva nézte a szülőföldjét. Gyakran leguggolt, hogy megfigyelje az időnként a felszínre törő halakat vagy egy-egy apró rákot, amelyik a homokban bicegett. Amikor Matthew nézte, ahogy felnéz a magasra törő pálmafákra – egy olyan növényre, amelyet természetesnek vett –, olyan volt, mintha új szemmel látta volna az otthonát.

Hamarosan elérték a legközelebbi folyópartot. Amikor a motorcsónak vezetője kinyújtotta a kezét, Matthew segített a családjának kimászni a csónakból, vigyázva, hogy a gyerekek ne legyenek túl sárosak vagy vizesek.

Ahogy az édesanyja háza felé tartottak, hamarosan egyre nagyobb kíséretet kaptak véletlenszerű falubeliekből, főként gyerekekből, akik izgatottak és kíváncsiak voltak az új látogatókra.

Egy meztelen kisfiú a folyó felé szökkent, és beleugrott. Több más gyerek is ki-be bukdácsolt a folyóban, és a fiú feje hamarosan előbukkant, és az elülső fogai résén keresztül vizet köpött rájuk. A sötét, zavaros vízen egy koszos műanyag palack úszott.

Vajon akkor is ilyen piszkos volt a víz, amikor ő gyerek volt?

Lerázta magáról a gondolatot. Igazából nem számított. Akkoriban hozzászokott a folyami élethez, de a gyerekei csak a kristálytiszta Shell Club medencéjében úsztak. Mióta Port Harcourtba költöztek, sok boldog napot töltöttek a luxus helyiségben henyélve, élvezve az üdítőket és az ételeket, amelyeket a klub pincérei szolgáltak fel nekik.

Néha azon tűnődött, vajon megunják-e valaha is a medencében való csobbanást. Mintha egy állandó körforgásban lennének, a gyerekek beugrottak a medencébe, kimásztak, körbecsoszogtak a szélén, majd újra beugrottak, és közben visítottak. Judit a medence szélén ült, hogy emlékeztesse őket: „Ne szaladjatok!" és „Lassítsatok!".

Emlékeztetni kellett őket. Mint minden gyerek, ők is elfelejtették, hogy a világ kemény hely lehet, még a Shell Club medencéjének csillogó, vegyszerrel kezelt vizében is – nem is beszélve a faluról, ahol felnőtt.

Neki legalábbis akkoriban biztonságos volt, és valószínűleg ma is az ogbiai gyerekek számára. Elvégre ők itt nőttek fel, és tisztában voltak a falusi élet sajátos veszélyeivel. De az ő gyermekei soha nem élték meg az ő gyermekkorának életét.

„Ó, ó, ó, ó, ó, ó, ó!"

Anyja jellegzetes izgatottsága kizökkentette őt szórakozottságából, amikor az idősebb nő átkarolta a feleségét. Az anyja vékony, szinte törékeny volt, sötét bőrrel és egy sötét hajzuhataggal, amely kilátszott a mélylila fejkendő alól. A köszöntése egyfajta univerzális nyelv volt, a vidámság és az izgatottság hangja tolmácsolódott a magas hangon keresztül, de tudta, hogy a felesége nem sok mindent értett meg, amit az anyja mondott. Mivel az anyja sosem tanult meg angolul, elsősorban az ogbiai nyelven szokott fecsegni.

„Mama, *alua*!" üdvözölte Matthew.

Az asszony odalépett hozzá, megfogta a kezét, és rámosolygott, mielőtt visszavezette a családot a kis vörösesbarna vályogházba.

Judit egyszer már találkozott az anyjával. Kisebbik húga, Dorcas, vele és Matthew fiatal unokahúgával utazott Port Harcourtba, és akkor is hasonlóan üdvözölte Juditot, olyan dicsérettel és hálával halmozta el, amiről Matthew azt hitte, hogy elborítja. Amikor a húga átadott neki egy gyönyörű nigériai ruhát, Judit később bevallotta, aggódott, hogy nem tűnik majd megfelelőnek házigazdaként és feleségként.

Nem kellett emiatt aggódnia. Az anyja egyértelműen megkedvelte őt, mióta először meglátta, sőt, még sürgette is őket, hogy több gyermeket vállaljanak.

Akkor tudakozó pillantást váltottak – egyikük sem akart több gyermeket. Judit mégis sugárzott az anyja javaslatára, és Matthew örült, hogy a lány ezt az elfogadás és a szeretet jelének tekintette.

Tudta, hogy a felesége izgatott, hogy újra láthatja az anyját. Nem maradhattak sokáig. Mivel alig várták, hogy hazaérjenek – pontosabban attól féltek, hogy nem találnak majd motorcsónakot, ha túl sokáig maradnak –, Matthew csak körülbelül egy órát engedett meg magának a látogatásból.

Miközben a gyerekeket nézte az anyjával, az anyja egészségi állapotán töprengett. Hallott már a testi betegségeiről – bár többnyire egészségesnek tűnt, a nővére időről időre írt neki, hogy pénzt vagy gyógyszert kérjen.

De a felszín alatt mindig több lappangott.

Egy idővel ezelőtt fokozatosan paranoiássá vált, bár nem volt világos, mikor kezdődött. Amikor az emberek elmentek mellette az utcán, összeszorította az arcát, és szívta a fogát, ami sok falubelit arra késztetett, hogy megkérdezzék, mivel bosszantották fel. Ami még aggasztóbb volt, hogy arra a következtetésre jutott, hogy az apja hűtlen volt. Ez lehetetlenné tette, hogy a házasságot hagyományos módon folytassák. Bár nem tudhatta, hogy az állítása igaz-e, azt tudta, hogy az apját mélyen elszomorította a különválásuk.

Melegsége azonban nem változott gyermekkora óta. Imádta az unokáit, és ogbiai nyelven megjegyezte, hogy milyen nagyra nőttek.

Igaza volt. A fiúk mostanra már majdnem hétévesek voltak, és eléggé önállóvá váltak, aggasztó ütemben nőttek ki a Katonai Gyermekiskola kék-fehér egyenruhájukból. Ebinimi is sokkal nagyobb volt már, a kis személyisége tisztább és merészebb, mint amikor utoljára látta az *Opumamáját*.

Azon tűnődött, vajon mekkorák lesznek a gyerekei, amikor legközelebb látják. Annak ellenére, hogy érezte, hogy a következő látogatásukig még eltart egy ideig, mégsem akart sokáig maradni. A család elbúcsúzott, Matthew némi pénzt hagyott az édesanyjánál – az asszony kegyesen elfogadta, azzal a megjegyzéssel, hogy mennyire büszke Matthew-ra és a családjára.

Mielőtt hazatértek volna, még egy megállót ígért. Az impozáns, mindkét oldalról sűrű fákkal borított erdőn keresztül túráztak Oloibiri felé. Az országban elsőként felfedezett olajlelőhely, a kis falu továbbra is nehezen megközelíthető maradt, történelmi jelentősége ellenére. Mivel a falut nem kötötték össze utak az anyjával, és motorcsónakok sem voltak a láthatáron, Matthew leintett egy kenut, amelyet egy fiú evezett, aki nem tűnt idősebbnek tizennégy-tizenöt évesnél.

Látta, hogy Juditnak ekkor elakadt a lélegzete a torkában.

Néha alábecsülte, mennyire nyugtalanítóak ezek a mindennapos események olyasvalaki számára, aki nem ebben nőtt fel. A kenu ide-oda ringatózott, és Matthew látta, hogy a felesége szorítja a markát, egyik keze a hajó oldalán, a másik Ebinimi válla körül. Ő is szívesebben utazott volna másképp, de Ogbia kevésbé lakott települései között közlekedni úgy kellett, ahogy az ogbiaiak tették.

Így hát a kenuban kuporogtak, és elnézték, ahogy a víz magasan csobogott az oldalán, néha belecsorgott.

Amikor Oloibirihez értek, egy pap elkísérte őket a plébániára, ahol Matthew gyerekkorában lakott, amíg az apját oda helyezték. Ezek a városok sajnos nagyon szegényes állapotban voltak, annak ellenére, hogy az ország kőolajának nagy része innen származott. Rivers államot, a legtöbb más állammal ellentétben, mindig figyelmen kívül hagyták, amikor a szövetségi kormány új államokat hozott létre. Ez azt jelentette, hogy kevesebb nemzeti pénz jutott a szegény és elnéptelenedett területek fejlesztésére.

Miután fiatalkora óta több különböző helyen élt Ogbiában, Matthew most jobban gyűlölte látni a pusztulást, mint valaha. Egyszerűen nem volt oka annak, hogy a kormány semmibe vette ezt a régiót és az ott élő embereket.

Ez minden korábbinál jobban megrázta őt. Amikor visszatekintett a gyermekkorára – amikor látta a gyerekeket csobbanni a vízben, ahol ő úszni tanult –, azon tűnődött, hányszor reménykedtek az ogbiaiak a változásban. Vagy, pontosabban, azon tűnődött, vajon ő maga hányszor reménykedett a változásban.

Eszébe jutott az optimizmusa, amikor megalakult Rivers állam, az, ahogy az ország megrázkódott az államcsíny hírére, és a megújult remény, amely Nigériára telepedett, amikor a háború véget ért. Milyen gyorsan – milyen lopakodva – teltek az évek azóta, és mégis, a szülőfalujában alig változott valami.

Közben a gyerekei megtanultak úszni, Shell úszóedzője tartotta a kis hasukat, miközben rúgtak és eveztek, és vigyorgott, amikor az arcuk csöpögve és fröcsögve bukkant elő.

Sakkozni is tanította őket, egy olyan stratégiai játékra, amely arra tanította a játékosokat, hogy több lépéssel előre gondolkodjanak. Hatéves korukban beírta a fiúkat az első sakkversenyükre, hogy elősegítse a versenyszellem kialakulását.

Nosztalgiával és büszkeséggel telve gondolt arra, hogy a gyerekkoruk mennyire különbözik majd az övétől – mennyivel több helyet láttak fiatal korukban, mint ő az első két évtizedében.

Talán ez volt a titkos, rejtett jutalma annak, ha valaki magasra céloz és magasra lő – hogy a gyerekeit sokkal többre nevelje, mint amiről gyerekként álmodott.

És bár már így is túlszárnyalta a szülei legmerészebb álmait, neki még nagyobb tervei voltak.

Addigra már évek óta a Shellnél dolgozott, és amilyen gyakran

csak lehetett, nyomást gyakorolt a felsőbb körökre, hogy a családja a
Shell Campbe költözhessen. Akárcsak a Shell Club, ahol egész évben
a medence mellett henyéltek, a Shell Camp is határozottan előkelő
volt – az ottani dolgozói lakásokban megbízható áram és folyóvíz volt,
valamint egy gazdagabb közösség számos előnye.

Bármennyire is erőltette a dolgot, a vállalat következetesen eluta-
sította, mondván, hogy egyszerűen nincs elég helyük egy ilyen nagy
keresletű területen. Úgy tűnt, hogy a Shell Campben továbbra is
aránytalanul sok brit expatriált lakik.

Igazságtalannak tűnt. Noha fiatalabb alkalmazott volt, nagy kép-
zettséggel és tapasztalattal rendelkezett – még doktori címet is szerzett.
Elkötelezett és hűséges dolgozó volt. Mivel azonban csak néhány évet
dolgozott a vállalatnál, Matthew hátrányban maradt azokkal szemben,
akiknek már közel egy évtizednyi tapasztalatuk volt. Mégis szilárdan
hitt abban, hogy értékesnek bizonyult.

Minden újabb kéréssel az elutasítások egyre határozottabbak és
véglegesebbek lettek.

De végül kompromisszumot ajánlottak neki.

A Ranami Abah-i ház nem a Shell Campben volt, de legalább egy
exkluzív zárt közösségben. Egy méretes ház, négy hálószobával és
egy generátorral, amely tartalék áramot tudott biztosítani, amikor a
NEPA cserbenhagyta őket.

A fejlesztés ellenére hamarosan munkát ajánlottak neki a Shell
Lagosnál.

Az új pozíció új lehetőségeket kínált, minden bizonnyal a következő
lépést jelentette a sikerre való törekvésében. Elhatározta, hogy jelentős
változásokat eszközöl a vállalatnál – és elhatározta, hogy a vezetői
pozíció a legjobb módja a célja elérésének –, és remélte, hogy az új
pozíció végre megadja neki a hatalmat, hogy támogassa a nigériai
munkásokat.

Évek óta észrevette a Shellnél tapasztalható igazságtalanságokat. A lakhatás megtagadása őt és családját érintette, de a diszkrimináció az egész vállalatra kiterjedt. A brit munkavállalók gyakran kaptak magasabb szintű pozíciókat, amelyekért több pénzt kerestek, mint az azonos szintű nigériai munkavállalók többsége. A térségben született és nevelkedett emberként jól ismerte mind az erőforrások gazdagságát, mind azt, hogy ezek az erőforrások hogyan támogatták hazája népét.

Többet akart nekik.

És ami a legfontosabb, többet akart a gyermekei számára.

Még ha nem is tudott több méltányosságot hozni a cégébe – amit egyáltalán nem volt hajlandó véglegesnek elfogadni –, akkor is rá tudta venni erre a gyerekeit, ahogy az apja is rávette őt.

16. fejezet

DUPLA DUPLA

EGY ILYEN AMBICIÓZUS férfi feleségének lenni kihívás lehet. Matthew eredményei lenyűgözőek voltak, nem is beszélve a kitartásáról. Judit leginkább Matthew céltudatosságát csodálta.

Tinédzserként abban reménykedett, hogy egyszer majd villámcsapás éri, amely világos irányt ad neki az élete döntéseihez. Akkoriban azt remélte, hogy ha eleget imádkozik, akkor hirtelen rájön élete igazi értelmére – hogy Isten jelet küld neki. Ez a jel soha nem jött el.

Aggódott, hogy csak sodródik az életben – és lemarad valami nagyszerű hivatásról –, ezért mindent megtett, amit csak tudott, hogy befejezze a tanulmányait, és találjon egy jó állást.

A Matthew-hoz való hozzámeneteltől eltekintve, semmiben sem érezte magát olyan biztosnak.

Kivéve a gyerekeit.

Miközben vigasztalta a nyüszítő Ebinimit – szegényke megcsípte az ujját az ajtóban –, ostobának érezte magát, amiért valaha is megkérdőjelezte élete értelmét.

Három gyönyörű, okos, motivált, kedves, melegszívű gyermeke volt. Mi másra vágyhatna még?

Igazság szerint nem sok mindent kérhetett, amire egyáltalán szüksége lehetett volna. Matthew új állása a Nyugat-Afrikai Üvegipari Vállalatnál – röviden WAGI – olyan modern kényelembe juttatta a családot, amiről néhány évvel korábban még álmodni sem mertek.

A munkakör a vállalat európai partnergyáraiba való utazás lehetőségével is járt. Nagyon remélte ezt. Miközben beilleszkedett nigériai otthonukba, Magyarország nagyon hiányzott neki. Ez volt a bevándorlók élete, feltételezte. Bármilyen nehéznek is érezte a gondolatot, nem volt értelme ezen rágódni. Rendben lesz, ahogy mindig is volt.

Ami számított, az az volt, hogy Matthew valódi befolyásra tett szert a munkahelyén. Nagyon kívánatos pozíció, a vezetői szerep, amit betöltött, nagy felelősséggel járt.

Meghívást kaptak, hogy költözzenek egy házba Port Harcourt egykori kormányzati lakónegyedében. Bár az új otthon a zárt negyedben, az O.C.C. Estate-ben egy kicsit kisebb volt, mint az előző, mégis elég nagy volt a családjuknak. Judit könnyen el tudta képzelni, hogy megszokják, amint a szükséges javításokat elvégezték. A fiúk azonnal megkedvelték a kinti kis guávafát, nevetve másztak fel a törzsére.

Matthew gyakran jött haza a munkából egyfajta zsongással. A lehetőségek izgalmától duzzadva sorolta a bátorító szavakat, amelyeket aznap kapott, a magasabb fizetést és a nagyobb befolyást ígérő ígéreteket. A főnöke kedvelte őt, ez egyértelmű volt, és Matthew olyan biztosnak tűnt abban, hogy a dolgok jól fognak alakulni – hogy gyorsan feljebb fog lépni a ranglétrán. Fertőző lelkesedéssel száguldozott a ház körül, és arról álmodozott, hogy milyen dolgokat fognak rendbe hozni, milyen új lehetőségek nyílnak majd a gyerekeknek, ha egyszer előléptetik.

Judit azonban elég jól tudta, hogy az előléptetés ígérete olyan szintű stresszel jár, amely néha átragadt az otthoni életére is – de lehet, hogy ez csak a saját aggodalma volt, amelyet a férjére vetített.

Ebinimi jajveszékelése kezdett alábbhagyni, és Judit a lány kisujjára nézett. „Sss" – suttogta, bár még akkor is, amikor elcsendesítette a lányt, érezte, hogy a saját gyomra is felfordul. Ahogy a mély, lilásvörös szín végigterjedt az ujján, azon tűnődött, vajon a kislány elveszítheti-e a körmét.

A lányával együtt érezte a fájdalmat.

Ahogy a három gyerek egyre idősebb lett, azt remélte, hogy a szülői munka könnyebb lesz. Ehelyett a késő esti pelenkacseréket és etetéseket más gondok váltották fel.

Amióta a fiúk második osztályos éve véget ért, egyre jobban aggódott értük. Mindkét fiú okos és kedves volt. Obi kitűnt a zenében, és ha sikerült rávennie, hogy leüljön és figyeljen, ígéretes dallam- és ritmusérzékkel rendelkezett. Az úszást is hamar elsajátította, bár a kutyás evezést jobban kedvelte, mint a tényleges úszást. Hiperaktív személyiségével néha nehéz volt bánni. Másrészt Tonye félénk és csendes volt, ami talán az iskolai sikereihez hozzájárult – tökéletesen elégedett volt azzal, hogy türelmesen hallgatott.

Talán ez volt a különbség. Csak a személyiségük.

Bármi is volt az oka, amikor a második osztályos bizonyítványuk megérkezett, Tonye átment. Obi megbukott.

Akkor bűntudatot érzett, amikor rájött, milyen nehéz lesz az eredmény Obi számára. Születésüktől fogva – sőt, valójában még azelőtt is – mindent együtt csináltak. Megszakadt a szíve, amikor arra gondolt, hogy Tonye továbbjut, míg Obi nem.

De ahogy Matthew rámutatott, az sem lenne igazságos, ha Tonye a testvérével együtt ismételné meg a második osztályt.

És a bánatot, amit mindkettőjükért érzett, háttérbe szorította az ismerős anyai bűntudat.

Mielőtt Nigériába költöztek, azt akarta hogy megtapasztalják az
európai általános iskolát. Kicsit fiatalok voltak, ez igaz, de okosak és
rátermettek. Meggyőzte a magyarországi iskolát, hogy az ötéveseket
az első osztályba helyezzék.

Úgy tűnt, elég jól haladtak. Így amikor Nigériába kerültek, a tanév
felénél már a második osztályba íratták be őket.

Talán hiba volt. Még csak ötévesek voltak, és a második osztályt
végezték. Még ha megismétlik is az évet, még mindig fiatalabbak
lennének, mint a legtöbb társuk.

De hogyan várhatta volna el Tonyétól, hogy megismételje azt az
osztályt, amelyet már átment?

Ha az ikertestvére előrébb lépne, mit tenne a lemaradás Obival?

A költözés, valamint apjuk új munkahelye még nehezebbé tette
a rejtélyt.

Végül úgy döntöttek, hogy újra beíratják Obit a második osztályba,
és a vele egykorú gyerekekkel együtt írják be. Tonye mehetett a harma-
dikba. Persze szerette volna, ha együtt járják végig az iskolát – és talán
így is lesz –, de egyelőre ez tűnt a legjobbnak mindkettőjük számára.

Bizonyos értelemben még mindig együtt tanulhattak. Szerette
segíteni őket új témák felfedezésében, ami természetes folytatása
volt korábbi álmainak, hogy taníthasson. Minden erejével, amit csak
tudott, igyekezett életre kelteni számukra a fogalmakat, arra ösztönözve
őket, hogy fejlesszék saját érdeklődésüket és képességeiket.

Néha még mindig elgondolkodott azon, hogy mik legyenek a
saját céljai – különösen egy olyan otthonban, ahol ekkora hangsúlyt
fektettek a teljesítményre –, és úgy találta, hogy kevés energiája van
másra, mint a gyerekeire.

Nem volt szüksége semmi másra.

Valamikor régen arról álmodott, hogy öt gyermeke lesz. Szinte
kuncogott, ha most erre gondolt. Akkoriban úgy gondolta, hogy mivel

ő az ötödik gyerek, neki is öt kisgyereket kell szülnie. Szívesen kritizálta a családtervezést, azzal érvelve, hogy ha a szülei korlátozták volna a családban a gyermekek számát, akkor ő egyáltalán nem született volna meg!

Önmaga ezen változata lehetetlenül fiatalnak tűnt.

Mindenesetre Istennek megvolt a módja, hogy azt tegye, ami a legjobb, még akkor is, ha ő ezt nem vette észre. Az évek csak úgy repültek – a babái nagy gyerekekké növekedtek –, és ő arra koncentrált, hogy élvezze a gyermekkoruk csodáit. Soha többé nem lesznek ilyen pillanatai, amikor a kicsinyei felfedezték, hogy mit szeretnek és mit utálnak, hogy milyen furcsa személyiségük van, hogy olyan módon fejezik ki magukat, ami néha megnevettette, máskor pedig nosztalgiával töltötte el.

Egyszer arra jött be, hogy a fiúkat Matthew hagyományos nigériai öltözékében találta.

Apja kalapját mélyen a füléhez szorítva Tonye kijelentette: „Olyanok vagyunk, mint Apu!".

Addig nevetett, amíg egy könnycsepp ki nem szökött a szeme sarkából, a két butuska kisfia pedig csatlakozott a nevetéshez, még akkor is, amikor apjuk büszke tartását befolyásolták.

Mindegyikük annyira más volt – egyedi és különleges a maga módján. Tonye a válogatós étrendjével – néha napokig csak kenyérrel és teával élt, és minden mást visszautasított. Obi a nagy, vicces személyiségével, aki hajlamos volt a bátyja védelmére kelni. És Ebinimi, a kislánya, aki egyáltalán nem viselkedett kicsinek. Már az első szavaitól kezdve lehetetlenül érettnek tűnt, heves igazságérzete és makacs magatartása miatt ragaszkodott a véleményéhez, bármi is történt.

Minden egyes új fejleménynél érezte a büszkeség és a szomorúság fájdalmát. Minden egyes új növekedési szakasz a végső felnőtté válásukat jelezte, ahogy kissé elrántották magukat tőle, próbára téve a függetlenségüket, mielőtt visszasompolyogtak volna, hogy a szoknyájába kapaszkodjanak.

Harminckilenc évesen már több mint elhatározta, hogy csak három gyermeket fog nevelni. A haja hosszabb volt, és most már állandóan viselte nagy, kerek szemüvegét. A menstruációja rendszertelenné vált, némelyik nem volt több mint pecsételés, mások teljesen kimaradtak. Bár ez egy kicsit korábban történt, mint a legtöbbeknél, érezte, hogy a menopauza felé halad.

Úgy tervezte, hogy a decemberi rendszeres vizsgálaton megemlíti a változásokat az orvosának.

Ehelyett a férfi hatalmas vigyorral lépett be a szobába. „Maga terhes!" – jelentette ki. A hasi röntgenfelvétel még megdöbbentőbb hírt hozott.

Nem csak terhes volt.

A becslések szerint hat hónapos terhes volt. És megint ikrek voltak.

Talán egy kis része tudta. Furcsának találta, hogy a menopauza egyes tünetei mennyire hasonlítanak a korábbi terhességeihez. Ez minden bizonnyal megmagyarázta a kihagyott menstruációkat.

Biztos volt benne, hogy túl öreg a gyerekvállaláshoz.

És mégis, a család ismét két új baba fogadására készült, a várakozás együtt nőtt a hasával.

Sokat gondolkodott tehát a korán. Nemcsak azt hitte, hogy túl van a szülőképes koron, hanem azon is elgondolkodott, hogy a kerek számok mintha valami mást jeleznének – talán valami spirituálisat.

Harmincéves volt, amikor a fiúk megszülettek. Már akkor is idősebb volt, mint a legtöbb társa, és annyira megkönnyebbült, amikor a babák egészségesek voltak. És most, pontosan tíz évvel később, negyvenévesen, még két kisgyerek érkezett.

Bizonyára nem lehetett véletlen, hogy kétszer is ikrei születtek, kerek évtizedes korban. Kétesélyes, gondolta. Talán Isten ezt jelnek szánta.

Bízott benne, amikor azt hitte, hogy már nem lesz több gyereke – és talán azt akarta megmutatni neki, hogy továbbra is bíznia kell.

Mégis, most Nigériában élve nehéz volt bízni abban, hogy minden rendben lesz. Itt sokkal kevesebb támogatást kapott, mint Európában. És a három gyermekén kívül még két iker babáról is gondoskodnia kellett.

Talán megérezve az aggodalmát, Aci nővére beleegyezett, hogy az ikrek születése után eljön a szükséges kiegészítőkkel. A gyerekek jobban örültek a magyar játékoknak, amiket reméltek, hogy ő hoz. És persze imádták Aci nénit.

Judit leginkább a nővére társaságát várta. Ebben az új világban, ahol kevés barátja volt és korlátozott volt a felnőttek közötti kommunikáció, a magány néha ködként lógott rajta. A terhesség csak súlyosbította a helyzetet. A korábbi terhességei alatt állandóan ott volt körülötte a családja – rajongtak érte, ajándékokat hoztak, megkérdezték, hogy van.

De ezenfelül vele együtt álmodtak. Együtt gondolkodtak vele azon, hogy vajon a babák úgy fognak-e kinézni, mint ő vagy Matthew, koraszülöttek lesznek-e vagy nagyok és szívesek, mikor érkeznek meg, mekkorára nőnek majd, és mennyire izgatottan várják, hogy találkozzanak velük.

Ezekre a dolgokra persze ott volt neki Matthew. És a három kicsi otthon is rengeteget kérdezett.

De ez nem volt ugyanaz.

Bármennyire is hálás volt Aciért, hogy eljön segíteni, tudta, hogy a nővére nem marad örökké. Előbb-utóbb haza kell térnie.

Hogyan fog az ő korában ikreket nevelni? Bár még mindig viszonylag fiatalnak érezte magát, a fiúkkal is megküzdött, és ez tíz évvel korábban volt. Bár remélte, hogy a gyereknevelés könnyebb szakaszába érnek, a tizenéves kor előtti éveik magukban hordozták a saját kihívásaikat.

Az általános iskola ötödik évében Tonye átment a középiskolai felvételi vizsgán, és az általános iskola utolsó évét kihagyva idő előtt továbblépett. Ő lett a Stella Maris College legfiatalabb diákja. Míg a legtöbben tizenegy vagy tizenkét évesen kezdték meg a hatéves középiskolát, ő kilencévesen kezdte.

Két évvel megelőzve a testvérét.

A feszültség egyre nőtt a házban, és Judit sokat aggódott, hogy Tonye sikere milyen hatással lesz ikertestvérére. Bár megengedték neki, hogy befejezze az első évet a Stella Marisban, Matthew félrehúzta Tonyét, és arra biztatta, hogy tegyen felvételi vizsgát a magasabb rangú iskolákba. Azzal, hogy Tonye megismétli az első évet, állították, mindkét fiúnak jót tenne.

Nem kellett sokáig gondolkodnia. Alig néhány hónapos határidővel két új Mamah volt úton. Amikor érezte az első csípést, amely gyengédebb volt, mint a teljes vajúdás, de mégis lehetetlen volt figyelmen kívül hagyni, rögtön tudta.

Izgatottan és nyugtalanul indultak Matthew-val a Halten Clinic-re – a kis klinika kevésbé hasonlított kórházra, inkább egy nagy házra –, miközben az óra éjfél felé kúszott. A nővér bejelentkezett hozzájuk, és egy szülésznő is készenlétben állt. Akár készen állt rá, akár nem, a babák már majdnem itt voltak.

De a saját idejükben jönnek, mint kiderült.

Amikor a nővér ellenőrizte a méhnyakát, felsóhajtott, és megjegyezte: „Reggel nyolcig semmi sem fog történni”.

„Rendben lesz holnapig?” Matthew megkérdezte.

„Rendben lesz. Majd mi vigyázunk rá, uram!”

Judit elmosolyodott és bólintott. „Nem lesz semmi baj” – nyugtatta meg Matthew-t, és hazaküldte a többi gyerekhez.

Végül is nem volt rá szüksége ott. Ezt már kétszer is megtette.

De amint a férje elment, a szíve felgyorsult.

Egyre jobban érezte magát új, fogadott városában, de még mindig nehezen tudott kommunikálni. Amikor a vajúdás égető fájdalma a következő órákban megérkezik, vajon képes lesz-e megtalálni a szükséges angol szavakat? Ekkor arra gondolt, hogy visszahívja Matthew-t.

A nővér és a szülésznő nem tűnt aggódónak, és semmi oka nem volt azt hinni, hogy nem tér vissza jóval azelőtt, hogy elérkeznének azok a döntő órák.

Így hát megpróbált aludni, amíg még volt rá esély, az összehúzódások azonban az éjszaka előrehaladtával egyre inkább lehetetlenné tették az alvást.

Amikor a nővér néhány órával később megvizsgálta, a szemei elkerekedtek.

„Menj és hívjad" – kiáltotta ónos és éles hangon, és a szülésznő, aki ott állt készenlétben, kirohant az ajtón.

Judit egy pillanatra megfeledkezett gyakorlott légzéséről, és egy váratlan összehúzódás azzal fenyegette, hogy kettéhajtja. Időbe telik, amíg valaki eléri az orvost, és biciklizni kell hozzá. Ilyen tempóban soha nem érne vissza időben.

Lélegezz, emlékeztette magát. Lélegezz. Ha nyugodt tud maradni, talán meg tudja győzni ezeket a babákat, hogy tartsanak ki.

Percek teltek el, és az orvos még mindig nem jelent meg.

Egy újabb összehúzódás szorította az alhasát, és küzdött a fájdalom és a hányinger hullámai ellen. Negyvenöt perc, aztán ötven perc, majd egy óra telt el. Az orvosnak még mindig semmi jele nem volt.

A sikoltozó, csípő fájdalom újabb hullámai gyötörték a testét.

„Itt van?!" – kiáltotta magyarul, egy pillanatra megfeledkezve önmagáról. Aztán megismételte angolul: „Is he here?".

„Lélegezzen", mondta a nővér. „Ne feledje, hogy…"

A fények hirtelen kialudtak, a berendezések elhallgattak.

„NEPA!" – kiáltotta valaki a folyosón.

Aztán tiszta pánik tört ki.

A sokk legalább elterelte a figyelmét a fájdalomról.

„Indítsd be a generátort!" – kiáltotta valaki.

De a generátor nem indult be, ami, ahogyan ő kitalálta, annak a következménye volt, hogy az éjjeli őr elment az orvosért.

A kis kórházban zűrzavar uralkodott, de erre nem tudott koncentrálni. Ahogy a hasában egyre erősebb lett a sikoltó tűz, úgy erősödött a csillapíthatatlan késztetés, hogy nyomjon.

„Lélegezzen" – ismételte a nővér.

Judit akár üvölteni is tudott volna vele. Ehelyett inkább koncentrált, és a mellkasának mélyéről egy kiáltást eresztett ki.

Amikor a szülésznő meggyújtotta a lámpást, és úgy tartotta, hogy a nővér ellenőrizni tudja, hogyan halad, Judit tudta, mit fog mondani.

Nem várhattak.

Végül, kegyesen, kinyomta.

Az ikerlányai aprócskák voltak, és olyan könnyen jöttek a többi gyermekéhez képest, akik mind elég nagyok voltak. Vékonyabb végtagokkal, mint azok a pufók arcú babák, akiket korábban szült, mindketten beszívták az első lélegzetüket az új világban. Egészen álmosak voltak, és mint minden gyermeke, gyönyörűek és tökéletesek.

Az egyetlen fény a bába lámpájának fénye volt. De ez is elég volt ahhoz, hogy láthassa gyönyörű lányait.

„Mi a nevük?" – kérdezte a nővér.

„Marika és Te-" – kezdte, mielőtt kijavította volna magát. „Angolul Maria és Theresa!"

Két név, amelyek Judit katolikus hite szempontjából olyan jelentőséggel bírnak, hiszen Jézus anyjával és az „élő szent" Teréz anyával közösek.

Lányait a világ az angol nevükön ismerné, de ő mindig a kicsinyítőképzős nevükön, Marikának és Terikének fogja szólítani őket. Az ő kis tisztelgése Magyarország előtt, a neveket gyakran párosították az ő kultúrájában, mint az angolszász országokban a Jack és Jillt vagy a Péter és Pált. Jelen pillanatban azonban nem volt ideje arra, hogy kiélvezze a két kicsivel kapcsolatos élményeit.

Juditot egy leválasztott mosdóba irányították. Fáradt volt, mégis elég erős a járáshoz. Lassan, kissé széttárt lábakkal sétált. Megkönnyebbült, hogy kint sötét van, és senki sem láthatja, ahogy átmegy az udvaron. Bár ez a sok mozgás ilyen hamar a szülés után idegen és furcsa érzés volt számára, megnyugtatta a tudat, hogy hamarosan visszatér a kislányaihoz.

Aznap este a karjaiban ringatta Marikát, miközben aludtak. A baba túl hidegnek tűnt, szinte reszketett, gondolta Judit. Inkubátor nélkül – amit egyébként lehetetlen lenne használni a generátor működése nélkül –, akkor a régi módszerrel kellene inkubálnia.

A NEPA azt tehetett, amit akart. Velük vagy nélkülük, a Mamah-lányok átvészelik az éjszakát. Tudta tehát, hogy nem lesz bajuk.

17. fejezet

FŐNÖK

MATTHEW MUNKATÁRSAINAK TÖBBSÉGE nem kedvelte Mr. Hariprasadot. A középkorú indiai férfi, aki valahogyan nigériai állampolgárságot szerzett, személyisége a legjobb esetben is durva volt. Matthew mégis barátságot kötött vele. Talán még közelinek is mondhatta őket.

Amikor márciusban megszülettek az ikrek, Hariprasad gratulált neki, amin Matthew egyik munkatársa csodálkozott.

„Á, kedveled ezt az embert? *Na wa o!*" Rob megjegyezte, és a féltékenység egy csipetje hideggé tette a hangját.

Matthew csak megvonta a vállát. Igazság szerint nem nagyon érdekelte, hogy a munkatársai kedvelik-e a főnöküket. Azon kevés dolgozók egyike lenni, akiket Hariprasad kedvel, jó dolog lehetett – elvégre a főnöke hamarosan nyugdíjba vonul, és Matthew nem ismert magánál alkalmasabb utódot.

Ahogy telt az idő, a terve kezdett megvalósulni. A WAGI először marketingmenedzsernek léptette elő, majd egy új, jobban fizető pozíciót kapott pénzügyi ellenőrként. Bár a hosszú munkaidő nem volt ideális – különösen két csecsemő és három másik gyermek otthonában

–, ő folytatta, és vidáman beleegyezett, amikor arra kérték, hogy kísérje el a potenciális ügyfeleket vacsorára vagy más eseményekre.

Hosszú órákat dolgozott, hogy befejezze a doktorátusát. Judit aggályai ellenére újra megtenné.

A dolgok nem voltak olyan rosszak, emlékeztette rá. Tizenéves kora óta az ország politikai kultúrája zűrzavarban volt. Amióta az eszét tudta, puccsok és felkelések tették tönkre a terveit – vagy legalábbis azt hitte, hogy tönkre tették.

Ez a munka viszont stabil volt.

A vállalat legeredményesebb és legjobban képzett dolgozói közé tartozott, és hosszú életet élt a WAGI-nál. Most az egyszer igazán értékelte, hogy olyan pozíciót töltött be, amelyet nem borítottak fel teljesen a politikai zavargások.

Körülbelül akkor, amikor Judittal megtudták, hogy második ikreiket várják, a politikai huzavona újabb hulláma felborította Nigéria kormányzati struktúráját. Több katonatiszt összeesküdött az ország első demokratikusan megválasztott elnöke, Shehu Shagari ellen. A választásokat övező optimizmus üdítően hatott. De aztán a puccs egy újabb katonai államfőt ültetett Muhammadu Buhari vezérőrnagy személyében.

Az ország ismét a bizonytalanság állapotába került.

Bizonyos értelemben ez nem lepte meg – legalábbis nem úgy, mint amikor az országa először fordult a feje tetejére. Emlékezett azokra az időkre, az ostrom éveire, a halál, az éhínség és az orvosságok hiányára, amikor menekülni kényszerült az iskolájából. Emlékezett arra, hogy látta, ahogy Port Harcourt – a falu után az első otthona – a háború nyomása alatt elveszíti fényét.

Ezek az élmények után nem sok minden rázta meg, de az élete sokat változott az első puccs óta. Tinédzserként csak önmagáért és csakis önmagáért volt felelős. Most a feleségének és a gyerekeinek szüksége volt a szeretetére és a bátorítására, és még ennél is nagyobb szükségük volt az anyagi stabilitásra.

Ezért volt olyan hálás, hogy jó, stabil munkája van, jó, stabil emberekkel, akikkel szívesen dolgozott együtt.

A politika egy pillanat alatt megváltoztathatta a terveit. Hacsak nem volt közvetlenül érintett – és még akkor sem –, nem sokat tehetett azért, hogy megvédje magát.

Aprócska kislányai egyre nagyobbak és erősebbek lettek a katonai uralom e hónapjai alatt, Matthew pedig nyomult tovább, nyugodt volt a munkájában, és várta főnöke és barátja, Hariprasad közelgő nyugdíjazását.

Egészen a bejelentésig.

A WAGI igazgatótanácsa új vezetőt nevezett ki a vállalat élére. Csakhogy nem új vezérigazgatót vettek fel. Hanem egy ügyvezető igazgatót. Az állami tulajdonú vállalatoknál a vezérigazgatóknak általában nigériai állampolgároknak kellett lenniük.

De az ügyvezető igazgatókra nem volt ilyen szabály.

Ezért a WAGI egy kemény kitérővel átnevezte a pozíciót, és ezzel egy kiskaput teremtett, amely lehetővé tette számukra, hogy egy külföldi brit állampolgárt alkalmazzanak: James P. Wayman-t.

Wayman magabiztosságot sugárzott, annak ellenére, hogy félénk, csoszogó, rövid léptekkel járt. Enyhén pocakos, szinte hátradőlni látszott, ahogy az irodákban mozgott. Jellegzetes nevetése volt, akárcsak Matthew-nak, csakhogy Wayman nevetésében volt egy csipetnyi gúny. Majdhogynem kacagott, összeszorította a szemét, miközben az állkapcsa a nyaka bőséges ráncaiba húzódott vissza. Nevetségesnek tűnt, legalábbis Matthew számára, és mégis, a brit hadsereg egykori alezredeseként valahogy olyan hatást keltett, mintha lenézett volna mindenkit, akivel beszélt, beleértve a vállalat legmagasabb rangú vezetőit is.

Ő volt Matthew új felettese.

Bár korábbi főnöke nem volt közkedvelt a munkatársai körében – az érzés a legtöbbjüknél kölcsönös volt –, Hariprasad legalább igazságosnak tűnt, és ha nem is egészen kedvesnek, de soha nem kegyetlennek. Csendes és visszahúzódó volt, csak azért jött elő, hogy visszajelzést adjon, amit olyan harcias hatékonysággal tett, hogy gyakran nyersnek tűnt. De Matthew megértette őt. Hariprasad számára a javítás nem a felsőbbrendűség érzéséről szólt, hanem arról, hogy a munkát jól végezzék el.

Ez a hozzáállás visszhangra talált Matthew-nál, aki azonosult korábbi menedzsere és barátja kitartásával.

Ez volt Wayman stílusának teljes ellentéte.

Gondolta, talán nem adott esélyt az új vezetőnek. Elvégre ő maga is reménykedett az állásban. Talán a Waymannel szembeni bizalmatlansága abból a csalódásból fakadt, hogy nem vett részt egy olyan pozícióban, amelyre már régóta szemet vetett.

Csalódott volt. Judit emlékeztette, hogy erre semmi szükség. Őt is előléptették. Új vezérigazgató-helyettesként a következő legmagasabb rangot töltötte be a vállalatnál. Egy ugródeszka volt a vágyott szerep felé, egyszerűen csak ki kellett hoznia a legtöbbet az új munkakörből, hogy tagadhatatlanul ő legyen az előléptetés várományosa, amikor Wayman kétéves megbízása véget ér.

Az új állásnak megvoltak az előnyei. A krémszínű házuk teljesen berendezett lesz, és lesz egy céges autója – talán még rádióval is –, valamint egy sofőrje, mind olyan szakmai elismerések, amelyeket a legtöbb nigériai soha nem ért el.

Csak annyit tehetett, hogy kihozta belőle a legjobbat.

Nem lehet nehéz, gondolta Matthew. Bár Wayman eleinte finnyás érzéseket keltett benne, mindig is jól kijött a britekkel. Ott volt az a Shell-alkalmazott, aki kisfiúként megismertette a jéggel. Kedves és laza, az a férfi olyasvalami lett, mint egy példakép, annak ellenére, hogy a csevegésük rövid volt. Természetesen Manchesterben is töltött időt, ahol brit kollégák mellett dolgozott, miközben doktori tanulmányait végezte.

És ott volt Miss Owen, a brit misszionárius, aki megszervezte a motoros kenu ajándékát az apjának.

Matthew soha nem tudta elfelejteni, mennyire megkönnyítette apja munkáját, és lehetővé tette, hogy Matthew-t a biztonságos Warriba szállítsa, hogy a háború alatt folytathassa az iskolát.

Imádta azt a kenut.

A legtöbb nigériai némi csodálattal viseltetett a britek iránt, de a motoros kenu ajándékozása után Matthew-nak megtetszett az ország, ami az Egyesült Királyságban töltött iskolai évei alatt csak fokozódott.

Ráadásul Wayman Bendel államból érkezett a vállalathoz, egy olyan helyről, amelyet Matthew jól ismert. Nemcsak a háború idején menekült oda Warriba, hanem akkor is visszatért az államba, amikor eljött az ideje, hogy teljesítse az ifjúsági szolgálatát. Matthew-t lenyűgözte, amikor megtudta, hogy Wayman Ughelliben hagyományos nigériai törzsfőnöki címet kapott – szokatlan szerep egy külfölditől.

Sok közös vonása lehetett új főnökével. Így hát annak ellenére, hogy olyan pletykák keringtek, miszerint Waymant Bendel állam kormányzója elbocsátotta az üvegiparból, megpróbált nyitott lenni arra, hogy jó munkakapcsolatot alakítson ki a középkorú férfival.

Elvégre szüksége lenne rá. Ahogy a vállalat most felállt, az osztályvezetőknek Matthew-val kellett beszélniük minden problémáról, fejlesztési ötletről, berendezés- és ellátmányrendelésekről és egyéb napi ügyekről. Matthew ezután vagy tanácsot adott a dolgozóknak a következő lépésekkel kapcsolatban, vagy beszélt az ügyvezető igazgatóval, hogy kidolgozzanak egy megoldást.

Wayman még nem volt messze a hivatali idejében, amikor az első jelét vette a bajnak.

Matthew beugrott, hogy beszéljen a gyár vezetőjével, Osaigbovo úrral – aki szintén bendeli –, csak azért, hogy bejelentkezzen. Egy egész hét a férfi kérdése vagy megjegyzése nélkül szokatlan volt, ezért proaktívan meglátogatta, hogy megbizonyosodjon arról, hogy a dolgok zökkenőmentesen mennek.

Osaigbovo csak a fejét csóválta, arcára zavart kifejezés festett. „Ó" – mondta. „Wayman úr azt mondta, hogy…"

Ez felkeltette Matthew érdeklődését, ezért sürgette, hogy folytassa. A férfi megrázta a fejét, és bocsánatkérően összevillantotta a fogait. „Uram, Mr. Wayman azt mondta, hogy nála kell beszámolnom".

Vissza kellett fognia magát, hogy ne kiáltson fel, a döbbenetét nevetéssel leplezte. „Akkor biztos több kiképzésre van szüksége" – viccelődött Matthew, remélve, hogy a nevetése elég volt ahhoz, hogy hatástalanítsa a helyzetet.

Ahogy elsétált, a harag nehézkesen csavarodott a gyomrában. Már a szóváltás előtt is észrevette, hogy Waymant úgy tűnt, nem érdekli a vele való beszélgetés, ami kemény fordulat volt a korábbi főnökétől, aki naponta többször is beugrott hozzá csevegni. Matthew azt feltételezte, hogy az új főnöke egyszerűen barátságtalan. Elvégre Matthew-t mindig is széles körben ismerték és tisztelték, mint az üzem legokosabb, legképzettebb dolgozóját – nem volt oka azt hinni, hogy egy új főnök ezen változtatni fog.

Vagy legalábbis ezt feltételezte szeptemberig. Besétált a vezetői értekezletre, és az agya végigpörgette a nap végéig elvégzendő feladatok listáját. Ahogy körbepillantott az asztal körül, úgy tűnt, nem tud szemkontaktust teremteni a másik öt munkatárssal. Egyikük vég nélkül írt a jegyzetfüzetébe, egy másik pedig a körömágybőrét piszkálta. Szöges ellentétben azzal a barátságos légkörrel, amely általában jellemezte ezeket a megbeszéléseket – legalábbis akkor, amikor Hariprasad volt a főnök –, a szoba szokatlan, hátborzongató csendet sugárzott, amitől felállt a szőr a karján.

Az elmúlt néhány találkozás feszült volt – nem ilyen mértékben, de mindenképpen kellemetlen. Körülbelül egy hónappal korábban furcsa tendenciákat vett észre a munkaerő-felvételben. Nemcsak, hogy Wayman több dolgozót vett fel, annak ellenére, hogy a profitnövekedés a legjobb esetben is elhanyagolható volt – de Matthew észrevette, hogy az új alkalmazottak, akikkel találkozott, nem a Rivers államból jöttek. Először megpróbálta elhessegetni a dolgot – talán más bennszülötteket is felvettek, és ő csak még nem találkozott velük.

Amikor a vezetői értekezleten felvetette a kérdést, Wayman lesöpörte, és az előző öt hónapos időszakban elért több millió naira értékű növekedésre hivatkozott, és elmagyarázta, hogy ez a monumentális siker tette szükségessé a vállalat 140 új alkalmazottjának felvételét.

Matthew nem látott semmilyen bizonyítékot, amely ezt az álláspontot alátámasztotta volna.

Ezért kicsit jobban körülnézett. Amit megtudott, rendkívül riasztó volt. Osaigbovo és Wayman nemcsak több új alkalmazottat vettek fel, mint amennyit a bevételek elbírnak, hanem hatszorosára növelték a Bendel államból felvettek számát is. Ezeket az alkalmazottakat elsősorban felügyelői feladatokkal bízták meg, míg a Rivers állami alkalmazottakat szinte kizárólag alsó beosztású alkalmazottként vették fel.

Felismerve, hogy ezekből az indokolatlan felvételi döntésekből problémák merülhetnek fel – elsősorban csalás és visszaélés vádja –, a második augusztusi vezetői értekezleten felvetette a kérdést, és finoman emlékeztetett arra, hogy a felvett munkatársakat a Személyzeti Osztályon keresztül kell irányítani.

Elszorult szívvel döbbent rá, hogy a biztos úrral folytatott megbeszélésen is felvetette ezt a kérdést, amikor Waymannel bemutatták a jelentésüket. Miközben a szobában továbbra is furcsa, feszült csend uralkodott, attól tartott, hogy túl messzire ment, amikor megosztotta Obowu kormánybiztossal az aggodalmait.

Wayman megköszörülte a torkát, jelezve a szeptemberi ülés megnyitását, a nedves hang a levegőben lógott. Bőrmappáját felcsapva ugatta: „Kezdjük, rendben?".

Ahogy az üzlet a szokásos módon folyt, Matthew kezdett ellazulni. Talán félreértette a termet – elvégre minden úgy tűnt, ahogyan lennie kellett. Az adminisztráció vezetője tájékoztatást kért – észrevette, hogy inkább Waymantől, mint tőle – több új alkalmazott felvételéről. A gyárigazgató felvetette egy elöregedő gép problémáját, amit Matthew lejegyzett későbbi hivatkozás céljából.

De amikor felnézett a jegyzeteiből, Wayman ránézett.

Matthew csak bámult vissza.

Wayman gyorsan elfordította a tekintetét, és így szólt: „Ki kell vizsgálnunk az egyenruha kérdését". Ekkor egyenesen Matthew szemébe nézett. „Mamah, kényszerszabadságra helyezem, amíg befejezzük a vizsgálatot".

Matthew elméje felborult, és egy gyenge „Mi?" köhögést préselt ki magából.

„Ez nem kérés" – gúnyolódott a férfi. „Ez parancs."

Karizmatikus és elbűvölő volt, sosem volt gondja azzal, hogy mások számára kedves legyen. Most viszont fegyelmit kapott – sőt, még vizsgálatot is indítottak ellene –, méghozzá a társai előtt. A gondolat előre lendítette. „Miért?" – kérdezte, a hangja merészebb és magabiztosabb lett. „Mit tettem?"

„Mint jól tudja, a vállalati szabályzat szerint a legalacsonyabb ajánlatot kell elfogadni."

Matthew pislogott, az emlékezetében kutatva minden olyan nyom után, amely megvilágíthatná Wayman álláspontját. „Természetesen" – mondta.

Annak ellenére, hogy Matthew mindent megtett, hogy a férfira
meredjen – ha már így lesből támad rá, legalább a szemébe nézzen –,
Wayman az előtte lévő iratgyűjteménybe temette a szemét.

Amikor a férfi felnézett, a szája sarkában egy vigyor nyoma látszott.
„Elfogadott egy szokatlanul magas ajánlatot a barátjától, ööö..." –
lapozgatta a lapokat – „Dagogo, ugye?". Összecsukta a fóliót, és a
könyökét az asztalra támasztotta, még egyszer rábámult.

A férfi elutasító, lekezelő hangnemére Matthew gondolatai fel-
gyorsultak. Öt ajánlatot vett be, és a legalacsonyabbat választotta. A
szokásoknak megfelelően beárazta az egyenruhákat, és a legalacsonyabb
ajánlatot benyújtotta a könyvelésnek, amely kiadta a megrendelést,
és ezzel véglegesítette a beszállítói szerződést.

Ez volt a világ leghétköznapibb folyamata. Ezúttal is, mint mindig,
a leghétköznapibb módon csinálta.

„Miért nem szólt erről korábban?" kérdezte Matthew, a zavaro-
dottság és a védekezés között ingadozva. Egy személyzeti értekezleten
felhozni a témát hallatlan dolog volt – egy kényszerszabadságról szóló
szóbeli, dokumentálatlan értesítés hozzáadása messze meghaladta
mindazt, amit Matthew a WAGI-nál vagy máshol látott. Matthew
a megbeszélés befejezése után, az elbocsátásukig, az irodájába vezető
úton, majd hazafelé dühöngött. Mire belépett az ajtón, már egy jól
begyakorolt levél járt a fejében. Alig tartott egy kis szünetet, hogy
üdvözölje a családot, felkapott egy köteg papírt, leült a sárga filcből
készült kanapéra, amelyet a falon lévő bekeretezett családi képek
vettek körül, és egy hosszadalmas írást firkált a biztosnak, amelyben
részletesen felsorolta Wayman rossz viselkedésének és veszélyes vezetői
taktikáinak szennyes listáját.

Talán túl erős volt az akció. Nem érdekelte. Több mint két hó-
napja tűrte, hogy a férfi elutasítsa és semmibe vegye. Több mint két
hónapig tűrte, hogy a gyárigazgató a feje fölött menjen át. Több mint

két hónapig nézte, ahogy a vállalat megváltozik körülötte egy olyan vállalkozásból, amelyet büszkén szolgált, egy olyan vállalkozássá, amely, úgy tűnt, el akarja távolítani a magas szintű dolgozókat abból a régióból, amely a létezését támogatta. És most minden ok nélkül felfüggesztették.

Az ő népe többet érdemelt. Ő többet érdemelt.

A megbánás legkisebb jele nélkül dobta be a levelet a postaládába. Talán, amíg a biztos válaszára várt, legalább kihasználhatná a családjával töltött időt.

Úgy tűnt, még ez is kudarcot vallott. Ahogy telt a kényszerszabadság második és harmadik napja, egyre ingerültebbnek érezte magát. Minden nyafogás, minden egyes testvéri nézeteltérés vagy játék közbeni sikoltozás után érezte, hogy saját ingerlékenysége leselkedik a szeme mögött, készen arra, hogy lecsapjon rá.

A negyedik nap kegyes megkönnyebbülést hozott. Wayman az otthonába kézbesített levélben meghívta, hogy térjen vissza az irodába. Óvatosan optimistán – de még mindig mélyen gyanakodva ezzel a bizonytalan, fenyegető kisemberrel szemben – Matthew másnap elindult a munkahelyére.

Ahogy besétált a vezetői értekezletre, ismét vibrált körülötte a feszültség. Mindenki feszültnek tűnt, és nem tudott szabadulni az érzéstől, hogy ez az ember – ez az őszülő, túlságosan magabiztos, imposztor menedzser – valahogy megtalálja a módját, hogy tönkretegye őt.

„Elsősorban azért hívtam össze ezt az ülést, hogy megvitassuk a Mamah által a biztosnak írt szeptember 7-i levélben foglalt állításokat" – mondta Wayman szigorúan.

A neve hallatán Matthew vére megfagyott.

Mielőtt tiltakozhatott volna, Wayman egy vékony papírcsomagot nyújtott át Osaigbovónak. Aztán egy másikat a mellette ülő férfinak, majd egyet a tőle jobbra ülőnek. Végül Matthew felé nyújtotta a dokumentum egy példányát.

Kedves kormánybiztos úr – állt rajta a saját éles, pontos kézírásával.

„Annak ellenére, hogy a vezérigazgató-helyettesünk beleegyezett, hogy szabadságot vesz ki, amíg az egyenruhák ügyét rendezzük" – kezdte Wayman, és Matthew-ra pillantott a pergő szemüvege fölött –, „és annak ellenére, hogy elismerte, hogy tapasztalatlan a vezetésben, és hogy nincs felkészülve arra, hogy a gyár ügyeit intézze..."

„Ezt nem mondtam!" Matthew felkiáltott.

De Wayman előrevágott. „- a munkatársunk elég súlyos vádakkal fordult levélben a biztoshoz."

Matthew tiltakozásra nyitotta a száját, de Wayman még csak levegőt sem vett.

„Ha, ahogy Mamah állítja – dörmögte –, riasztóan megnőtt az alkalmazottak felvétele, akkor ezt már a korábbi találkozókon is jeleznie kellett volna."

„De én nem tudtam róla! Nem vettem részt a toborzás minden aspektusában, csak egy alkalommal!"

Wayman az asztalnak támaszkodott. „Mamah!" – mondta, felemelve a hangját. „Azt akarom, hogy válaszoljon egy kérdésre! Még mindig szeretne a vezetőség tagjaként dolgozni?"

Matthew nagyot nyelt, és Wayman szemébe nézett. Most arra kényszerítette magát, hogy lassan és megfontoltan beszéljen. „Csak olyan vezetőségi csapattal dolgoznék együtt, amely fegyelmezett és elfogulat..."

„Mamah!" Wayman felordított. „Ez egy egyszerű kérdés! Tud-e itt továbbra is eredményesen dolgozni?!"

„Mindig is fáradhatatlanul dolgoztam a vállalat céljainak eléréséért" – bizonygatta Matthew. „Mindig!"

„Ne emelje fel rám a hangját!" Wayman jajgatott. „Itt végeztünk!"

A tárgyalóterem ajtaján kitrappolva a férfi esetlennek és veszélyesnek tűnt. A többiek csendben összeszedték a holmijukat. Kiballagtak a teremből, miközben Matthew zavartan és feldúltan ült, és feldolgozta a történteket.

Nem volt biztos benne, mióta ült ott – nem több, mint néhány perc –, amikor egy zöld ruhás, vékony nő félénken belopózott a terembe.

„Dr. Mamah" – szólt a nő. „*Oga* azt mondta, hogy ezt adjam át önnek."

Matthew újabb szó nélkül feltépte a levelet. Elolvasta a sorokat egyszer, aztán még egyszer, végül harmadszor is, mielőtt visszatömködte a borítékba. Aztán olyan lassan és magabiztosan, ahogy csak tudott, kisétált a tárgyalóterem ajtaján, végig a folyosón, és kilépett az épület ajtaján.

Mint minden tűz, a zsigereiben tomboló düh azzal fenyegetett, hogy mindent elnyel, ami az útjába kerül.

De a tüzet meg is lehetett fékezni. És ha mindenébe kerül is, ő nem fog elégni.

18. fejezet

NIGERWIVES

~~~

JUDIT ÉLETÉT ÁLLANDÓ aggodalom árnyékolta
be. Mint a fekete kígyó, amely egykor a konyhaajtó felé
közeledett, úgy tűnt, hogy egy árnyékos feszültség követi
Matthew-t haza a munkából, és a nyűgös újszülöttek okozta stresszt
egy baljós kérdés váltotta fel – hogyan fognak felnevelni öt gyermeket,
ha elveszítik egyetlen bevételiforrásukat?

Biztosan volt idő, amikor még nem aggódott ennyit. Talán az első ikrek
születése előtt, vagy talán a harmincas évei végén. Akárhogy is próbálta
felidézni azt az időt, hogy elernyessze a vállát és lazítsa az állkapcsát, a jelen-
legi helyzet nehézségei köréje tekeredtek, kiszorítva a levegőt a tüdejéből.

Próbálta emlékeztetni magát a szerencséjükre – biztosan nem volt
minden rossz. A gyerekek jól megvoltak. Még akkor is, amikor egy kis
köhögéssel – vagy Tonye esetében asztmával – jelentkeztek, többnyire
egészségesek voltak. Sokan elcserélték volna az életüket a boldog, virágzó
gyerekekért.

De ahogy a WAGI-feszültségek egyre fokozódtak, egyre nehezebb
volt összeegyeztetnie a gyermekei anyjaként és Matthew feleségeként
viselt feladatait.

Egyiküknek sem volt igazi érzéke ahhoz, hogy Wayman mire képes
– vajon ki tudja-e rúgatni Matthew-t? Megakadályozhatná, hogy
Matthew más munkát kapjon? Tönkre tudná tenni az egész karrierjét?
A kérdések forrón égtek a fejében, de megpróbálta elhessegetni őket.

A férje arcán a düh és a megaláztatás keveréke, Juditnak fogalma sem
volt, hogyan vigasztalhatná meg – hogyan támogathatna valakit, aki
bizonyára kisemmizettnek és kicsinek érzi magát –, de tudta, hogy a
válasz nem a további kérdésekben rejlik.

Ezért átkarolta a férjét, orrát a nyakába fúrta, és megsimogatta az
arcát. Eleinte úgy tűnt, hogy ellenáll, a teste merev és feszült, de végül
elernyedt benne, és olyan vereségben rogyott össze, amit korábban
nem érzett tőle.

Egy darabig így álltak, amíg meg nem hallotta a háta mögött apró
lépések taposását: „Apu…”. Ebinimi szólalt meg, ahogy belépett.

Matthew egy pillanat alatt visszanyerte korábbi magasságát – ko-
rábbi büszkeségét –, és üdvözölte a lányukat, mielőtt elindult kifelé,
hogy elintézzen egy kisebb dulakodást a fiúkkal arról, hogy mennyi
kenyeret ehetnek.

Judit figyelte, ahogy a férje távozik, és az elméje felborult a hír hallatán.

Már így is alig tudtak megélni – részben ezért is akarták annyira,
hogy Matthew lépjen Hariprasad helyére. A plusz jövedelem segített
volna eltartani az öt növekvő gyereket, akik közül úgy tűnt, mind-
annyian napról napra többet esznek.

Mióta Wayman a WAGI-nál kezdett, Judit már észrevette, hogy
Matthew stresszt hoz haza az irodából, és állandóan panaszkodik az
igazságtalan bánásmódra, még akkor is, amikor ketten küzdöttek a
gyerekek ellátásával.

Ez semmi volt ehhez képest. A fizetéséből úgy, ahogy volt, szinte
semmit sem tudtak félretenni. Egy ötven százalékos fizetéscsökkentés
tönkreteheti őket. Harcolni fog ellene, ez biztos volt.

Hogy hogyan, arról fogalma sem volt.

És a férje mellett ő is harcolni fog, hogy a családról továbbra is gondoskodni tudjon.

Elkezdték beosztani az élelmiszert. Mivel nem volt sok raktárkészletük, ki kellett tartaniuk azt az élelmet, amijük volt.

Mint minden mást, amin keresztülmentek, ebből a harcból is erősebben fognak kijönni, mint korábban.

Az első héten még magabiztosnak, sőt dacosnak érezte magát. Bár a helyzet messze nem volt ideális, ő majd megoldja – együtt megoldják.

Az ételeket a kéznél lévő gabonafélékből állította össze, és hálát adott Istennek, hogy még mindig bőven termel anyatejet a babáknak.

A második hét nehezebb volt. Az éléskamra gabonái porrá porladtak a polcon, és a piaci élelmiszervásárlás még frusztrálóbbá vált, mint valaha. Az eladók gazdag „oyibónak" bélyegezve őt, magasabb árat követeltek tőle, mint másoktól, néha szinte zaklatták őt a pénzért, amije nem volt. Legszívesebben üvöltözött volna velük – öt gyerekem van, és nincs pénzem, nincs élelmem –, de lenyelte a büszkeségét, és a lehető legjobb árakat követelte.

Ahogy teltek a hetek – három, majd négy, majd öt –, a helyzet egyre súlyosabbá vált.

Álmában sem gondolta volna, hogy ez a fél fizetéses felfüggesztés ilyen sokáig fog tartani.

Most csak a puszta éléskamrát bámulhatta, és a gyomra a rettegés és a frusztráció keverékével forgott. Próbálta fenntartani a család hangulatát, emlékeztetve a gyerekeket, hogy még mindig van ennivalójuk – csak egy kicsit kevesebbet kell enniük. Egy darab hús mégiscsak jobb, mint a semmi! És a tojást még mindig élvezhették! Csak félbe kellett vágniuk – ez nagyszerű módja volt a megosztás gyakorlásának!

De ahogy a saját éhsége azzal fenyegetett, hogy átfúrja a gyomrát, érezte, hogy kicsúszik a kezéből a helyzet kézben tartása.

Ekkor, mint egy csoda, az élet valami váratlant nyújtott át neki. Két hosszú héttel azután, hogy felfüggesztették, Matthew az igazgatótanács elé ment, hogy megvitassa a vállalatnál látott problémákat. Már korábban is írt a megbízottnak ezekről a problémákról, de mindebből csak egy felfüggesztés lett. Most – mondta neki, miközben a remény csillogása végre visszatért a szemébe –, Wayman jelenlétében fog beszélni a megbízottal ezekről a problémákról. Végre felelnie kell a kegyetlenségéért!

A találkozót megelőző este Judit összeszedett mindent, amit csak tudott, hogy készítsen egy teljes értékű ételt – Matthew-nak szüksége lesz az erejére.

Alig nyúlt az ételhez. Amikor megkérdezte tőle, hogyan ment a találkozó, Matthew kimért választ adott. Judit ezt tudta értékelni –mindketten megtanulták, hogy óvatosak legyenek a jövő tervezéssel kapcsolatban.

Óráról órára várt, egyik nap a másikba gurult, feszültséget kavarva, és üres gyomrának üvöltését hallva érezte, ahogy az ígéret apró szelete elolvad.

Aztán egy délután Matthew berontott egy újsággal a kezében. „Rólunk írnak az újságok!" – kiáltott fel.

Óvatosan, de lelkesen elvette tőle az újságot. Ott állt, hatalmas, vastag, fekete betűkkel, a *Nigerian Tide* szeptember 25-i számának címlapján:

„VÁLSÁG AZ ÜVEGGYÁRBAN". És kisebb betűkkel: „A kormány vizsgálatot rendel el".

Úgy tűnt, a sajtó az ő oldalukon áll. A vállalat ellen vizsgálat indult Wayman gyakorlatai miatt, és a cikk szimpatikusnak tűnt a vállalat nigériai vezetésének hiánya miatt a külföldiek javára.

Az oldalon egy apró keretes alcímben ez állt: „2 hét a jelentés benyújtására". Judit elgondolkodott, vajon igaz lehet ez? Hogy mindössze két héten belül benyújtják a jelentést? Természetesen nem ígérte volna a probléma végét, de ez egy reménysugár volt, hogy a dolgok haladnak előre.

Ekkor olyan erővel ölelte át Matthew-t, hogy az azzal fenyegetett, hogy ledönti a lábáról. De hamarosan elcsendesedtek, az éhség fáradtsága a csontjaiba telepedett. Látta ezt a gyerekek elnyűtt arcukon is. Tonye mindig is sovány volt, és válogatós evő. De szegény Obija nagyobb volt, és a ruhái kezdtek lógni róla. Ebinimi is soványnak tűnt. Azt hitte, soha nem fog ilyen pusztító dolgot átélni. Ahogy a hatodik hétből hetedik lett, tudta, hogy tévedett.

Érezte azt is, hogy a teje kiszárad, ahogy feláldozta a saját táplálékát a nagyobb gyermekeiért.

„Nem vagyok éhes" – mondta, vidámságot sugallva a hangjában. „Osztjátok meg hárman a kenyeremet!"

De éhes volt.

Időnként szédülni kezdett, és szórakozottnak érezte magát, az elméjében állandóan az ételről szóló gondolatok cikáztak, fantáziált arról, hogy mit enne, ha egyáltalán ehetne valamit.

A nyolcadik hétből kilencedik lett. Nem sokkal az újságcikk után Matthew-t hivatalosan is visszahelyezte a WAGI igazgatótanácsa, de Wayman még mindig nem volt hajlandó tiszteletben tartani a kívánságukat. Amikor közölték vele, hogy visszaállítják az elmaradt fizetését, pótolva az elvesztett pénzt, megengedte magának, hogy reménykedjen – csak egy kicsit –, hogy a dolgok rendben lesznek.

De ez hetekkel ezelőtt történt, és a csekk nem érkezett meg.

Matthew-t sem engedték vissza dolgozni.

Napokig tartó aggódás után ágyba bukott, és csak azt vette észre, hogy nem tud aludni, az agya ébren van, a medencecsontjai pedig beleássák magukat a matracba, és csípik az egyre jobban ráncosodó bőrt, amely enyhén megereszkedett a csípője körül.

És ahogy ott feküdt, álmatlanul, de kimerülten, a szülei történetei villantak az eszébe. Gyakran meséltek olyan időkről, amikor nem volt elég ennivalójuk – amikor senkinek sem volt elég semmiből. Liszt híján egész búzát futtattak át a kávédarálón. Az anyja tudott élesztőt venni – ami a kommunista rendszer idején ritka csemege volt –, és a félig őrölt gabonával együtt kenyeret készített belőle.

Persze nem volt ideális. A búzahéj nagy része megmaradt, ami szemcséssé tette a kenyeret, de ez volt minden, amijük volt. Most belegondolva Judit úgy vélte, hogy csemegének hangzik – bizonyára így érezte magát a család is akkoriban.

A kis kenyértégla nyújtására az anyja olajban pirított borsóból és hagymából mártogatóst rakott össze, és nem sokkal később a családban mindenki megbetegedett. A legtöbbjüknek ki kellett pumpálni a gyomrát.

Később megtudták, hogy az Ulászló utcai új boltban, ahol az anyja az olajat vette, az étolajat motorolajjal helyettesítették. Egy ilyen szélsőséges, széleskörű szegénység pillanatában még egy kis finomság, kenyér és mártás is veszélyessé válhatott – veszélyeztetve mindent, amid volt.

A történet mindig is szörnyen csengett a fülében, de most rájött, hogy nem értette, min ment keresztül az anyja. Nem igazán.

Most, hogy ő is öt gyermek anyja volt, aki azzal szembesült, hogy képtelen táplálni és gondoskodni róluk, most, hogy olyan jövő elé nézett, amely bizonytalanabbnak tűnt, mint bármi, amit felnőttként tapasztalt – most azt hitte, megértette.

Az emlék – ami a múltban elég szörnyű volt – rátelepedett, egy eltemetett történelem, amely utat tör magának a családja jövőjébe.

Bármi is jöjjön az útjukba, amíg a család biztonságban van, ő megbirkózik vele. Az ember sokkal többet el tudott viselni, mint gondolta – ha az anyja háborús történetei valamit bizonyítottak, akkor az ez volt.

Körülbelül annyi idős lehetett, mint Marika és Terike, amikor az anyja az ölében tartotta, a gazdaság egyetlen autójának, egy fekete, kétajtós modellnek a hátsó ülésén kuporogva – ami akkoriban nagyon újszerű volt –, és Budapestre menekült. Vártak, ameddig csak tudtak, de miután rádión bejelentették, hogy az orosz front közeledik, és egy barátjuk figyelmeztetése után, hogy ágyútűz hallatszik az otthonukból, tudták, hogy elérkezett az idő. A kocsikat megrakták élelemmel és holmikkal, kocsisokat béreltek, és az édesanyja a gyerekekkel együtt hátrahagyta az apját, biztonságért imádkozva. Judit apja nagyobb összeget fizetett a kocsisoknak, mint amennyit megengedhettek maguknak, mert attól tartottak, hogy a család szállítása a bevonuló orosz katonák általi fogságba esést eredményezheti.

Judit arra gondolt, mit érezhetett az édesanyja, a félelem a gyomrában kavargott – ahogy most az éhség kavargott az övében –, miközben a gyerekek izgatottan másztak be a kocsiba. Arra gondolt, hogy az anyja bizonyára addig hagyta a testvéreinek a tudatlanság békéjét, ameddig csak lehetett. Talán még bátorította is a gyerekek izgatottságát.

Ha az utazás a tervek szerint zajlott volna, gyanította, hogy nem hallott volna ennyi történetet.

De nem így történt. Akárcsak a családja jelenlegi helyzete, úgy tűnt, ezek a történetek is egyik borzalmat a másikra rétegezték, mígnem a szorongás a részévé vált.

A nővére élénken emlékezett vissza az útra. Miután Szöllősről eseménytelenül haladtak, a Tisza folyóhoz közeledtek, amikor a sofőr hirtelen csikorogva megállt. Egy katona olajzöld katonai kabátban, kiemelkedő zsebekkel és bőrszíjakkal, magas fekete bőrcsizmájában sétált az autó ablakához.

A nővérek emlékeztek a ruházatára.

Az anyja csak a fegyverre emlékezett.

Judit el sem tudta képzelni, milyen lehetett. Ő mit tett volna abban a helyzetben? Az anyja volt egyedül felelős a gyerekek biztonságáért. Mivel az apja hátramaradt – várta, hogy később csatlakozzon hozzájuk –, az anyjának csak a sofőr volt a védelmükre. Beleborzongott a gondolatba.

A katona elengedte őket – szokatlan lett volna, hogy egy német katona magyarokat bántalmazzon –, de miután kitette a családot a dabasi vendéglátóiknál, a sofőr ellopta a kocsijukat.

Mégis eljutottak Budapestre, Bandi bácsi, Albert bátyja jóvoltából egy lovas kocsiba felpakolva. Judit akkor még csecsemő volt, és nem emlékezett az eseményekre. De a trauma az egész családot megformálta – a halálos fenyegetés megváltoztatta a látásmódjukat.

Ugyanez most nem mondható el a családjáról, és ezért hálát adott Istennek.

Ahogy a család az éhezés harmadik hónapja felé közeledett, kezdte megkérdőjelezni ezt a feltételezést. Szörnyű dolgok történtek az éhező emberekkel – látott már ilyet nigériai falvakban –, és kezdett komolyabb gyengeséget tapasztalni.

Vajon a gyerekei is érezték ezt? Milyen maradandó károkat okozhat az alultápláltság?

Mindezek alatt nem tudott szabadulni a kegyetlenségtől, attól, hogy briliáns, kedves, energikus férje egyik nap még a cég csúcsához közeledett, a másik nap pedig leírhatatlan kilátástalanságba zuhant.

Valahányszor jó híreket kaptak – az igazgatótanács az ő pártját fogta, a megbízott támogatta, a sajtó közbelépett –, Matthew főnöke valahogy megtalálta a módját, hogy fenntartsa a család szenvedését. Valahányszor felcsillant egy halvány szikra, Wayman kegyetlenül eltörölte.

Félt reménykedni.

Ezért imádkozott.

Három hónap után, amikor nem volt elég ennivalója – három hónapig, amikor az éhség marcangolta a gyomrát, miközben lemondott az ételről, hogy a gyerekeket etesse –, csak az ima maradt neki.

A nigériai gyóntatószékekben nem volt szokatlan, hogy a bűnök mellett a problémákat is meg kellett osztani. Ő legalábbis ezt értékelte. Bármennyire is megnyugtató volt a pap előtt tehermentesíteni magát, a látogatások nem voltak elégségesek ahhoz, hogy enyhítsék a félelmét. Nem voltak elegendők ahhoz, hogy kevésbé magányosnak – és támogatottabbnak – érezze magát.

Mígnem egy nap kopogást hallott az ajtón.

„Judit" – mondta a nő, brit akcentusa éles és élénk volt. „Olyan jó, hogy látlak!"

Emlékezett a nőre évekkel korábban – amikor először költöztek Port Harcourtba, Judy Nwanodi megállt a kék Rumuobiakani-házukban. Bár nem tartotta a kapcsolatot annyit, amennyit szeretett volna, Judit mélyen értékelte a szívélyes fogadtatást. Judy az Egyesült Államok és Anglia állampolgára is volt, de Port Harcourtba az ötvenes években vándorolt be. Judithoz hasonlóan ő is vékony, barna hajú nő volt, kivéve a frufruja alól előbukkanó csillogó kék szemeket.

Most, ahogy a Mamah nappalijában ültek, Judit hálát érzett a közösségért.

„Általában megkérdezném, hogy kérsz-e teát" – mondta félénken az asszonynak. „Attól tartok, kifogytunk." Érezte, hogy kissé elpirul. „Még nem volt alkalmam…"

„Ó, ne aggódj, kedvesem" – vigasztalta az idősebb nő. „Nem maradhatok sokáig – csak körbejárom a környékbeli bevándorló feleségeket."

Judit értetlenül nézett rá.

„Hallottál már valaha a Nigerwivesről?"

Nem hallott róla, de ahogy Judy elmagyarázta neki a csoportot –
amely nigériaiakkal házasodott bevándorló nőkből áll, akik Nigériába
költöztek, és a csoportnak országszerte vannak ágai, amelyek tevé-
kenységeket és támogatást nyújtanak a tagoknak – Judit kíváncsi lett.
A csoport, mondta Judy, egy saját hely lehetne a számukra. Valami,
amit közösen építenek, a férjük támogatásával, de anélkül, hogy tőlük
függenének.

Nos, ahogy a nő konspiratívan odahajolva elmagyarázta, általában
a nőknek megvolt a férjük támogatása. „Néhány férfi nem szereti, ha
összejövünk."

Judit bólintott, ismerte ezt a gondolkodásmódot, és hálás volt,
hogy Matthew soha nem keltett benne ilyen érzéseket.

„De mi ketten tudjuk – nekünk nőknek is megvan a magunk
gondja, amin gondolkodnunk kell!"

„Igen!" Judit felkiáltott, és a fejében pörögtek az ötletek a cso-
porttal kapcsolatban – talán könyvtárat alapíthatna, vagy zeneórákat
tarthatna a gyerekeknek. Együtt tölthetnének családi estéket – a
gyerekek játszhatnának, a felnőttek pedig beszélgethetnének. Annyi
lehetőség volt! Persze, még eltartott egy darabig, mire lesz energiája
ennyi mindenben részt venni, de talán ez is egy lépés volt afelé, hogy
a családja újra talpra álljon.

„Örülök, hogy egyetértesz. Legfőbb ideje, hogy csoportot indítsunk
Rivers államban!"

Amikor Judy elment, Judit lelkesen firkálta be a naptárába az
első találkozó időpontját. Kezdetben havonta egyszer találkoznának,
de – ahogy a nő elmagyarázta – szükség szerint néha más különleges
események alkalmával is összejöhetnének.

Mióta Port Harcourtba költöztek, mély vágyat érzett a barátság
után, de csak amikor hallott a csoportról, jött rá, hogy mennyire
szüksége van arra, hogy olyanok között legyen, akik megértik, min

megy keresztül. Bár már megismerkedett néhány más külföldi nővel a környéken, még mindig úgy érezte, hogy nincs senki, akivel mélyebben kapcsolódhatna. Matthew Port Harcourtban élt. Veleszületetten értette a különböző kultúrákat Rivers államban. Bár úgy érezte, elég jól beilleszkedett, mindig is szembe kellett néznie a bevándorlói lét kihívásaival.

Ez egy kis megkönnyebbülés volt élete legnehezebb időszakában, egy olyan időszakban, amely annyi áldozatot követelt, de oly kevés jutalommal járt.

Ha lenne mire várnia, talán nem lennének olyan hosszúak a napok – talán lenne helye az álmodozásnak.

Mint kiderült, tényleg volt helye.

Egy délután Matthew hírekkel jött haza. Waymant az igazgatótanács utasította, hogy helyezze vissza a vállalatba. A „Wayman-háború", ahogy ő kezdte hívni, véget ért.

Biztos volt benne.

19. fejezet

KORMÁNYZÓ

1984 SZILVESZTERÉN VOLT az egyéves évfordulója annak, hogy Muhammadu Buhari vezérőrnagy egy újabb katonai puccsot követően uralomra került. Buhari azt állította, hogy azért vette át az ország irányítását, hogy a korrupció problémáira összpontosítson, és nem sokkal a beiktatása után összegyűjtötte az ország számos legbefolyásosabb vezetőjét, tanácsot és támogatást kérve tőlük. Bár mindenféle puccs nyugtalanító volt, Matthew egyetértett a vezetők számos állításával. Az új kormány ígéretei kettősek voltak: előmozdítanák a gazdasági megszorításokat, és lecsapnának a korrupcióra a közszférában.

Ennek érdekében intézkedéseket hoztak. Ahogy Buhari ígérte, a korrupt kormánytisztviselőket azonnal börtönbe zárták. A legtöbben egyetértettek abban, hogy ez a változás a helyes irányba tett lépés volt. Úgy tűnt azonban, hogy a taktikák egy része nem a politikán, hanem a katonai tisztviselők szeszélyein alapult. A késve munkába érkező közalkalmazottakat a katonák néha „békaugrásra" utasították, amely büntetés célja a dolgozók megalázása és annak biztosítása volt, hogy a kormányzati időt hatékonyan és jól használják fel.

Matthew minden korábbinál több korrupciót látott. Úgy tűnt, hogy a WAGI spirálba került, és bármit is tett, hogy megállítsa, a dolgok egyre rosszabbra fordultak – mind a vállalat, mind ő maga számára.

Hosszú távolléte és többszöri utasítás után Wayman végre megengedte Matthew-nak, hogy szolgálatra jelentkezzen. Az első napja 1984. december 31-én volt.

Korábban az egész fiaskó során megkönnyebbülés lett volna a meghívás, hogy visszatérjen, de Waymannel már elég nehézségen ment keresztül. Tudta, hogy nem szabad megbízni ebben az emberben. Már régóta dolgozott rajta, Wayman minden egyes alkalommal harcolt ellene – sőt, az igazgatótanács három héttel korábban egyértelműen utasította az ügyvezető igazgatót, hogy helyezze vissza Matthew-t.

Wayman visszautasította, és Matthew ellen újonnan kitalált panaszokkal válaszolt, amelyek közül egyik nevetségesebb volt, mint a másik. Azzal érvelt, hogy Matthew-t teljesen el kellene távolítani a cégtől, és tévesen tájékoztatta az igazgatótanácsot, hogy a felfüggesztés ellenére is teljes fizetését kapta.

Úgy tűnt, Matthew nem tudott szünetet tartani.

A fizetése visszafizetését elrendelték, ez a része igaz volt, de még mindig nem kaptak csekket.

Ha ez nem lenne elég bizonyíték Wayman zavart viselkedésére, akkor a WAGI egyik együttműködő vállalatát is meglátogatta. A feleségével a hátán meglátogatta az ottani vezérigazgatót – a pletykák szerint Wayman felesége fenyegető hangon azt mondta Elsie-nek: „Tudjuk, kik a barátai". Még Matthew-t is név szerint említette, arra utalva, hogy Elsie-nek nem kellene vele érintkeznie.

Matthew nevetett volna a nevetséges helyzeten, ha nem lett volna Wayman valódi fenyegetés. Elvégre a férfi már így is hónapokig a család táplálékába került. Ki tudta, mit tehet még, amivel nemcsak Matthew jelenlegi állását, hanem a jövőbeli karrierlehetőségeit is befolyásolhatja.

Matthew gyanakodva figyelte, hogyan fognak a dolgok megvalósulni. Erősen gyanította, hogy a csata még nem ért véget. Miközben adagolták az ételt, látta, hogy Judit lemondott a saját adagjáról a gyerekek javára. Obi étvágya mindig is nagyobb volt, mint a többieké, emiatt úgy tűnt, különösen szenved. Néha fogkrémet vagy köhögéscsillapítót nyelt be, hogy csillapítsa az éhségét, és ez a felismerés Matthew-t egyformán elszomorította és feldühítette.

Matthew egyre frusztráltabbnak érezte magát amiatt, hogy nincs hatalma a helyzet felett. Az évekig tartó tanulás és kemény munka után mélységesen neheztelt a család küzdelmei miatt. A feszültség, amely a helyzet megoldására tett erőfeszítéseit övezte, a saját marcangoló éhségére rétegződve egyre ingerültebbé tette.

Tudta, hogy frusztrációját néha a családon vezeti le. Tonye korábbi tanulmányi kiválósága egyre inkább alábbhagyott. Matthew most jobban, mint valaha, felismerte az oktatás fontosságát, és nem nézhette tétlenül, hogy a gyermeke lankadjon a tanulásban. Más körülmények között talán nem érezte volna szükségesnek a testi fenyítést. De a feszültség nagy volt, és mivel úgy érezte, hogy a kontroll hiánya az élete minden területére átterjedt, megvesszőzéssel büntette a fiát – és harmadszorra is megismételtetette Tonyéval a középiskola első évét.

A munkahelyi csata nem csak a családját érintette – és nem csak a saját karrierjét.

Egész Nigériának ártott a korrupciós hullám, a külföldiek előnyben részesítése a bennszülöttekkel szemben. Rivers államnak az okozott kárt, hogy Wayman elhatározta, hogy a folyó menti régióból származó szakképzett munkavállalókat bendeliekkel helyettesíti.

Az egész incidens azért kezdődött, mert Wayman nem tisztelte Matthew munkáját, a doktori cím, a korábbi elismerések és az odaadó munka ellenére sem. Bár nem tudta bizonyítani, nem tudta megállni, hogy ne higgye, hogy az ügyvezető igazgató ellenséges magatartása egyenes következménye volt Matthew magasan képzett, karizmatikus személyiségének. Valami, ami Waymannek határozottan hiányzott.

Wayman az első találkozásuk óta el akarta kapni őt – ebben Matthew biztos volt –, és nemcsak az volt a célja, hogy eltávolítsa őt a jelenlegi pozíciójából, hanem most már teljesen ki akarta szorítani a cégből. A vadászat érzése ködként lógott körülötte, elzárta a látását, és mindenekelőtt állandó frusztráció forrása volt.

A bizonytalanság ilyen hosszú időszaka – miután az igazgatótanács az ő javára döntött, de mielőtt Wayman elfogadta volna a döntést – az instabilitás további rétegét jelentette. Elképzelni sem tudta, hogy egyetlen ember hogyan akadályozhatja meg, hogy az élete előre haladjon, ráadásul nem másból, mint rosszindulatból. Ennél is rosszabb volt, hogy az egész családja egyetlen ember keze által szenvedett.

A közhangulat az ő oldalára állt – ennek legalább örült. Nemcsak olyan vádak merültek fel, amelyek szerint az igazgató a vállalati szabályzat ellenére több új járművet vásárolt, hanem az általa felvett új alkalmazottak száma is megdöbbentő volt. Matthew már hónapokkal ezelőtt felhívta erre a figyelmet, amikor az új alkalmazottak aránya harminc százalékkal emelkedett. Azóta felgyorsult a vállalati pénzek rossz felhasználása – és az emberek végre kezdték észrevenni.

Mindezek és az engedetlenség között, amelyet Wayman azzal tanúsított, hogy nem volt hajlandó visszahelyezni Matthew-t, nehéz volt megérteni, hogy a férfi miért maradt egyáltalán Nigériában. Végül is a WAGI még mindig állami tulajdonú vállalat volt.

Az igazgatótanács december 10-én kifejezetten utasította Waymant, hogy helyezze vissza Matthew-t.

A következő héten az ügyvezető igazgató nem tett mást, mint megpróbált újabb hamis vádakat felhozni Matthew ellen.

Aztán eljött a második hét, és azt a pletykát hallotta, hogy szabadságra ment.

Végül a harmadik hét felénél kapott egy levelet Waymantől, amelyben arra kérte, hogy térjen vissza a munkahelyére.

Minden eddigi tapasztalatát felülmúló szorongással indult el a munkahelyére december 31-én, az első napon, amikor vissza kellett volna jelentkeznie. Legnagyobb meglepetésére az órák incidensek nélkül teltek el, és hazatérve egy bátorító, támogató Judithoz tért haza. De a harmadik napon megkapta a levelet, amitől félt. Felületesen úgy nézett ki, mint bármelyik másik céges feljegyzés. Egy rövid magyarázatkérés után egy listát csatoltak az előző évi kiadásokról, elsősorban a családi ház bútoraira fordított, a cég által jóváhagyott kiadásokról. Az ismerős forró düh újra feltámadt a mellkasában.

Negyvennyolc órát kapott a válaszadásra.

Amikor másnap a munkahelyén leült, hogy kitöltse a nyomtatványt, egy második emlékeztetőt kapott.

„Tisztelt Dr. Mamah" – állt benne. „Ezzel a levéllel Önt felfüggesztjük a vállalatnál végzett munkájából. Azonnal hagyja el a vállalat területét, és további értesítésig ne térjen vissza".

Egész teste vibrált az igazságtalanságtól. Miután hónapokig éheztette a családját, ez a férfi ismét kivillantotta a fogait, alig leplezett agressziója azzal fenyegetett, hogy eluralkodik Matthew-n. Küzdött az ösztönével, hogy golyóvá gyűrje a levelet, ehelyett letette a papírt, és elővett két friss lapot.

Az elsőt Waymannek címezte, követve a protokollt – ahogy mindig is tette –, hogy fellebbezzen a felfüggesztés ellen, a másodikat pedig a tanács elnökének címezte. Minden erejére szüksége volt, hogy ne vonuljon be sikoltozva az irodájába.

Ugyanezen a napon – január 4-én – az Igazgatóság elnöke levelet írt Rivers állam katonai kormányzójának, Fidelis Oyakhilome-nak, részletezve a Matthew előtt álló problémákat, és kérve a beavatkozást. A levélben Wayman eltávolítását is követelte.

Február közepére a férfi nemcsak hogy még mindig az üzemet irányította, hanem nagyszabású felvételi akcióba kezdett, és egyre több nem őslakos munkással népesítette be a vállalatot. Matthew nem várta tovább, hogy a kormány beavatkozzon. Márciusban új kormányzati állást ajánlottak neki. Judit nagy örömére a nevét már azelőtt az újságok teleírták, hogy hivatalosan is megerősítették volna az állásra. Matthew a Waterglass Boatyard Limited vezérigazgatója lesz, egy másik állami vállalaté, amely csónakokat és kisebb hajókat gyártott. Matthew felügyelné a csónaképítéshez használt üvegszálak minőségének javítására szolgáló módszereket.

A fizetés csekély volt más vezérigazgatókéhoz képest, és jóval alatta maradt annak, amit remélt, ha a WAGI-nál feljebb lépett volna a ranglétrán, ahogyan azt kellett volna. De mivel a Waymannel kapcsolatos problémák egyre csak fokozódtak, a vállalat megkezdte a privatizációs folyamatot.

Közalkalmazottként legalább ingyenes orvosi ellátást kapott a családja számára, bútorozott lakást és céges autót. Az alapvető lakásjavítás is a juttatások közé tartozott, és egy biztonsági őrt és egy házilányt rendeltek mellé.

Nagyra értékelte a stabilitást, amit ez a szerep biztosított számára. Még azután is, hogy Matthew-t áthelyezték, továbbra is követte a WAGI-nál zajló drámát.

Ahogy a vizsgálatok folytatódtak, a kormány egyre több szabálytalanságot fedezett fel. Néhány ilyen problémát Matthew már régóta felvetett. Mások jóval meghaladták az ő ismereteit. Wayman például egy targonca vásárlására elkülönített vállalati pénzből vett egy Range Rovert saját használatra. Arra is felhasználta a cég pénzét, hogy kiszabadítsa egy külföldi barátját, akit a repülőtéren kenderrel tartóztattak le.

Újabb egy hónap telt el, mire Wayman végül írt a saját védelmében, és a férfi érthetetlen módon panaszkodott a saját méltánytalan bánásmódjára. Azt állította, hogy a feleségét a bevándorlási tisztviselők jogtalanul, a gyermekeik szeme láttára vitték el a házából, hogy Port Harcourt elhagyására kényszerítsék.

Ironikus volt hallani, ahogy Wayman panaszkodott a családjával szembeni igazságtalan intézkedésekről, miközben Matthew végignézte, ahogy a saját családja szenved – a felesége éhezik, a felnövekvő fiai elsorvadnak, a lányai arca pedig üregesedik.

Évek óta – majdnem egész életében – arra törekedett, hogy változtasson a dolgokon. Következetesen törekedett a kiválóságra, és erre ösztönözte családját, barátait és munkatársait is.

Miért ne lehetne ő az, aki Rivers államot is ebbe az irányba tereli? Miért ne vezethette volna a kormányt a nagyság felé?

Karizmatikus szónok volt – ezt gyakran mondták neki az emberek –, és a falujában az emberek szinte hírességként dicsérték, amikor hazament. Rivers állam lakói egyértelműen csodálták, és kétséges, hogy bárki is jobban ismerte volna nála a nigériai politikát és történelmet.

Lerázta magáról a gondolatot.

Valószínűleg ostobaság volt.

Egyelőre az új munkájára kellett koncentrálnia. Talán egy nap majd változást hozhat az országában, ahogyan azt elképzelte, amikor Port Harcourtban járt középiskolába.

Egyelőre azonban megelégedett azzal, hogy otthon változást hozhat.

20. fejezet

HANGJEGYEK ÉS KOTTÁK

~~~~~~~

J UDIT SOSEM VOLT az anyagi javak megszállottja. Már
gyerekként is tudta – nem a pénz teszi boldoggá az embert.
Hanem a szeretet.

Ezért amikor a családjának nem volt meg mindenük, amit akartak,
arra emlékeztette őket, hogy arra koncentráljanak, amijük van. Jó
kapcsolatokat ápoltak egymással, ő és Matthew házassága viszonylag
szilárd volt, és a gyerekek mind mentálisan és fizikailag erősek voltak.

Amíg meg volt az egészségük és a boldogságuk, addig semmi más
nem számított.

A „Wayman-háború" szigorúan emlékeztetett erre. És most, hogy
vége volt, a fontos dolgokra koncentrálhattak.

Judit mégis többet akart. Bármennyire is vágyott családra, amikor
hozzáment Matthew-hoz – ez volt az élete hivatása –, remélte, hogy
egyszer majd fizető munkát is végezhet.

Amikor felmerült az ötlet, hogy családi vállalkozást alapítanak – ők
ketten, Judit és Matthew-, Judit belevágott. JUMA Global Nigeria
Limitednek nevezték el, a rövidítés a nevük kezdőbetűiből származ-
zott. A vállalkozás széleskörű volt, de elsősorban áruk importjával

és exportjával, valamint általános szerződéskötésekkel foglalkozott.
Ahogy a művelet megvalósult, izgalmuk csak nőtt – a spagetti nagy-
kereskedéstől a gáztűzhelyeken, a fafaragásokon át a vízmelegítőkig,
sőt, a gyümölcsökig és a cápauszonyokig, az értékesítési ötletek csak
úgy sorjáztak.

Matthew nem lehetett a vállalat hivatalos vezetője – a közalkalma-
zottak nem vállalhattak ilyen szerepet. Bár Judit az ügyvezető igazgatói
posztot töltötte be, továbbra is tisztában volt a családdal szembeni
felelősségével. A fiúk és Ebinimi már idősebbek voltak, de még messze
nem önellátóak, és természetesen Marika és Terike még mindig teljes
mértékben tőle függött.

Igazság szerint most már rájött, hogy a háztartás vezetése mindig is
nehéz feladat lesz. Nigéria is zavarba ejtette még mindig. Továbbra is
rendszeresen elhangzott a „NEPA elvitte a villanyt!" mondat – ami azt
jelentette, hogy elment az áram –, és nem engedhették meg maguknak,
hogy generátort vegyenek. Néha a víz is elfogyott, és nagy kannákkal
kellett utánpótlást hozniuk.

Minden ruhát kézzel kellett kimosni és levegőn szárítani, ami gye-
rekkorában még jónak tűnt. De most a 80-as években jártak, és sok
európai ismerőse legalább elektromos mosógépet használt. Persze azok
nem sok jót jelentettek, ha a NEPA elviszi a villanyt, de vágyott arra
a könnyedségre, amit az ilyen gépek nyújtanak. Ha soha többé nem
kellene kézzel mosnia a gyerekek ruháit, sokkal több mindent elérhetne!

Sokkal többet akart elérni.

Egyszerű háziasszonynak lenni néha elkeserítő volt – megkérdője-
lezte a jövőjét. Végül is volt egy diplomája. Magasan képzett volt, és
egy időben elég sok munkatapasztalattal rendelkezett.

Akkor még nem gondolta, hogy ez a tapasztalat anyaként is jó
szolgálatot tesz majd neki – egy hétfős háztartás vezetése nem a gyen-
géknek való! Időnként azon kapta magát, hogy feszült, és addig nyelte

a frusztrációját, amíg ki nem csúszott belőle. Időről időre ráüvöltött a gyerekeire olyan vétségek miatt, amelyek később jelentéktelennek, sőt butaságnak tűntek. Ezekre a pillanatokra mindig szégyenkezve emlékezett vissza, és ez csak fokozta a stresszt.

Nehéz volt egyedül feldolgozni ezeket az érzéseket. Bár ott volt neki Miriam és Rosemarie – a Nigerwives-ok, akikkel hálásan összebarátkozott –, soha nem érezte, hogy másokat is terhelhetne negatív érzéseivel. Mindig meghallgatta és tanácsot adott mások legnehezebb kihívásaira. Nem számított, hogy mióta ismerte őket – kiteljesedést jelentett számára, ha támogathatott másokat.

A dolgok nem voltak olyan rosszak. Tudta, hogy hálásnak kell lennie mindazért, amije van.

De egyértelmű volt, hogy egyedül nem tudna egy céget vezetni – és még ha Matthew végezte is az akvizíciós munka nagy részét, külső segítségre volt szükségük ahhoz, hogy a JUMA zökkenőmentesen működjön. Egy kereskedelmi vezető talán kiváló szerepkör lenne – valaki, aki felkereshetné a Port Harcourt-i eladókat, és táviratilag kapcsolatot tarthatna külföldi üzleti partnerekkel, biztosítva a vevőket a különféle nagykereskedelmi termékeikre.

Felvettek egy kereskedelmi képviselőt, hogy segítsen biztosítani a JUMA sikerét – elvégre sem Matthew, sem Judit nem tudott annyi időt tölteni, amennyit a cég igényelt –, és Judit így több időt tölthetett a családjával.

Nemcsak férjével és gyermekeivel, hanem szüleivel és testvéreivel is Magyarországon.

A hazautazások mindig jóleső kikapcsolódást jelentettek. Ahogy hatan áradtak át a Zsombolyai-lakás ismerős küszöbén – Matthew később csatlakozott hozzájuk –, megdobbant a szíve a gondolatra, hogy gyermekei újra találkozhatnak a nagyszüleikkel, nagynénikkel, nagybácsikkal és unokatestvéreikkel.

Imádták a magyar családjukat, különösen, amikor Bori néni lépett be az ajtón, és egy új süteményt kínált, amit ő sütött. Jól főzött, gyakran hívta meg a családot étkezésre. Egy 1985-ös utazás alkalmával Judit Bartók Péterrel és barátnőjével, Hope-al is eltöltött egy kis időt.

Péter Bartók Béla kisebbik fia volt, bár sötétbarna hajával, kerekded arcával és őszülő kecskeszakállával nem hasonlított annyira híres apjára, mint a bátyja. Korai felnőttkorában az Egyesült Államokba emigrált, és az Egyesült Államok haditengerészeténél szolgált. Fiatal fiúként gyakran töltötte a nyarakat Judit szüleinél Szöllősön. Bár most már nagyon messze élt, továbbra is tartotta a kapcsolatot és nagyon szerette a Koós családot.

„Nagyon sovány vagy" – mondta megdöbbent arckifejezéssel. Hátralépett és összeráncolta a szemöldökét.

A friss, magyar levegőben Judit szinte elfelejtette az otthoni gondokat, a nehéz éveket, amikor a felfüggesztések és az elmaradt fizetések súlya alatt küzdöttek, az élet tipikus kihívásain felül.

Jobban szerette ezt így, kellemes figyelemelterelés volt.

Megvonta a vállát Peter megjegyzésétől – a családjában mások is mondták ugyanezt –, és gyengén elmosolyodott.

Bármennyire is kínos volt, az olyan észrevételek, mint az övé, kiváló ürügyet szolgáltattak arra, hogy egy extra adagot kapjon azokból az ételekből, amelyek hiányoztak neki, amíg távol volt – a kiadós magyar ételek gazdag fűszerezéséből.

Jól esett, hogy tele volt a gyomra.

A szíve is tele volt.

Ahogy a gyerekek az apjával ültek, sugárzott belőlük az öröm. Érezte, hogy amit a gyerekei a legjobban szeretnek – még a vidámparki vagy állatkerti kirándulásoknál is jobban –, az a családdal töltött idő.

Imádták a nagyszüleiket.

Amikor kicsik voltak, a nagyapjuk mindig elment velük a „feneketlen tóhoz" – egy kis parkba a ház közelében, ahol volt egy kis víz, ami persze nem volt feneketlen –, hogy megetesse a kacsákat. Maga a tevékenység is szórakoztató volt, de amit igazán szerettek, az a fagylalt volt, amivel hazafelé menet kényeztette őket.

Élvezték a történeteit. A fiúk egyik kedvence Toldi Miklósról szólt, a magyar néphagyomány legendás nemeséről, aki olyan fizikai erővel rendelkezett, hogy puszta kézzel tudta legyűrni a farkasokat.

Olyan gyengéd volt velük – szeretetteljes és szelíd, bár gyakran szigorúbb volt, mint a nagymamájuk –, hogy szinte el lehetett felejteni mindazt, amin keresztülment. Egyszer azt hitte, hogy majdnem olyan erős lehet, mint maga Toldi. Most, ahogy a gyerekeivel nézte, látta a ráncokat és vonalakat az arcán, a nevetés és a szeretet maradványait a fájdalom és a félelem árnyai mellett. Éppen a gyerekeinek mesélte el azt a rémálmot, ami az első születésnapja volt, egy napot, amire Judit nem emlékezett, de a történetet jól ismerte.

Az első születésnapja az aktív harcok megszűnését jelentette, amikor a város Budapest ostromát követően megadta magát a szövetségeseknek. A veszteségek – mind az emberéletekben, mind a város gyönyörű történelmi épületeiben – katasztrofálisak voltak.

A halál és a pusztítás közepette, miközben a család a történtek feldolgozásán töprengett, kopogtattak az ajtón.

„Koós Albert!" – jelentette ki egy mély férfihang. Erősen akcentusos, a hang rosszul ejtette ki a nevét. Az agresszív dörömbölés egyértelművé tette az üzenetet. „Koós Albert! *Vikhodi bisztro!*" – ismételte meg egy másik hang – „Gyere ki!"

Ahogy az apja elmondta, azonnal felismerte a helyzetet. A szovjetek embereket, több ezer magyar civilt vittek el hadifogolyként. Tekintettel az előző világháborúból származó katonai elismeréseire, az apja könnyű célpont volt, egy olyan ember, aki valószínűleg nem támogatta volna a kommunizmust úgy, ahogy az oroszok várták.

A szovjetek berontottak az ajtón és megbilincselték, megfosztva a családot még attól a néhány értékes pillanattól is, hogy megölelhessék, megcsókolhassák és elbúcsúzhassanak. Tudták, hogy talán soha többé nem látják őt. A trauma végigfutott a testvérei arcán, amikor elmesélték a történetet. Judit hálát adott, hogy nem emlékezett a szörnyű pillanatra.

De ahogy az édesanyja gyakran mesélte nekik, az apja nyugodt maradt, rendíthetetlenül elszánt. „Jól vagyok" – nyugtatta őket. „A dolgok mindig lehetnek rosszabbak is."

Ezt nem hihette el – legalábbis nem teljes bizonyossággal.

Miközben őt is, több száz másik emberrel együtt, egy tehervagonba pakolták, bizonyára kételkedett a szavaiban. A Fadrusz és a Horthy Miklós utca sarkán álló, V alakú, ötemeletes épület pincéjébe vitték őket. Ez utóbbi utcát később Bartók Béla tiszteletére nevezték át, ami a körülményekhez képest tragikus irónia. Két napig tartották ott a foglyokat, akiktől még a legalapvetőbb higiéniához való hozzáférést is megtagadták, mígnem az alagsor borzalmasan mocskossá vált, bűzlött a vizelettől, az ürüléktől és a kétségbeeséstől.

Az apja elmesélte, hogy tömör alakzatban keletre vándoroltak. Amikor elérték a Premontrei Középiskolát, egy négy épületből álló kampuszt, amely egy nagy, téglalap alakú, nyitott teret vett körül, a szovjetek éjszakára osztálytermekbe terelték őket.

Egyiküknek támadt egy ötlete, mesélte az apja a családnak, ravaszul csillogó szemmel.

Az elhagyatott iskola sok lehetőséget kínált, a terek tele voltak ceruzákkal és könyvekkel – az egyetlen eszközökkel, amelyekre a kommunikációhoz szükségük volt.

„GÖDÖLLŐBE VITTEK" – írta egy letépett lapra. „JÓL VAGYOK." Az üzenet alá volt firkálva a neve, a másik oldalon pedig a felesége neve a családi címmel együtt. Összegyűrte az üzenetet, és a zsebébe gyömöszölte.

Amikor kiköltöztették őket az iskolából, diszkréten a földre dobta a cetlit, bízva abban, hogy a meglévő nemzeti szolidaritás majd elpásztázza a célhoz. A foglyokat eközben összeterelték és vonattal egy ceglédi táborba vitték, sokan közülük egyre gyengébbek és soványabbak lettek. Onnan a legtöbbjük kelet felé, a Szovjetunióba indult, ahol kényszermunkatáborokban kellett volna dolgozniuk.

Az apja a családjának tett ígérete ellenére attól tartott, hogy nem éli túl, ha odáig fajulnak a dolgok.

Amikor elmesélte a történetet, a gyerekek előrehajoltak a székük szélén.

„Mit csináltál, Nagyapa?!"

A válasz egyszerű és zseniális volt. Azzal, hogy a szükséges irataihoz egy kis kört tett, 1899-ről 1889-re változtatta a születési évét, így ötvenhat évesnek tűnt – túl öregnek a munkatáborokhoz.

Korán őszülő hajával mindig is idősebbnek tűnt a koránál. Az arca a rossz körülmények miatt viharvert és őszes-borostás lett, ami még idősebbé tette.

Úgy gondolta, most az egyszer ez akár előny is lehet.

A terve bevált! Fáradtan és gyengén, de végre kiszabadulva a fogságból, nekivágott a nyolcvan kilométeres túrának vissza Budapestre, ami a legjobb körülmények között is tizenöt órás út volt. Leromlott állapotában ez hetekig tartott.

Végül április 18-án újra találkozott a családjával. Gyermekei imái meghallgatásra találtak.

Judit akkor még ilyen kisgyermekként nem emlékezett a megkönnyebbülésre. De egész életében hallotta, hogy ezt mesélték neki.

És most, hogy látta az apját a gyermekeivel, beleborzongott a gondolatba, hogyan is végződhettek volna a dolgok. Hálát adott Istennek, hogy megmenekült.

Becsúszott a nagypapa kényelmes szerepébe, amelyet unokahúgai és unokaöccsei már jóval a gyermekei születése előtt viseltek, és szigorú, mégis játékos modora különösen a fiúk körében aratott sikert. Néha megmutatta nekik a hálószobája falán lógó „jóságbotot". „Ezzel fogom megverni a fegyelmezetlen gyerekeket" – figyelmeztette őket játékosan, csillogó szemmel.

Természetesen soha nem tenne ilyesmit – és ezt a gyerekek is tudták –, de szeretett viccelődni velük. Ugyanilyen kötekedő hangnemben mutatta meg nekik a korbácsát, egy ereklyét a lovas korszakából. Bár soha nem viccelődött ezekkel, a fegyvereit is megmutatta a fiúknak. Még Szöllősön nagy vadászatoknak adott otthont, ahol a látogatók – időről időre a méltóságok is – csatlakoztak hozzá, hogy túzokra, őzekre, nyulakra, fácánokra és rókákra vadásszanak. Megmutatta a fiúknak a fegyvereit, a fiúk kíváncsiságát csak a büszkesége múlta felül, és ők tágra nyílt szemmel és kíváncsian bámulták, ahogy a fegyver mechanikáját manipulálta.

Egyik nap még vaktölténveket is töltött a puskába, és a házban lövöldözött velük, miközben a fiúk örömükben kiabáltak. Nem sokkal később hangos kopogás hallatszott az ajtón – a szomszédok elküldték a rendőrséget, hogy nyomozzanak.

A legjelentősebb emlék talán az volt, amikor a család Bartók Béla növekvő hírnevén csodálkozott. Az ő képmását nyomtatták az 1000 forintos bankjegyre – az új legértékesebb magyar címletű pénzre. Bartók profilját látni az új zöld bankjegyen úgy tűnt, mintha minden korábbi elismerést felülmúlt volna. Évtizedekkel ezelőtt az ő nevét kapta a Zsombolyai lakástól nem messze futó főút, és a fiúk által annyira szeretett „feneketlen tó" melletti parkban egy toronymagas Bartók Béla-szobrot állítottak.

Néhány évvel korábban, amikor Judit elhozta a gyerekeket látogatóba, egy múzeumot jártak be.

A tárlatvezetés felénél egy zongorán akadt meg Obi szeme.

„Az a miénk" – mondta azzal a lapos hangon, ahogyan a gyerekek gyakran hatottak rá.

„Nem, nem az" – nevetett a kurátor, és Juditra nézett támogatásért. „Csak úgy néz ki!"

Bori volt az, aki közbelépett, hogy megvédje a gyerek kirívónak tűnő állítását. „Nem, valójában az, asszonyom!" – mondta könnyed, vidám hangon. „Mi Bartók rokonai vagyunk, és a zongora hosszú évekig a családi házunkban volt!"

Judit büszke volt Béla hírnevére. Büszke az apja erejére. Büszke az egész magyar családjára. Büszke a gyermekeire. Büszke volt Matthew-ra is.

Ilyen nehéz körülményekkel kellett szembenéznie, és mégis sikerült karriert építenie – és most egy családi vállalkozást.

Érdekes volt belegondolni – az apja ilyen megpróbáltatásokat viselt el élete során. Igazából az egész család. Sok közös volt ezekben a nehézségekben azokkal a dolgokkal, amelyeket Matthew is átélt.

Mindannyian túlélték – sőt, gyarapodtak. Forradalmak és puccsok, éhínség és bizonytalanság közepette oly sok szerette virágzott fel.

Ez a gondolat lelkesítette.

Olyannyira, hogy hazatérésük után elhatározta, hogy felkeresi barátját, Baerbelt, egy németet és a Nigerwives társát. Judit felemelkedett a szervezetben, még abban az évben átvette a Nigerwives – Rivers állam elnöki tisztségét, és a szerepből fakadó önbizalom arra ösztönözte, hogy még többet keressen.

Baerbel lett az új igazgatónője annak a Montessori-iskolának, ahová Marika és Terike járt, és a család magyarországi látogatása után – telítve a család zenei eredményeivel – összeszedte a bátorságát, hogy megkérdezze, taníthatná-e zenére a kicsiket.

„Képzésem van a Kodály-módszerben" – magyarázta, és reményével együtt nőtt az önbizalma is –, „ez egy olyan módszer, amellyel a

gyerekeket – még a nagyon kicsi gyerekeket is – meg lehet tanítani
a zene alapjaira. Olyan dolgokat használunk, mint a tapsolás és más
mozgások! Úgy tanulnak, hogy érzik a zenét!"

Úgy tűnt, Baerbel Judit Kodály-magyarázatából nem sokat értett,
de ez nem számított – csak az számított, hogy azt mondta: „igen!".

Hamarosan Judit már nemcsak az óvodás és általános iskolás gye-
rekeket tanította a Montessori iskolában, hanem egy másik képzésen,
a Sacred Heart Szemináriumi Gimnáziumban is.

Elhozta a zenei oktatást Rivers állam gyermekeihez! Mint egy valóra
vált álom, úgy állt a gyerekek elé. Pontosan úgy, ahogy Berci bácsi és
a D²P² tanította őt évekkel ezelőtt, ahogyan egykor álmodott, mielőtt
a kommunizmus valósága földbe döngölte vágyait.

Minden igyekezete ellenére – sőt, még büszkesége ellenére is, amiért
ilyen lehetőséget kapott – úgy tűnt, hogy nem tud győzni.

Amikor egy délután hazaért egy tanítási nap után, Matthew már
várta, és bosszús volt, amiért előbb ért haza, mint ő.

„Te vegyészmérnök vagy, nem zenetanár" – mondta. Judit lenyelte
a kijelentése okozta fájdalmat. Talán igaza volt.

Elvégre a fizetés csekély volt – alig több, mint alamizsna. Ahogy
haladt előre a tanításban, úgy tűnt, sok órája elsikkadt. A gyerekek
nem értették meg a fogalmakat, talán a tört angolja miatt. Vagy talán
– gondolta csalódottan – azért, mert nem neki való a tanári pálya.
Tudta, hogy a kommunikációs képességei nem mindig a legjobbak,
és soha nem volt lehetősége arra, hogy tanárnak képezze magát.

Nem volt hajlandó feladni. Végre volt egy lehetősége, hogy úgy érezze,
hogy valami érdemlegeset csinál – annyira vágyott erre! Most a gyermekei
többnek tekinthettek rá, mint egy egyszerű háziasszonyra – többnek,
mint egy gyenge, túlságosan függő nőre, akit a férje mindig kijavított.

A gyerekeknek – különösen a nagyobbaknak – most nagyobb
szükségük volt jó példaképekre, mint valaha. Ahogy a fiúk egyre

idősebbek lettek, úgy tűnt, egyre kevésbé voltak hajlandóak követni az utasításait anélkül, hogy megkérdőjeleznék vagy valamilyen módon fellázadnának.

Talán tinédzserekkel mindig nehéz bánni.

Normálisak vagy sem, de frusztráló volt – szanaszét hagyták a dolgaikat a padlón, vagy semmibe vették, amikor arra kérte őket, hogy végezzenek el valami régóta halogatott házimunkát.

Ez több volt, mint frusztráló, ez aggasztó volt. Azt akarta, hogy a gyerekei sikeresek legyenek, mint minden anya. Fájt a szíve, hogy ilyen rossz döntéseket hoztak.

Aggodalmai hamarosan megalapozottnak bizonyultak. Amikor egy nap hazaért a tanításból, Ebinimi, Obi és a házilany magán kívül volt.

„Mi történt?" – kérdezte tőlük, és a hangjában felcsendült a rettegés.

„Tonye" – zihálta a lánya. „Nagy bajban van!"

21. fejezet

FEHÉR LÓ

~~~~~

BALESET TÖRTÉNT.
Már a szavak hallatán is a torkába ugrott Matthew szíve. Minden szülő rémálma, amikor hazatért, a feleségét őrjöngve találta. Tonye és Obi egy hármas karambolba keveredett. Tonye börtönben volt.

A fiúk tudták, hol tartja a család a Datsun Bluebird kulcsát. Egyedül maradtak a kamaszkori szeszélyeikkel, és elvitték a kocsit egy kis kirándulásra. Belehajtottak egy szembejövő Mercedes Benzbe, és amikor Tonye megpróbált elkormányozni a járműtől, nekimentek egy másik, az út szélén parkoló Benznek.

A három autóban nagy kár keletkezett.

Tonyét letartóztatták, Obi pedig elmenekült a baleset helyszínéről.

Mindketten testi épségben voltak.

E hír hallatán Matthew aggodalmának adrenalinja új, csúnya dühvé alakult át. Az agya végigpörgette mindazt, amit mondani akart a fiúknak.

Mondtam, hogy ne vezessétek a kocsit!!!

Tudjátok, milyen veszélyesek az utak?!

Tudjátok, mennyibe kerül két Mercedes javítása?!

A lemez ismétlődött, miközben a börtönön keresztül a celláig haladt, és a válaszfal ablakán keresztül megpillantotta a fiát, aki a sötét, tömlöcszerű helyiség padlóján ücsörögve, csak alsóneműt viselő férfiak zsúfolt csoportja között kuporgott. Visszakísérte a fiát a kocsihoz, hogy feszült, néma csendben hazavigye. Még dühén keresztül is érezte a fiú félelmét.

Nem volt hajlandó megvigasztalni – még arra sem volt hajlandó, hogy egy szigorú szóval vagy egy elkeseredett kiáltással megtörje a csendet.

Hagyta, hogy Tonye érezze a félelmet attól, ami következik. Ha ez tényleg belé ivódott, talán legközelebb másképp viselkedik majd. Mert legközelebb talán nem lesznek ilyen szerencsések.

Oly sok polgártársa vesztette életét azokon az utakon, és beleborzongott a gondolatba, hogy mi lett volna, ha másképp alakul. Amióta csak az eszét tudta, aggódott a Rivers államban lévő elmaradott utak miatt. Az állam legtöbb városának és falujának nem voltak aszfaltozott útjai, és még mindig csak vízi úton lehetett megközelíteni őket a városból. Annak ellenére, hogy Port Harcourt hatszázezer lakosú – és egyre több –, a városban még mindig csak egy közlekedési lámpa volt. Ezeken az utakon még a gyakorlott, figyelmes sofőrök is életüket vesztették, nemhogy a felügyelet nélküli tinédzserek.

Ezért elhatározta, hogy két dolgot fog tenni.

Először is, egy héten át minden este megkorbácsolja mindkettőjüket. Tonyénak jobban kellett volna tudnia, hogy nem vezethet, és Obinak nem kellett volna egyedül hagynia a testvérét a helyszínen.

Másodszor, újra elkötelezi magát amellett, hogy pozitív változásokat hoz a közösségében – nem csak a közlekedésbiztonság kérdésében, hanem az összes többi folyóparti kérdésben is, amelyekért évek óta szenvedélyesen küzdött.

Fiatal kora óta elmerült a hírekben, és a legtöbb embernél jobban követte a politikát. Kevés idzsa származású ember volt kormányzati pozícióban, és hónapok óta kérdezgették, hogy nem gondolkodna-e a jelöltségen.

Minél többet gondolkodott rajta, annál inkább rájött, hogy ideális jelölt lehetne.

De hogyan gondoskodna a családjáról, ha indulna a választáson? Közalkalmazottként fel kellene mondania a munkáját, hogy indulhasson. A Waterglass hajógyár elhagyása nagy változás lenne a család számára, különösen a politikus bizonytalan anyagi jövője miatt. Matthew fizetése ugyan a legjobb esetben is szerény volt, de megbízható, és a vállalat biztosított egy autót és egyéb juttatásokat. Mi történne a JUMÁ-val?

De ahogy Judit mondta, ha a jó emberek tartózkodnak a politikától, az ország soha nem fog jó irányba haladni.

Matthew ezt mélyen átérezte. Ahogy az ország várakozással tekintett a katonai uralomról a polgári kormányra való áttérés elé, ismét az optimizmus levegője telepedett rá.

Részese akart lenni ennek az új, izgalmas politikai világnak.

Szüksége volt rá, hogy részese legyen.

Ezért 1989. június 3-án indult a Nigériai Népi Front, az ország akkori tizenhárom politikai pártja közül az egyik, Rivers állam elnöki posztjáért. A kampánypálya úgy illett hozzá, mint a kesztyű, természetes bájára és karizmájára támaszkodva. A hasonlóan gondolkodó emberek között lenni felemelő volt.

Végül bimbózó politikai karrierje – mint minden politikai karrier – azon múlott, hogy az emberek hittek-e benne vagy sem.

Mint kiderült, hittek.

Belevetette magát az elnöki székbe, büszkén mutogatva a Népi Front zászlajának zöld hátterét és fehér csillagait. Nagyon komolyan vette a pártban betöltött szerepét, és megkezdte a munkát, hogy a Népi Front erős legyen Nigéria többi pártjával szemben. A munka fontosabb volt, mint valaha. Alig hat hónappal azután azonban, hogy pártelnökként kezdett, a nigériai politika megrázó átállással szembesült.

1989 decemberében az ország katonai elnöke, Ibrahim Babangida tábornok nagyszabású bejelentést tett a nigériai politikai pártstruktúra átszervezéséről. Az ország tizenhárom pártját feloszlatják, hogy két fő pártot hozzanak létre, amelyekben a korábbi pártoknak át kellett igazodniuk – ez a rendszer az amerikai politika mintájára készült.

Ez váratlan és frusztráló csapás volt Matthew bimbózó politikai karrierjére. Tudta, hogy ez akadályokkal jár, de soha nem gondolta volna, hogy egy ilyen szintű akadállyal kell számolnia. Matthew azonban soha nem állt ellen egy kihívásnak. Mivel a közössége és a családja stabilitása volt a tét, és a közelgő választások tétje nagyobb volt, mint valaha, belevetette magát a munkába.

Az otthonától távol töltött idő növekedése fokozott feszültséget jelentett, amikor visszatért. Túl azon, hogy egyedül maradt a gyerekekkel, Judit úgy tűnt, hogy nehezen viseli a gondolatot, hogy ilyen pozíciót töltsön be. A konszolidált pártok és a politikai kampányok rohamos felfutásával a politikai vállalkozásának tétje is megnőtt a felelősséggel együtt, amit vállalt.

Igyekezett a feleségét azzal megnyugtatni, hogy amikor csak tudta, bevonta őt is – néha még ezt el is várta. Bizonyos ünnepélyes eseményeken például megkérte, hogy tartson vele, hogy támogató feleségként legyen mellette.

Úgy tűnt, hogy még ezek a meghívások is táplálják a felesége bizonytalanságát.

Egy eseményre készülve hazahozta az anyagot, hogy új ruhákat készítsen magának.

„Hogy ne szégyellj annyira engem" – mondta, de mosolyának csillogása meghazudtolta a szavai mögött rejlő aggodalmat.

„Nem, nem, nem, Jutka, ez nem igaz" – felelte Matthew.

„De nem fog ez furcsának tűnni az embereknek?" – erőltette Judit.

„Hogy a feleséged külföldi?"

Matthew mindent megtett, hogy eloszlassa a nő félelmeit, de a nagy munkamennyiség kimerítette. Egyszerűen nem volt energiája a legalapvetőbb megnyugtatásnál többre. Arra sem volt sok ideje, hogy egyáltalán szünetet tartson.

Eltökélten arra törekedett, hogy a vezetése egyértelmű választás legyen Nigéria jövője szempontjából, ezért kampányolt a Babangida elnök által felvázolt új politikai pártok egyikében.

„Célozz magasra és lőj magasra" – mondta mindig az apja.

Most pedig ő volt az apa, aki ezt ismételgette fiainak.

Azt akarta, hogy az országa is ezt tegye – tűzze ki célul a népéről való gondoskodást, és tartsa be a reformok ígéretét.

Nem lesz több puccs.

A demokratikus kormányzás jövője fényes volt. És ő is részese akart lenni a változásnak.

Úgy döntött, hogy belép a Szociáldemokrata Pártba, röviden az SDP-be. Bár új volt ebben a pártban, hozta magával a Népi Frontban szerzett pártelnöki tapasztalatait.

Korábban már nyert elnöki tisztséget. Újra meg tudná csinálni.

Végül is úgy érezte, hogy arra hivatott, hogy Nigériát jobbá tegye – hogy úgy szolgálja a folyami népet, ahogyan mindig is szerette volna, hogy szolgálják. Ennek az ügynek nem volt külön politikai pártja – egyszerűen csak helyes volt, amit tenni kellett.

Mivel természetes hajlama volt arra, hogy kapcsolatot teremtsen másokkal – hogy energiát adjon nekik, és éreztesse velük, hogy meghallgatják őket –, ez volt a hivatása.

Bizonyos értelemben szó szerint vezetésre született.

Rengeteg történetet hallott az apja eltökéltségéről – gyerekkorában, már négyéves korától kezdve az apját korához képest érettnek tartották, aki a házimunkáért felelt, és még a kisebb testvéreit is rendreutasította, ha azok fegyelmezetlenek voltak. Részben ezt a szerepet azután erőltették rá, hogy édesanyja meghalt a saját születése során fellépő komplikációk miatt – mivel csak egy szülő volt a családban, már nagyon fiatalon fel kellett lépnie.

Matthew bizonyos értelemben bele tudta látni magát az apja történetébe. Gyermekként ő is felelősségteljes volt, ambiciózus jövőbeli célokat tűzött ki maga elé, és ahol csak tudott, hozzájárult a családjához.

Matthew nagyapja még inkább hasonlított rá – vagy legalábbis Matthew így képzelte el. Igazság szerint soha nem találkozott a nagyapjával. Ő már jóval a születése előtt elhunyt, de a szomszédos falvakban jól ismerték. Sikeres pálmaolaj-kereskedő volt, aki a folyókon át utazott a szomszédos városokba és falvakba, gyűjtötte, feldolgozta és eladta a termékét. Az idzsa törzsből származott, amely nép a Niger-delta számos városát és faluját alkotta Dél-Nigériában.

Ahogy később az unokája is, a nagyapja – Goldy, ahogy hívták, ami a Golden rövidítése volt – vidám személyiségéről és ragályos nevetéséről volt ismert. Matthew-hoz hasonlóan a legtöbb ember, akivel találkozott, szerette őt. Goldy eredetileg Tombiából, egy Nun folyó mentén fekvő kis faluból származott, de a felesége szülőfalujába, Nembébe költözött.

Halálhíre elszomorította a tombiaiakat, akik jól ismerték Goldy-t az utazásaiból – sikeres kereskedőként gyakran adott apró ajándékokat vagy néhány schillinget a legközelebbi családtagjainak. Matthew ezt át tudta érezni, hiszen ő maga is gyakran adott pénzt a falusi rokonainak, akik mindig sikeresnek látták őt, függetlenül az anyagi helyzetétől.

Goldy vesztesége, ahogy Matthew sokszor hallotta, érezhető volt.

Goldy öccse, Tasi Mamah, egy alacsony, zömök, erős akaratú férfi, nem örült annak, hogy Goldy más helyet választott a családalapításhoz. Ráadásul úgy érezte, hogy néhai bátyja fiatal felesége képtelen megfelelően gondoskodni a gyerekekről, és – mint a család immár legidősebb fia – akcióba lépett. Bár az anyjuk tiltakozott, elhozta Matthew nagybátyját és apját – aki akkor még csak hatéves volt –, hogy felnevelje őket apjuk szülőföldjén, Tombiában. A három fiú a nagybátyjuk előnevét, a Tasi nevet vették fel vezetéknevüknek.

Amikor Matthew apját pappá szentelték, ő és a testvérei visszaváltoztatták a nevüket Mamáh-ra, hogy tisztelegjenek néhai apjuk és az otthon előtt, ahonnan Tasi elszakította őket. A Mamah nevet a nigériaiak általában nem ismerték el idzsaként, és a nyilvánvalóan egyetemes jelentésén kívül semmi mást nem jelentett a nyelvben. Úgy vélték, hogy a név a „Nagy Anya", Woyengi szinonimája, amely történelmileg az idzsa nép legfőbb istensége volt. Egyesek azonban azt feltételezték, hogy az ország muszlim északi részéből származó nevekkel való hasonlósága ősi vándorlásra utal. Matthew apja büszkén viselte a nevet papi utazásai során, nagyapja pedig pálmaolaj-kereskedőként utazásai során hordozta a nevet.

1990 júniusában Matthew-t ismét elnöki pozícióba választották, és a nevet viselte a falvakban, ahol az helyi önkormányzati területi (LGA) választásokon kampányolt, ezúttal az SDP fehér ló logója alatt.

Ez természetesen utazást követelt. A munka időnként megterhelő volt, de mindig kifizetődő. Bár nem tudott mindig ott lenni a családja mellett, tudta, hogy az útja csak segíthet nekik – nemcsak a politikai bevételei révén, hanem azzal is, hogy mindenki számára jobbá teszi Nigériát.

Ahogy kampányolt a régióban, úgy érezte magát, mint egy híresség.

Ő és kísérete motorcsónakkal járta be Rivers államot, beszélgetett a falusiakkal az aggodalmaikról, támogatást gyűjtött és jóakaratot terjesztett. Minden egyes új faluban az emberek özönlöttek hozzájuk, éles, professzionális öltözékük gyakran éles ellentétben állt az ing nélküli és cipő nélküli vidéki lakossággal. A csapat hivatalos, de hagyományos öltözéket viselt, bár néha a kampányuk logóját ábrázolták a pólójukon és sapkájukon – egy fehér lovat zöld mezőn. Végül emberek tucatjai, sőt százai vették körül őket, miközben beszéltek.

Furcsa volt ezen az oldalon állni.

Emlékezett rá, hogy kisfiúként ő és a játszótársai körbejárták a falu látogatóit, és megpróbálták kikövetkeztetni, hogy kik ők, és milyen hatalommal bírnak. Akkoriban úgy tettek, mintha olyan hatalmas vezetők lennének, mint a látogató férfiak, utánozva a szerep nagyságáról alkotott elképzeléseiket, miközben körbe-körbe járkáltak, integetve és kuncogva.

Szerette magát is így elképzelni, mint egy köztiszteletben álló férfit a hatalom csúcsán.

Amikor visszanézett, nehéz volt elhinni, mennyit változtak a dolgok, mióta először költözött Port Harcourtba, idegesen, izgatottan és lenyűgözve. Már akkor is fantáziált a jövőbeli útjáról, de el sem tudta képzelni, milyen érzés lesz – mit jelent majd, ha több diplomával rendelkezik rangos nemzetközi egyetemekből, ha egy állami vállalat élére emelkedik, és most a régiót járja, hogy a pártja mellett kampányoljon.

Annyi mindent kellett volna tanulnia akkoriban.

Miközben figyelte, ahogy a most tizenéves fiai a saját jövőjük felé tartanak – a jövőjükről tudta, hogy fényes, de visszafordíthatatlanul törékeny lehet –, azon tűnődött, vajon apja is ugyanígy aggódott-e érte.

A fiúk tagadhatatlanul tehetségesek voltak.

Tonye kiváló gépíró volt, percenként hetven szót pötyögött, ahogy segített a hivatalos dokumentumok gépelésében. Néha még a helyi egyetemre is elment az anyjával, ahol egy hordozható írógépen gépelt dokumentumokat, hogy plusz költőpénzhez jusson – ez a vállalkozói ösztön jól szolgálja majd a fiát.

Obi tehetséges sakkozó volt. Mindkét fiú versenyzett, Rivers államot képviselve más nigériai fiatalok ellen. Az esti mérkőzéseken való üldögélés igazi kikapcsolódást nyújtott Matthew számára a néha igen stresszes időszakokban.

Hálás volt nekik – az egész családjának –, különösen akkor, amikor a kampány nyomása lázasan fokozódott. Ahogy a párt közeledett az önkormányzati választásokhoz, az SDP remélte, hogy minél több településen megszerzi az irányítást. A bonyolult politikai struktúra, amely tizennégy önkormányzati területből és 192 körzetből állt, az új kétpárti rendszerben jelentős kihívásokat jelentett.

Több időt töltött távol az otthonától, és egyre több stressz és aggodalom gyötörte – miközben keményen küzdött a pártjáért, nem tudott nem elgondolkodni azon, hogy a munkája veszélybe sodorja-e a családját. Figyelmeztette Juditot, hogy biztosítsa, hogy a gyerekek ne maradjanak kint sokáig. Azt sem akarta, hogy Judit későn menjen ki, ami most még nagyobb problémát jelentett, hogy teljesen belemerült a Nigerwives tevékenységébe és a találkozókba. Ahogy telt a választási ciklus, egyre jobban aggódott a család biztonsága miatt.

Mindazonáltal a kampány energiája felvillanyozó volt – szinte függőséget okozott. A tömeg lelkesedése minden egyes állomáson magával ragadta Matthew-t. Esélyt kapott arra, hogy igazán tündököljön, a helyi köznyelvben beszélt, elnyerve az emberek tetszését, mielőtt felpörgette az energiát.

A kampány általában egy nagyon vidéki faluban állomásozott egy asztalnál és egy sátorban, amelyet buja zöldellő növényzet vett körül. Bármilyen kezdetleges volt is a környezetük, Matthew és csapata lelkesedésükkel felélénkítették és energiával töltötték fel a tömeget. Amint a tömeg bemelegedett, elkezdte jellegzetes kántálását.

„SDP" – kiáltotta, arra biztatva az embereket, hogy csatlakozzanak.

„HALADÁS!" – válaszolt a tömeg.

„SDP!!"

„HALADÁS!!"

Amint a tömeg is beszállt, megfordította a kántálást, és a tömeget szólította fel, hogy fejezzék be a szavait.

„HALADÁS?!"

A tömeg azonnal felhördült.

„SDP!!!"

Amint az energia elérte a tetőpontját – és egy pillanattal sem később –, lecsendesítette a tömeget, és belekezdett egy beszédbe, amely mindig spontán volt, lehetővé téve számára, hogy alkalmazkodjon a csoport különleges igényeihez.

Egy bizonyos gyűlésen érezte a tömeg támogatásának intenzitását. „Tudják, mi a különbség – kezdte a tömeget csalogatva – a ló és a sas között?".

Az esemény feszültsége már ekkor is magas volt, szinte érezte, hogy hallgatói előrehajolnak, és a válaszon töprengenek. A szünetet újabb lélegzetvétellel húzta ki, mielőtt továbblépett volna.

„A sas" – folytatta, utalva a rivális párt jelképére – „ragadozó… Elfogja és elviszi!".

A tömeg éljenzés és gúnyos nevetés keverékében tört ki.

A lelkesítő beszéd a fehér ló hűségét és becsületét demonstrálta, saját pártját hősként, ellenfelét pedig gonoszként állítva be. Tekintettel a tömeg lelkesítő reakciójára – ugyanazt a reakciót kapták mindenhol, ahol csak jártak –, rendkívül magabiztosnak érezte magát az SDP győzelmi esélyeit illetően.

De amikor 1991 márciusában megjöttek az eredmények, a Rivers állam önkormányzati-választások egyenlő arányban oszlottak meg az SDP és az NRC, a Nemzeti Republikánus Konvenció között.

Később, miután az állami tisztviselők megtámadták az eredményeket, az ügy a bíróság elé került, aminek eredményeképpen három NRC körzetet megdöntöttek és az SDP-nek ítéltek. Bár az SDP nyerte el az önkormányzati elnökségek többségét, az NRC továbbra is dominált a körzetekben. Kiábrándító volt. Matthew azt hitte, hogy az SDP kampánysikerei elsöprő győzelmet fognak eredményezni. Ehelyett az eredmények csaknem kettéosztva maradtak Rivers államban. Ennek ellenére volt még tennivaló. A kormányzójelöltek előválasztására augusztusban kerül sor.

Matthew csak még intenzívebben összpontosított politikai karrierjére.

Nem sokkal a márciusi önkormányzati-választások után kapott egy diszkrét üzenetet, amelyben meghívták egy találkozóra az SDP országos elnökével, Baba Gana Kingibével.

Az üzenet büszkeséget keltett Matthew mellkasában.

Kingibe elnök közvetlenül vele akart beszélni. Talán, döbbent rá, nem kellett volna meglepődnie. Pártja ranglétráján egyre feljebb lépett, bizonyítva, hogy milyen ügyes politikus és elnök. A képességeit igazoló megerősítések többnyire a lelkes tömegből érkeztek. Itt, ebben a feljegyzésben megerősítést nyert, hogy a politikai hierarchia csúcsán áll is felfigyeltek rá.

És ami még jobb, hittek a lehetőségeiben.

22. fejezet

BŐRÖK

JUDIT SOHA NEM képzelte magát egy politikus feleségének. Nagy büszkeséggel ismerte fel, hogy Matthew milyen hatalmas lépéseket tett az álmai felé. Született vezető volt – ezt már az első találkozásuk óta tudta. Ahogy kivívta a helyét Rivers állam politikai színterén, képességei csak egyre lenyűgözőbbek lettek.

De egy nigériai politikus feleségének lenni hátrányokkal is járt. Gyakran gondolta, hogy a férje kissé túlságosan is védelmező. Évekkel korábban, amikor először kérte meg, hogy korlátozza a vezetést – tudta, hogy aggodalomból –, megpróbált ellenkezni. A napjai nagy részét a házimunka és a gyerekek töltötték ki, bezárva a kis otthonukban. Az autó szabadságot kínált. Változást a környezetében.

De ahogy Matthew egyre jobban előtérbe került, Judit belátta, miért aggódik. Kampányai miatt hosszú időre el kellett hagynia otthonát, és ő a gyerekekkel maradt, kiszolgáltatottan és idegesen, ahogy férje ismertté vált a régióban.

Európában időnként gyógyszert szedett, hogy enyhítse a szorongását. Port Harcourtban, ahol a mentális egészségügyi szolgáltatások a város egyetlen nyomorúságos pszichiátriai kórházára korlátozódtak, ezek nem voltak elérhetők. Pszichoterapeuta sem állt rendelkezésére. Az egyetlen kiút a papjával folytatott rendszeres beszélgetések voltak a gyónás során.

Küzdött, hogy stabilnak és biztonságosnak érezze magát, és mindent megtett, hogy mindent egyben tartson. Böjtölt és imádkozott, és az elmúlt néhány évben teljesen lemondott a húsevésről. Frusztrációja – a szorongás és az ingerültség fanyar keveréke, amely a család biztonságáért való féltéséből és a gyermeknevelés apró bosszúságaiból fakadt – néha kitört belőle, és drámai módon a gyermekeire csattant. Megnyugtatásképpen próbálta emlékeztetni magát, hogy a kis kirohanások miatt nem kell aggódnia. Utálta, ha a szomszédok hallják, hogy kiabál valami apró szabálytalanság miatt – nem takarították ki a szobájukat, vagy otthagyták a dolgaikat a földön. Ez a fajta frusztráció elvárható volt bárkitől, aki öt gyerekkel van elfoglalva.

De a házasságával kapcsolatos aggodalmait már nehezebb volt eloszlatni. Amikor Matthew sokáig maradt távol kampányrendezvényeken, vagy kora reggel érkezett haza, órákkal azután, hogy átutazott a régión, alig várta, hogy láthassa. Olyan ritkának tűnt, hogy időt tudtak együtt tölteni.

Ez is aggasztotta őt. Már jó ideje nem voltak intim kapcsolatban, ami talán a stressz normális következménye volt, de aggódott, hogy talán a hűtlenség jele is.

Lerázta magáról ezeket a gondolatokat, és inkább arra koncentrált, hogy üdvözölje a férjét, amikor hazaér. Késő este, amikor csendben besurrant a bejárati ajtón, vigyázva, hogy ne ébressze fel a házat, Judit készített neki valami ennivalót. Nagyra becsülte ezt az együtt töltött időt, hálás volt a ház csendjéért és a férje jelenlétéért.

Nem volt könnyű – néha lehetetlennek tűnt – megszabadulni a bizonytalanságtól és a félelemtől, bízni abban, hogy a jövőjük biztos. De mi mást tehetett volna?

A dolgoknak meg kellett változniuk, és a gyerekek hamarosan készen állnak az oktatás következő szakaszaira. Így hát ő és a gyerekek felkészültek arra, hogy visszautazzanak Magyarországra. Annak ellenére, hogy Matthew sürgette őket, hogy ne beszéljenek senkinek az utazásról – soha nem lehetett biztos az emberek szándékaiban –, megpróbált nem Nigériára, hanem a megszokott budapesti kényelemre koncentrálni.

Már régóta szerette volna elvinni a családot Magyarországra. A fiúk érettségire készültek, és Ebinimi elhatározta, hogy ő is érettségizni fog. Felfedezhetnék a felsőoktatás utáni lehetőségeket a legidősebb gyerekeknek, és biztosíthatnák Marikának és Terikének, hogy elmerülhessenek a magyar nyelvben.

A tanuláson túl azt szerette volna, ha a legkisebb gyerekek kapcsolatokat építenének a családjával.

A gondolat megrázta a mellkasát.

Bár még volt idő arra, hogy a kislányok közel kerüljenek a nagymamájukhoz, fájt neki a gondolat, hogy visszatérjen Magyarországra, tudván, hogy az édesapja nem lesz ott.

Néhány hónappal korábban megbetegedett, szörnyű fájdalmakkal a lábában, amelyek miatt a nap nagy részét ágyban töltötte. Az anyja a legjobbakat remélve felhívta a háziorvost.

Nem sokkal később Judit is értesült róla. Ha még egyszer látni akarta az apját, mielőtt meghal, azonnal haza kellett jönnie.

Még áprilisban Budapestre utazott, a repülőjegyet Bartók Péter állta.

Bár édesapja még nyolc hónapig kitartott, az egészsége nem tért vissza. Judit egyedül utazott vissza Magyarországra a temetésre, hogy örök nyugalomra helyezze ezt az erős, bátor embert.

Hálát érzett a kilencven évéért, mindazért a jóért, amit a család pátriárkájaként tett, a gyermekeivel töltött pillanatokért, a pillanatokért, amikor megmutatta neki, mit jelent egyszerre erősnek és gyengédnek lenni.

És amikor megkapták a hívást a hírrel, Matthew-t sírni látta. Soha nem látott még ilyet korábban.

De megértette.

Az apja befogadta Matthew-t, bármennyire is visszafogott volt a kapcsolatuk elején, és ápolta és gondozta őket, miközben családot alapítottak. A két férfi közel került egymáshoz – a két férfi, akit a legjobban szeretett.

Amikor a család összecsomagolt, hogy visszatérjen Magyarországra, a két kamasz fia, egy kamasz lánya és két növekvő lánya, rájött, hogy most már két másik férfi is van az életében – Obi és Tonye tizenhét évesek voltak, és bár mindig is az ő kicsinyei maradnak, ők már férfinak látták magukat, készen arra, hogy a világot meghódítsák.

Ebinimi is úgy érezte, készen áll arra, hogy elhagyja a fészket. Elszántan, mindössze tizenöt évesen letette a középiskolai érettségi vizsgát, a lánya nem volt hajlandó meghallgatni azokat az érveket, hogy túl fiatal. Ebinimi erős akaratú és jó tanuló volt. Judit tudta, hogy a lánya is hamarosan elmegy.

Mindhárom legidősebb gyermeke már nem lesz itt. Elmennek, hogy felfedezzék, mit tartogat számukra az élet.

Nigériában nehéz volt ezt megtenni. Ott a tanári sztrájkok miatt az iskolák néha napokra, hetekre, sőt hónapokra bezártak. Az ő gyermekeinek jobb hozzáférésre lenne szükségük, ha valóban ki akarnák használni a bennük rejlő lehetőségeket – márpedig megvolt bennük a lehetőség, hogy igazán nagyszerűek legyenek.

Ezért hatan – Judit és a gyerekek – Magyarországra utaztak. Arra számított, hogy a lakást hidegnek és üresnek fogja érezni az apja meleg jelenléte nélkül. Amikor az anyja üdvözölte őket, tudta, hogy tévedett.

A dolgok ugyanolyanok voltak, mint korábban.

A nappaliban egy nagy, fából készült, hetvenes évekbeli fekete-fehér televízió állt, amely inkább dekorációként funkcionált, mint működő készülékként. Könyvespolcok szegélyezték a konzolt, amelyeket virágminták díszítettek, amelyeket az apja festett réges-régen. A polcok körül vázák és csecsebecsék sorakoztak. Minden szobában még mindig kerámia kandallók álltak, amelyeket néha fűtésre használtak a közös pincében tárolt tűzifa segítségével.

De bár a családi otthon melegét állandónak érezték maguk körül, Magyarország megváltozott.

Két évvel korábban a kommunizmus meglepően békésen véget ért. Ez volt az a jövő, amelyről oly sokan álmodtak 1956-ban, amikor Judit a lakás ablakából az optimizmusra nézett – szabad, demokratikus parlamenti választások, amelyek eredményeként Antall József, egy volt tanár és könyvtáros lett a miniszterelnök.

Alig néhány hónappal később az utolsó szovjet katonák is elhagyták Magyarországot.

A szovjetek kivonulása mégsem hozta azt az utópiát, amelyre oly sokan számítottak. Az oroszok sokáig tartották a kezüket a magyar nép felett. A legtöbbek számára ez igazságtalanság volt.

Judit saját életútja örökre megváltozott – aminek most örült. Végül is a mérnöki karrierje hozta el neki Matthew-t és gyönyörű családjukat.

Ha szovjet korlátozások nélkül nőtt volna fel, rájött, hogy a lehetőségei korlátlanok lettek volna. A gondolat keserédes volt számára, de izgalmas a gyerekeknek, akiknek hasznára válna mindaz, amit ő elmulasztott. Még szemináriumba is mehetnének, ahogy a bátyja remélte, bár sem őt, sem a fiúkat nem érdekelte ez az irány.

Az ország végre megtalálta a szabadságot!

De a szabadság, mint hamarosan megtudták, következményekkel járt.

Fiatal neonáci skinheadek csoportjai randalíroztak az utcákon, összetéveszthetetlenek voltak borotvált fejükkel és fekete vagy olívazöld szaténdzsekikkel. Mindenkit, aki idegenül nézett ki, megbámultak, néha még gúnyolódtak is, amikor Judit a gyerekekkel sétált el mellettük. Fenyegető jelenlétük miatt a bőre megborzongott a megfigyelés érzésétől, a skinheadek erőszakmentessége csak a támadás lehetőségére emlékeztette.

Juditnak eszébe jutottak a család második világháborús történetei. Ugyanezek a sötét gondolatok nyomhatták apja lelkét 1945 februárjában is, amikor több hangos kopogás érte Koósék lakásának ajtaját. „*Csaszi! Csaszi!!*" – kiabálták az orosz katonák. A kezükben tartott fenyegető félautomata puskákhoz képest a szavaik szinte észszerűnek tűntek. Judit édesanyja mesélte, hogy a szívdobogása elnyomta a katonák hangját, miközben körbejárták a lakást, láthatóan elégedettek az általuk okozott rémülettel.

„Csaszi!" – kiáltott újra a katona, és az óra zsebére mutatott.

Erre az apja előhúzta az óráját, miközben az anyja rohant, hogy összeszedje a többi értéktárgyat, és átadja őket, abban a reményben, hogy a katonák távoznak.

És el is mentek. Legalábbis egy időre.

Az ilyen dolgoknak módjuk volt arra, hogy ott maradjanak a levegőben, sötéten és sűrűn ott, ahová a betolakodók lába lépett, láthatatlan ujjlenyomataik mint egy kísérteties névjegykártya emlékeztették őket, hogy a veszély bármelyik pillanatban visszatérhet.

Szörnyű lehetett a szüleinek, hogy ilyen erőtlennek érezték magukat a saját otthonukban.

Mintha kívülállók lennének, még azon a helyen is, ahová elvileg tartoznak.

Mélyen átérezte ezt az ellentmondást, amikor visszatért Magyarországra, és látta, hogy a bőrfejűek összeszűkült szemmel néznek a gyerekeire, miközben a barátok figyelmeztették őket, hogy milyen kockázatos egyedül kint lenni éjszaka. Mivel sötétebb bőrűek voltak, mint az átlagos magyarok, a gyerekei nyilvánvaló célpontok voltak. Tonye és Obi nem aggódott különösebben, néha még nevettek is a lehetőségen.

Soha nem tapasztalták a rasszizmust, így el sem tudták képzelni, hogy olyasvalaki gyűlölje őket, aki nem is ismeri őket.

De Judit el tudta. Ha valamit megtanult a nigériai politikából – nem is beszélve a saját szülei tapasztalatairól –, az az volt, hogy bár a legtöbb ember jó, vannak nagyon-nagyon rossz emberek is. Ezt élesen érezte Nigériában, amikor Matthew politikai szerepvállalása nőtt, és most itt, a szülővárosában is érezte, ahogy ezek a szörnyű fiatalok vicsorogtak az ő gyönyörű gyermekeire.

Tudta, hogy szörnyű dolgok történhetnek – minden nap történnek ilyenek az emberekkel.

És akkor meglátta Tonye arcát.

Véres és zúzódásokkal teli volt, a szeme alatt sötét árnyékok terültek el, a fia furcsán nyugodtnak tűnt, ahogy ott állt a lakás bejáratában, fekete kabátja vérrel összekent, orra gézzel volt betömve.

A gyomra felfordult, és a torkán akadt a zihálás. A füle mögött dobogó szív és a torkában felszálló epe miatt odament hozzá – nyugodtnak kellett maradnia.

„Ó, Tonye" – mondta. Ujjai ösztönösen a tizenhét éves fiú orrára mentek, de megállította magát, keze a fia duzzadt arca fölé vándorolt. Amikor ránézett, csak azt a kisfiút látta, aki volt, okos és erős, de túl bátor. Elszántan, túl gyorsan akart felnőni.

„Semmi baj, Anyu" – válaszolta, valahogy megnyugtatva őt szegény, megviselt arca ellenére. „Jól vagyok."

Próbálta megvédeni, próbálta figyelmeztetni, és amikor a legtehetetlenebbnek érezte magát, próbálta azt mondani magának, hogy az aggódása ostobaság – csak még több aggodalom a semmi miatt. De azóta félt ettől az éjszakától, mióta meglátta az első csomag olajzöld kabátot.

Most a félelmei valóra váltak.

Segített neki levenni a véres kabátot, és megkérdezte, mi történt. „Megláttam őket, amikor felszálltam a metróra" – mesélte a fiú. „Leültem, ahogy mindig is szoktam." A Reflex Kft-nél, egy animációs stúdióban dolgozott, külföldi animációs filmekhez festett kézzel rajzolt celluloidlapokat. A munka nagyon izgalmasnak tűnt, és Judit már régóta próbálta meggyőzni, hogy művészi tehetségét a karrierje érdekében használja fel, sürgette, hogy fontolja meg az építészetet. A fia ellenállt, a művészetet hobbinak nevezte, annak ellenére, hogy élvezte és érdekelte az aktuális projektje: az *Egy troll New Yorkban* című amerikai film.

De hogy a munka és a Zsombolyai lakása között eljusson, metróval kellett utaznia.

Aznap este hat bőrfejű vette észre, és utána szállt fel a metróra.

„Amint a kocsi elindult… nagyon gyorsan történt. Az egyik skinhead elém lépett, és hirtelen az arcomba taposott. Aztán a többiek is csatlakoztak…"

Addig ütötték, amíg a következő megállónál ki nem szálltak, két helyen eltörve az orrát. Arra koncentrált, hogy megvédje a szemét és a fogait, amelyek szerencsére nem sérültek meg.

Ahogy a következő napokban felépült, a rokonok megálltak nála, és közülük többen elég dühösek voltak ahhoz, hogy bosszút fontolgassanak. Különösen az idősebb unokatestvérei fenyegetőztek azzal, hogy csalétket állítanak a bőrfejűek elé, és megtalálják a módját, hogy úgy bántsák őket, ahogy Tonyét bántották.

De a fiú hallani sem akart erről.

Furcsa módon vidám volt, és nem elkeseredett, ahogy a család várta.

De Judit egyáltalán nem érezte magát vidámnak. Nehéz volt megmondani, mit érzett. Rögtön rájött, hogy Tonye nem szeretné, ha pánikba esne, ezért visszafogta a legerősebb reakcióit. De az eset valamit elmozdított a szívében.

Rájött, persze, hogy az emberek milyen gonoszak tudnak lenni egymással. A család történetei a háborúból ennyit mutattak.

De soha nem gondolta volna, hogy a saját gyermekeit kell majd megvédenie az ilyen erőszakos cselekedetektől.

Méghozzá a hazájában.

Hideg borogatást készített – az orvosok azt mondták Tonyénak, hogy ez segíteni fog a duzzanaton. Miután Tonye elhelyezkedett, visszavonult a hálószobába, és imádkozta a rózsafüzért.

Másnap reggel levonult a templomba. Annyi mindenre nem volt befolyása, de a hite sosem hagyta cserben.

Meggyőzte a papot, hogy szervezzenek a fajüldözés megszüntetésének szentelt katolikus miséket három templomban: a Ferenciek terei ferences templomban, a Gellért-hegyi Sziklakápolnában és az Ulászló utcai kis kápolnában, ahová a család gyakran járt, Dr. Kovács István atya vezetésével. A prédikációkban szóba kerültek a faji igazságtalanságok, és a toleranciát hirdették.

Olyan apróságnak tűnt, de megnyugtatta. Kiállt valami szörnyűség ellen, megpróbálta jobbá tenni a világot, ahogy Matthew is tette Nigériában.

Mindezek ellenére az élet ment tovább.

Tonye felmondott az animációs stúdióban, a felettesei minden igyekezete ellenére – még a házhoz is eljöttek, remélve, hogy megygyőzik, maradjon.

Ebinimi jól fizető állást talált a Staff-to-Go-nál, egy titkári ideiglenes szolgálatnál. Mivel beszélt angolul – ahogy az összes gyerek –, különösen kívánatos alkalmazottnak tartották.

Nem sokkal később a bátyjai is ott kezdtek dolgozni, és Judit is ringbe szállt, és csatlakozott hozzájuk a cégnél. Nem volt olyan jó a gépírásban – ebben Tonye képességére támaszkodott –, de ez adott neki valami elfoglaltságot, és lehetővé tette, hogy közel legyen a gyerekeihez.

Végül is már nem sok ideje volt velük.

A fiúk egyetemre való bejutása nehezebb volt, mint ahogy Judit remélte. A nagy tehetségük ellenére a család küzdött, hogy elegendő pénzt találjon a tandíjra. Bartók Péter vállalta, hogy fedezi Tonye tanulmányait, ha bejut az orvosi egyetemre. Hálás volt Péter segítségéért, kétségbeesetten tanult a felvételi vizsgára, és el volt ragadtatva, amikor felvették a budapesti Semmelweis Orvostudományi Egyetemre. Obi a következő évben jelentkezne.

Ebinimi pedig Judit büszkeségére átment az érettségi vizsgán, köszönhetően annak, hogy hihetetlenül odaadóan tanult. Mindössze tizenhat évesen jelentkezett amerikai egyetemekre, és felvételt nyert a Barton County Community College-ba, egy Kansas nevű helyen.

Judit feltételezte, hogy otthon a politika még mindig ugyanúgy haladt, mint eddig, Matthew kitartóan magasra célzott és magasra lőtt.

Jól megtanította a gyerekeiket, állapította meg, miközben nagyra törő jövőbeli terveikre gondolt. Mindketten így tettek. Bár talán már nem is kellene „gyerekeknek" tekintenie őket, most, hogy már túljutottak az iskolán, és felnőttként léptek a világba.

Ettől még hálásabb lett, hogy szorosan magához ölelhette a két kicsinyét. Ahogy egy délután hazakísérte Marikát és Terikét az iskolából – a Bocskai Általános Iskolából, ahová a nagyobb gyerekek évekkel korábban jártak –, a szíve megdobbant.

„A tanító néni azt mondja, hogy 'máán-kí', Anyu!" kiáltott fel Marika, megjegyezve a tanárnő akcentusát. „Ahelyett, hogy *monkey!*"

Terike erre kuncogásban tört ki, és Marika a húga reakciójától felbátorodva folytatta. „És 'váán', amikor azt akarta mondani, hogy *'one!'*"

A lányok nevetése ragályos volt, és bár próbálta emlékeztetni a lányokat, hogy legyenek kedvesek, azon kapta magát, hogy belesodródik a butaságukba.

Az élet más lesz az idősebb gyerekek nélkül. Most, hogy az apja már nincsen. Távol Matthew-tól, amíg vissza nem térnek Nigériába. De meg tudta szokni – legalábbis egy kis időre. Lelassíthatott, és átölelhette az öröm ezen apró pillanatait.

Valójában erről szólt az élet.

23. fejezet

ZÁSZLÓVIVŐ

S„DP!"
„HALADÁS!!!!"
„SDP!"

„HALADÁS!!!!"

„HALADÁS?!" kiáltotta Matthew kérdőn, feltüzelve a tömeget.

„S-D-P!!!!" – üvöltötték válaszul.

Fehér-zöld ruhás szurkolók tömegei vették körül Matthew-t minden oldalról, és a jellegzetes hívó-válaszoló skandálás minden egyes ismétlésével egyre hangosabbak lettek. Ahogyan minden kampánymegállónál tette – és ahogyan ezután is tette, amikor a folyami régiót átszelve az SDP támogatóit toborozták – Matthew ide-oda fordította a testét, jelezve a tömegnek, hogy mikor jön a válaszkiáltás ideje.

Bizonyos értelemben a minta rutinná vált.

De a város legnagyobb futballstadionjában, amelyet több ezer ember vett körül, semmi sem tűnt rutinnak. A pártja, amelyet kemény munkája és közösségépítő erőfeszítései hajtottak, a támogatók e tömegét egy hatalmas, energizáló gyűlésre vonzotta. Amikor átadta a közmondásos pódiumot a hagyományos táncosok csoportjának – akiknek az volt a céljuk, hogy szórakoztatással melegítsék be a tömeget, mielőtt belekezdett volna a szavazás fontosságáról szóló beszédébe –, szikrázó mosolya őszinte volt. Az eseményt az SDP női és idősebb férfi tagjai közötti focimeccs zárta, hogy elősegítse a könnyed hangulatot és az SDP üzeneteivel való foglalkozást.

A politika egy vérengző, veszélyes játék volt, de mivel a népének az erőforrásokhoz való hozzáférése volt a tét, érdemes volt vállalni a kihívást.

Intett a táncosoknak, hogy lépjenek a pályára, élénk színű jelmezeik merész kontrasztban álltak a saját ruházatával. Amikor a falvakba látogattak, a mólón felfelé trappolva, miközben a gyerekek lelkesen köröztek körülöttük, néha alkalmi ruházatot viseltek – pártmárkás pólókat és baseballsapkákat, amelyeken az SDP logója, egy hátrafelé dülöngélő ló képe volt látható. Ezt, akárcsak az NRC sasát, Nigéria címeréből kölcsönözték. Az aznapi stadionbeli ruházata is hasonló volt, csak egy fehér póló és egy egyszerű nadrág.

Más események, mint például a falufőnökök meglátogatása, hogy tiszteletét tegye és a közösség támogatását kérje, formálisabb öltözéket igényeltek. Ő és a többi SDP-tisztviselő általában térdig érő tunikát viseltek könnyű nadrág fölé, amely hagyományosabb megjelenés jelezte megbízhatóságukat és eltökéltségüket Rivers állam polgárainak szolgálatában.

Ekkor már lézerrel összpontosítottak az 1991 augusztusában megrendezendő kormányzóválasztásra. A puccsok, a korrupció és a változó politikai légkör okozta politikai zavarok évei után, valamint az általános bizalmatlanság után rájöttek, hogy a támogatóikat éppúgy fel kell világosítaniuk, mint gyülekeztetniük. Az embereknek tudniuk kellett, hogyan, hol és mikor kell szavazniuk. Meg kellett érteniük, hogy ez a választás sürgető, mert ez az esély egy erős, bátor, demokratikus kormány megerősítésére.

Meg kellett érteniük, hogy a párt jelölteket keres – a támogatóik közül a legokosabbakat és a legjobbakat kellett cselekvésre sarkallni.

A párt listáján persze már volt néhány név, akik korábban is részt vettek a kormányban, de reméltek néhány újoncot is.

Ezért Matthew a rádióban bejelentette, hogy az SDP kormányzó-jelölt-jelöléseket fogad el, elmagyarázta a regisztráció csínját-bínját, és remélhetőleg néhány új arcot is elvarázsol, hogy jelentkezzenek. Végül tizennégy potenciális jelölt jelentkezett.

A listán volt néhány név, akiket Matthew ismert, és néhány olyan is, akikről még nem hallott. Ahogy Matthew végigpásztázta a neveket, kettő kilógott a sorból: Samson Amadi és E. D. Beregha.

A nagyon sötét arcbőrű és kiemelkedő szemöldökű Amadi ünnepélyes elkötelezettséget sugallt sok olyan ügy iránt, amelyeket Matthew is támogatott – leginkább az infrastruktúra és az oktatás terén. Könyvelőként és üzletemberként népszerű volt a tömegek, különösen Ikwerre őslakosai körében.

Beregha ismert volt fedoráról és hideg, sztoikus arckifejezéséről, amelyek mindkettő a gyilkos politikáról árulkodott – arról az elhatározásról, hogy mindenáron győzni akar. Ennek ellenére a kampánykörúton tanúsított viselkedése meglepően túlzó volt, legalábbis ami Matthew-t illeti.

Egyrészt Beregha komoly panaszt tett Matthew ellen, azt állítva, hogy a kampánykörúton igazságtalanul Amadit részesítette előnyben. A vádat gyorsan eloszlatták a választási bizottságnak küldött levélben.

De ahogy közeledtek az előválasztásokhoz, Beregha folytatta a zűrzavar terjesztését. Egy leplezetlen fenyegetést intézett a Rivers állami SDP ellen, a párt azon része ellen, amelynek vezetéséért Matthew volt felelős.

„Ha nem nyerek a közelgő előválasztásokon – írta a férfi –, mindketten tudjuk, miért. Ha ez megtörténik, térdre kényszerítem az SDP-t".

Matthew-t meglepte a férfi merészsége, de remélte, hogy túlzásba vitte. Bizonyára Beregha fenyegetései többnyire felfújt erőfitogtatások voltak. Elvégre, még ha a férfi meg is próbálta volna megbuktatni a pártot, nem volt meg hozzá az ereje. Az SDP elviselne egy kis megfélemlítést.

Matthew valóban hitt ebben.

Egészen addig, amíg Beregha emberei meg nem jelentek.

Matthew az irodájában ült, amikor kiabálást hallott az SDP titkárságának bejárata közelében. A legrosszabbtól tartva bekukucskált az ajtón. Emberek hada lépett be az épületbe. A főbejárat közelében az egyik férfi plakátokat és hirdetményeket tépett le a hirdetőtábláról. Egy másik a recepciós pult mögül papírokat ragadott ki, és közben megrongálta a lapokat. Ahogy vonultak be az ajtón, Matthew úgy vélte, legalább huszonöt embert számolt meg – talán harmincat is.

„Menj, hívd a rendőrséget" – ugatta a telefonba. „Gyorsan, gyorsan!"

Szerencsére a rendőrök gyorsan megérkeztek, mielőtt a férfiak jelentős kárt tehettek volna.

Amikor kiderült, hogy Beregha küldte a férfiakat „gengszterekként", hogy kárt tegyenek a titkárságon, Matthew félt a következő választási ciklusra gyakorolt következményektől.

Most, hogy Beregha megfenyegette a hivatalát, nem volt oka kételkedni a férfi ígéretében, hogy tönkreteszi a Rivers állami SDP-t.

Nem volt biztos abban, hogy mi lenne a legjobb út. Egyfelől az ilyen típusú erőszakot nem tűrhette – mivel már kapott halálos fenyegetéseket, tudta, hová vezetnek az ilyen akciók. Másrészt viszont talán nem tenne jót a pártnak, ha visszavágna Bereghának, aki a maga nemében erős jelölt volt – és aki már megvádolta Matthew-t, hogy túl nyíltan Amadi mellé állt.

Végül Matthew azt kérte, hogy több területet, köztük Okrikát, Elelét, Brasst, Isiokpót és Port Harcourtot vegyék megfigyelés alá az előválasztások idejére. Ez legalább némi megnyugvást jelentett – még ha a rendőrség megbízhatatlan is volt, némi felügyelet biztosan visszatartotta volna az eszkalációtól.

Az incidens mégis sziklaként ült a gyomrában, miközben az SDP a kormányzóválasztási előválasztás felé haladt.

Jogosan aggódott.

Tizennégy jelölt indult az SDP előválasztásán 1991. október 19-én. Panaszt tettek állítólagos szabálytalanságok miatt. Okrikában a helyi jelölt, Beregha képén kívül egyetlen más jelölt képét sem engedték kiállítani. A helyi pártelnök által vezetett SDP-tagok fenyegetéseket és vandalizmust is elkövettek. Minden olyan szavazót, aki Bereghától eltérő jelölt képe mögé állt, megfenyegettek vagy megvertek. Külsősöket mozgattak a szavazókörökbe, hogy javítsák a szavazatszámlálást, vagy hamis adatokat adjanak meg.

Egyre több vitriol irányult Matthew ellen.

Szó szerint halálosan megfenyegették, ha kihirdeti az előválasztási eredményeket, ezért Matthew már írt a rendőrfőnöknek, hogy egy hétre huszonnégy órás fegyveres őrséget kér az SDP titkárságára és otthonára. A fizikuma kissé meggömbölyödött a stressztől és az utazástól.

Fontos volt számára a biztonsága, de a politikai előrelépés is.

Így az erőszakkal és csalással kapcsolatos fenyegetések ellenére Matthew nem volt hajlandó meghátrálni. Úgy folytatta a választást, mintha minden úgy lenne, ahogyan lennie kell. Amikor átfutotta a választási eredményeket - a szavazatok egy nagy papírlapon voltak, amelyet több szabványméretű oldal összeillesztésével hoztak létre - nem volt biztos benne, hogy mit érezzen.

Samson Amadi – a jelölt, akit Matthew-t azzal vádoltak, hogy
előnyben részesítette – a mintegy hétszázezer szavazat negyven szá-
zalékát kapta.

Amadi nyerte el a megtiszteltetést, hogy az SDP kormányzójelölt-
jeként indulhasson.

Beregha a második helyen végzett.

Bár tudta, hogy a helyzet visszahatáshoz és instabilitáshoz vezethet,
nem volt ideje és energiája arra, hogy a bukott jelölt reakciója miatt
aggódjon. A férfi learathatja siralmas viselkedésének gyümölcsét.
Egyelőre fontosabb dolgok miatt kellett aggódnia.

Matthew ugyanolyan eltökélt maradt, mint eddig, hogy őszinte,
egyenes kampányt folytasson. Bármi történjék is, nem hagyta, hogy
belerángassák a korrupcióba, amely viperaként leselkedett rá, és tá-
madásra leselkedett.

Könnyen belekeveredhetett volna a botrányokba. Bár egyesek
szerint pazarló életet élt, a fizetése az évek során folyamatosan csök-
kent, és kevesebbre süllyedt, mint amennyit korábban a Waterglass
hajógyárban keresett – ez minden idők legalacsonyabb szintje.

Mégsem lehetett a korrupció felé terelni. Rivers állam népének
valódi szükségletei voltak – olyan szükségletek, amelyek messze túlmu-
tattak az övén. Olyan szükségletek, amelyeket nem lehetett kielégíteni
valódi, hiteles politikai változás nélkül.

Apja nemrégiben bekövetkezett betegsége határozottan emlékez-
tette erre. Miután nagyon megbetegedett, két hete ágyban feküdt, és
nem jutott orvosi ellátáshoz. Matthew azonnal pénzt küldött, annak
ellenére, hogy nem volt sokat adnia, és elintézte, hogy az apját hajóval
Port Harcourtba szállítsák.

Szörnyen nézett ki. Mozdulatlanul feküdt a klinikán, üveges
szemekkel és megereszkedett állkapoccsal, úgy tűnt, közel áll a
halálhoz, és Matthew ismét megfogadta, hogy harcolni fog a falusi

infrastruktúráért, amely megakadályozhatta volna, hogy a prognózisa ilyen rosszra forduljon. A háziorvos, Dr. Didia megállapította, hogy az idős férfi vérnyomása meglehetősen magas, és egy fejrázással közölte Matthew-val, hogy az apja a szívelégtelenség korai stádiumában van.

Matthew mindig is tudta, hogy a folyóparti falvak lakói nem férnek hozzá olyan dolgokhoz, amelyeket sok városi nigériai természetesnek tart – tiszta víz és élelmiszer, kikövezett utak, orvosi ellátás –, mivel a családja gyakran járt Port Harcourtban. Megjelentek az ajtajánál, és pénzt kértek, nemcsak azért, hogy eltartsák magukat, hanem azért is, hogy kifizethessék a faluba való visszautazásukat.

Nem kellett volna így lennie.

Mivel Matthew beutazta a világot, tudta, hogy más országok legalább az alapvető ellátásnak látszatát biztosítják, még a legeldugottabb, vidéki területeken élők számára is.

Talán ezek a dolgok lehetségesek lennének egy SDP által támogatott kormányzóval. Talán Amadi beválthatja azokat az ígéreteket, amelyekről Matthew gyermekkora óta álmodott. Még akkor is, ha Amadi egy felvidéki Ikwerre volt, és nem folyóparti származású. Csak némi stratégiai kampányra lenne szükség – a megfelelő üzenetre –, hogy az emberek lássák, hogy a dolgok másképp is alakulhatnak. Hogy jobb lehetne.

De ők nem látták – legalábbis először nem.

Röviddel Amadi győzelmének bejelentése után tüntetések törtek ki szerte a régióban. Mind a tizenhárom vesztes jelölt összefogott, és nyilvánosan kiadott egy nyilatkozatot, amelyben tömeges csalást állítottak. Amadit, Matthew-t és az állami választási tisztviselőt megfélemlítéssel és bántalmazással vádolták.

Hasonló tiltakozásokkal sikerült elérni, hogy a negyvennyolc állami képviselőházi hely, tizenkilenc önkormányzati elnöki és 271 körzeti előválasztásának megismétlését követeljék. A zűrzavart tetézte, hogy a szövetségi kormány a meglévő tizennégyből teljesen új önkormányzati területeket is létrehozott.

Bármilyen kihívást jelentett is a helyzet, Matthew mégis elfogadta azt. Már akkor is bízott a pártjában – minden kétséget kizáróan hitt abban, hogy az SDP jó irányba tudja mozdítani Rivers államot.

Beleegyezett a Rivers állam önkormányzati elnöki választás megismétlésébe – nem mintha lett volna más választása –, bízva abban, hogy az eredmény csak az SDP-t segítheti.

A csalásról és a választások manipulálásáról szóló nevetséges állítások közepette őt igazolták! Valójában az eredmények még egyértelműbbek voltak, mint az első alkalommal, a szavazatok nagyobb hányada az SDP-re esett, szinte mindenhol – az SDP a tizenkilenc önkormányzati elnöki posztból tízet és 123 körzeti posztot nyert meg, ami az NRC 108-hoz képest markáns győzelem volt.

Jól vezette a pártot, még a szerepvállalás korai időszakában is.

És ez bizonyította ezt.

A következő néhány napban szinte csak úgy vonult be a titkárságra, állát felemelve, mellét kidüllesztve, és gondolatait a teljes kormányzóválasztásra összpontosítva.

A „Hadművelet Átvétel '91" teljes lendületben volt.

Ezt az alkalmat egy beszéddel ünnepelték. November közepén az SDP Rivers állami kongresszusához szólva Matthew hivatalosan is megerősítette Samson Amadit az SDP kormányzójelöltjeként, és ezzel utat nyitott egy intenzív, kétnapos kampánynak, amelynek során az államban tervezett turnéra is sor került.

Szuper izgalmas volt. Amióta az eszét tudta, gyakorolta a magasra célzást és magasra lövést. Soha nem gondolta volna, hogy itt lesz – arra ösztönözve az egész államát, hogy még magasabbra célozzon, még magasabbra lőjön, és hogy a kormány teljes kezét használja fel álmai megvalósításához.

Tudnia kellett volna, hogy a győzelem izgalma milyen kegyetlen lehet a nigériai politikusok számára. Egy nap valaki a befolyása csúcsán lehet, akit az emberek szeretnek, és aki hatékony a szerepében. A következő pillanatban pedig mindez már nem is létezik.

Hagyta magát elfelejteni, de a Nemzeti Választási Bizottság hamarosan emlékeztette rá.

„Az SDP előválasztását törölték" – szólt a közleményük. „Új választást kell tartani."

Az iroda fiókjából előkapott egy papírlapot, és lázasan gépelte a tiltakozását. Nem volt bizonyíték a tömeges csalásra, a számok meghamisítására vagy bármely más, Amadival szemben felhozott visszaélésre. A törlés felháborító volt.

A határozottan megfogalmazott tiltakozása ellenére a bizottság kitartott. Egy új Rivers állami kormányzói előválasztást kellett tartani. Amadi nem indulhatott.

Mindössze kilenc napjuk lett volna az előkészületekre!

Némi vigaszt jelentett az a tény, hogy legalább az NRC jelöltjét is kizárták, miután az SDP sürgette, hogy a konkurens pártot is ugyanezekhez a normákhoz kell kötni.

Volt egy másik fénypont is.

Amikor a párt elkezdte újjászervezni magát, hogy stratégiát dolgozzon ki erre a szerencsétlen – és szerintük rendkívül igazságtalan – új választásra, Matthew egyik pártvezetője félrehívta őt.

„Doki", mondta. „Ez egy jel. Mindvégig neked kellett volna indulnod."

Matthew felhúzta a szemöldökét, és önelégült pillantást vetett a férfira. „Eh?" – válaszolta, a mellkasán keresztbe fektetve a karját.

„Hát persze!" – sürgette a férfi. „Te képzettebb vagy, mint bárki más a listán! Ki másnak van még doktorija? Ki más dolgozott már az állami és a magánszektorban?"

Erre ő is rájött, még a beérkező szűrő kérdőíveket is átnézte, ahogy a hónap a végéhez közeledett.

A férfi kitartóan folytatta. „Mi akadályozna meg abban, hogy induljál?"

Erre Matthew nem tudott válaszolni.

Megrázta a fejét. „Miről beszélsz?" – nevetett, lefegyverezve a férfi hevességét.

A férfi komoly tekintettel válaszolt a kötekedő megjegyzésére. „Gondolj csak bele."

Matthew így is tett.

Amikor arra gondolt, mi mindenre lenne képes egy kormányzói székkel, alig tudta visszafogni magát. Ivóvizet tudna biztosítani, javíthatná a közlekedést és az oktatást, fúrt kutakat tudna biztosítani, növelhetné az útépítés mértékét, oktatási ösztöndíjakat finanszírozhatna, tankönyveket és megfelelő béreket biztosíthatna a tanároknak.

Tudta, hogy ezek a prioritások mindegyike visszhangra találna az embereivel – az államban tett utazásai során sokszor beszélt velük.

Nem tudott válaszolni, amikor a férfi megkérdezte, mi akadályozná meg a jelöltségben?

Mire Matthew észbe kapott, már egy plakátot tartott a kezében, amelyen az ő képe volt látható, magabiztosan, rövidre nyírt hajjal.

A képe fölött az állt: „Rivers Állam SZAVAZZON". A plakát alján nagy, vastag, fekete betűkkel folytatódott a felhívás: „Dr. Matthew O. Mamah-ra Kormányzónak".

A legkövetkezetesebb programjára – a nigériai kormány korrupciójának visszaszorítására – utalva a szlogenje így hangzott: „az egység, az igazságosság és a méltányosság szimbóluma".

Jó érzés volt ránézni a plakátra – apja „célozz magasra, lőj magasra" buzdításának fizikai megnyilvánulása. De a plakát is gyengécske volt, és nem csak papírformában. Valami hihetetlennek tűnt, mint az áttetsző álmok, amelyek a kora reggeli órákban jöttek. Valami megváltozott Amadiban, amikor a bizottság kizárta őt. Az SDP egykori lelkes támogatója szinte észrevétlenül savanyodott meg. Ez súlyosan nehezedett Matthew fejére. Hogyan reagálna Amadi arra, hogy a legközelebbi kollégája veszi át a helyét?

Matthew nem volt benne biztos. Ez önmagában nem akadályozta volna meg abban, hogy induljon – bár persze nem akarta, hogy úgy tűnjön, hogy hátba szúrja Amadit. Abban is biztos volt, hogy egy másik ikwerre-i őslakos indulása az SDP pozíciójában izgatná Amadit, segítené a férfit abban, hogy méltóságteljesen váljon jelöltből támogatóvá, és arra ösztönözné a támogatóit, hogy támogassák törzstagját. Az ikwerreiek a párt legnagyobb támogatói közé tartoztak, és ugyanúgy Amadi mögé álltak, mint Matthew. Ha Matthew folytatja a jelöltséget, a törzs felháborodna azon, hogy nem egy másik Ikwerre-t választottak ki a jelöltségre.

Pártelnökként Matthew-nak kötelessége volt szolgálni. Talán a szolgálata arra volt a leghasznosabb, hogy a pártot egyenesben tartsa. A legjobb módja annak, hogy zökkenőmentes átmenetet biztosítson az új választásokra – hogy megőrizze az SDP támogatóinak hűségét és elősegítse a békét és a rendet –, az volt, hogy megtalálja az ideális jelöltet.

Matthew tehát újragondolta a jelöltségét, és olyan jelöltet kezdett keresni, akiről tudta, hogy mindenki támogatni fogja.

Az új jelölt hamarosan feltűnt Eric Aso törzsfőnök személyében, egy zömök, kerek arcú férfi, akit mindig napszemüveg keretezett. Ő tudta fenntartani a párt lendületét, amikor a megismételt előválasztáson

keresztülnyomultak, és előrevetették magukat a kormányzóért folyó
fő versenyben.

Matthew ebben biztos volt.

Egészen addig, amíg a pletykák meg nem kezdődtek.

A kampányidőszak rövid volt – alig elég ahhoz, hogy „szezonnak"
nevezzék, ha már az újraválasztást is beleszámították. Még azokban
a rövid napokban is, amikor kampányolniuk kellett, olyan pletykák
keringtek, hogy Amadi Aso ellen fordítja a támogatóit, és elriasztja
őket az SDP támogatásától.

Amikor a por leülepedett, Aso a kormányzói előválasztáson a
szavazatok közel kétharmadát nyerte el. Az előválasztás keveset tett
a régió infrastruktúrájának és lehetőségeinek előmozdításáért. Ehhez
meg kellett nyerniük a választást.

Ez a cél egyre kevésbé tűnt elérhetőnek.

Matthew nem adta fel. Ez nem volt a természetében. Így hát to-
vábbra is gyülekezve – ragyogó, üdvözlő mosollyal és bátor kántálással
– fenntartotta a saját és a párt energiáját. Talán tényleg sikerülhet
nekik. Érezte a csontjaiban a fáradtságot, de a választás előtti utolsó
napokban még végig tudta csinálni.

1991-ben Rivers állam választói Aso és az NRC jelöltje, Rufus Ada
George törzsfőnök között döntöttek.

Matthew tudomásul vette, ahogy a szavazatok beérkeztek, és az
SDP irodájában nagy táblákon összeadták őket. De ahogy telt a nap,
egyre pesszimistább lett.

Végül Matthew minden munkája – vére, verejtéke és könnyei
–hiábavaló volt.

Ada George nyert.

Nem meglepő módon, választási szabálytalanságokról számoltak be,
amelyek szerint a vártnál több szavazatot adtak le, és legalább három
olyan régióból érkeztek eredmények, ahol nem voltak választások.

De ez nem számított.

Az SDP vesztett.

Ő vesztett.

24. fejezet

HÁROM ATYA

⁓

"APU, TE MÁR nem vagy az SDP-ben?" Marika
követelőzött.

A hosszú magyarországi repülőút után a lányok
meglepődve tapasztalták, hogy a házat kisöpörték az SDP kellékeitől.
Utoljára minden felületet a zöld-fehér ló logójával díszített sapkákkal,
pólókkal és matricákkal láttak teleszórva. Úgy tűnt, hogy minden
eltűnt, mintha csak egy álom lett volna. Még a szürke SDP-s autó
is – amelyet alkalmanként a család szállítására használtak – hiányzott
a ház elől. Helyette NRC-anyagok voltak szétszórva.

Lánya példáját követve Judit a földre tette a bőröndjét, miközben
lecsúsztatta a válláról a táskáját.

"Apu?" – erőltette a kislány.

"Nem, nem..." – tétovázott, mohón felkapta két bőröndjüket, és
visszavonult a hálószobába.

A lányok kíváncsian néztek fel az anyjukra. Judit tudta, legalábbis
abból, amit Matthew mondott a telefonban, hogy a választások kö-
vetkezményei miatt a férje pártot váltott, de csak vállat vont, és a
lányokat a szobájukba küldte.

A repülőút alatt a szobákon veszekedtek, mindketten azt remélték, hogy az egyetlen légkondicionálóval felszerelt szobát – a nővérük szobáját – foglalhatják el. A gondolatra, hogy Ebinimi szobája üresen áll, Judit szíve összeszorult. Hogy lehet, hogy a legidősebb lánya ilyen gyorsan felnőtt, és mindössze tizenhat évesen elköltözött Amerikába? Tudta, hogy Ebinimi készen áll arra, hogy kibontakoztassa a szárnyait, de mégis fájdalmat érzett a mellkasában, az erős, független lányára érzett büszkeség keveredett a mindennapi jelenlét elvesztése miatti bánattal.

Mintha csak tegnap lett volna, amikor Ebinimi a bátyjai után totyogott, és ragaszkodott ahhoz a jogához, hogy egyenrangúként kezeljék, annak ellenére, hogy akkoriban ő volt a legfiatalabb. Látszólag egyik napról a másikra feltűnő fiatal nővé cseperedett, aki több mint képes volt gondoskodni magáról.

Judit öt erős akaratú gyermeket nevelt, és valahogy mégiscsak lépést tartott velük. A makacs önbizalmuk miatt extra útmutatásra volt szükségük. Talán ezért alakult a karrierje olyan irányba, ahogyan alakult – talán mindig is otthon kellett lennie, hogy a gyerekeire vigyázzon. Az biztos, hogy nem tudott volna ugyanolyan hatást gyakorolni a személyiségükre, ha a karrierje elvonta volna a figyelmét.

Jól formálta őket, gondolta, miközben a három legidősebbet a felnőttkorba küldte. Isten vigyázni fog rájuk – naponta imádkozott, hogy így legyen. Bízott abban, hogy Ő fogja irányítani az ítélőképességüket, ahogyan ő is próbálta ezt tenni gyermekkorukban.

Ami a két legfiatalabbat illette, sok munka maradt hátra.

Tízévesek voltak – kétszer annyi idősek, mint Tonye és Obi az első szentáldozáskor –, és a lányok még mindig nem részesültek hivatalosan a szentségben.

Nem azért, mert nem próbálkozott volna.

Kétszer is beíratta őket a Port Harcourt-i Szent János-templom katekétacsoportjaiba. Judit minden egyes próbálkozásnál megdöbbent a közeledéstől. A Biblia annyi mindent tudott nyújtani a gyerekeknek – vigasztaló és kalandos történeteket, bátor gyerekek történeteit, akik nem sokkal idősebbek náluk, és persze elrettentő történeteket azokról, akik eltévelyedtek. De a gyerekek számára ezeket a történeteket legjobban animációs kifejezéssel vagy interaktív játékkal lehetett elmesélni. Legalábbis ő így tanította volna a leckéket. Ehelyett a lányai tompa, unott arccal tértek haza az órákról.

„Mit tanultatok?" – kérdezte.

„Hogy jó legyek", válaszolták rövid szünet után.

Az első alkalommal azt hitte, hogy csak a véletlen műve. Talán csak a tanáruk volt szokatlanul szigorú. Vagy talán csak még nem jutottak el az izgalmas részekhez.

De aztán kihallgatta az óra egy részét, ahol a tanár a Szentháromságról beszélt. Még az ő fülének – egy felnőtt nőnek, akit egész életében lenyűgözött a vallás – is átláthatatlan és túlságosan kifinomult volt a magyarázat.

Ennél is rosszabb volt, hogy amikor az egyik gyerek nem tudta viszszamondani a magyarázatot a tanárnőnek, a tanárnő ökölbe szorította a kezét, és a középső ujjának kiálló ujjpercével fejbe ütötte!

Nem sokkal később a gyerekek tesztet kaptak. Marika megbukott. Amikor Judit megkérdezte a tanárnőt, hogy miért, azt a választ kapta, hogy a lánya nem ismerte a rózsafüzért.

Ez persze abszolút hülyeség volt. Mindkét lány könnyedén, botlás nélkül el tudta mondani a rózsafüzért, de úgy látszott, hogy az egyház jobban törődött a helyes meghatározásokkal és kiejtéssel, mint az imádság fogalmával. A lánya nem ismerte az „igehirdetés" szót, és annak ellenére, hogy megértette a rózsafüzér jelentését, a lányoknak újra kellett kezdeniük az órákat.

Ismét elmaradt az áldozásuk. A pap még azt a nevetséges követelést is megfogalmazta, hogy várjanak még három évet, hogy „elég érettséget szerezzenek a szentséghez".

Ez több volt, mint frusztráló. A vallásban annyi kényelmet talált, ahogy felnőtt. Az egyház vezette őt, hogy azzá a nővé váljon, aki volt – nagylelkű anyává, figyelmes feleséggé, és olyasvalakivé, aki segített azoknak, akiket szeretett, közelebb kerülni Istenhez. Az egyház abszolút alapvető volt ahhoz, hogy a gyerekek boldog, egészséges felnőttekké váljanak.

A magyarországi tartózkodásuk alatt, amikor a fiúk fiatalabbak voltak, a feladat sokkal könnyebb volt. A család papja, István atya, vagy Pisti Bácsi, ahogy a gyerekek hívták, gyermekorvos volt, mielőtt letette volna a fogadalmat. Mindig bátorította a gyerekeket, kiváló pedagógus volt.

Meg kellett küzdenie azért, hogy elsőáldozáshoz jussanak, mielőtt a család Nigériába költözött – csak ötévesek voltak, és a legtöbb gyerek a katekizmus órákon hatéves volt, de mivel el akarták hagyni az országot, az egyház kivételt tett.

Marika és Terike esetében hiányzott az a fajta támogatás, amit az idősebb gyerekeknél kapott. Nem csak a túl szigorú tanítási módszerekről volt szó. Port Harcourtban még a felnőttekre összpontosító egyházi tevékenységek is szervezetlenek voltak, így nem csoda, hogy a katekézisórákból hiányzott az a különlegesség, amit Európában elvárt.

Mégis, ez volt az a csata, amelyet nem veszíthetett el.

Ezért némi vonakodással csatlakozott egy katolikus női szervezethez. Miközben azt remélte, hogy pozitív változást hozhat a körülötte tapasztalható kulturális problémákban, arra kellett összpontosítania, hogy Marika és Terike szilárd alapokat kapjon az egyházban.

Meg kellett tanulniuk az ima erejét – nemcsak magukért, hanem azért is, mert a családnak most nagyobb szüksége volt rá, mint valaha.

Matthew aggasztó hírekkel tért vissza egy budapesti útról. Míg a család nagy része jól volt, Béla bácsi megbetegedett. Kevés részletet tudott mondani, csak annyit, hogy az idősebb férfi – a második apja – nem volt elég jól ahhoz, hogy vendégeket fogadjon.

Tehetetlenül és kétségbeesetten tette az egyetlen dolgot, ami eszébe jutott: összegyűjtötte a családot, hogy imádkozzanak, ahogyan ő is tette gyermekkorában. Féltette a legrosszabbtól, de érezte, hogy a család közös imáinak ereje összekovácsolja őket. Ahogy együtt imádkoztak – éjszakáról éjszakára –, úgy vélte, érzi, hogy a lányok egyre közelebb kerülnek Istenhez.

Ez arra ösztönözte, hogy tovább nyomuljon. Azokra a dolgokra összpontosítva, amelyekkel támogatni tudta a gyermekkori vallásos nevelést, elkezdett a női szervezettel együtt dolgozni egy kisgyermekprogram összeállításán, amely lehetővé tette a gyerekek számára, hogy a katekizmusban tanultakat olyan szórakoztató tevékenységekben alkalmazzák, mint a színezés vagy a virágültetés.

Nagy örömére a lányok gyorsan felfogták az üzeneteket.

Végül befejezték az órákat – a megkönnyebbülés, amit érzett, óriási volt –, és első szentáldozásukat vették.

Írt Béla bácsinak és Judit néninek, hogy megossza velük az örömhírt, és hogy minden jót kívánjon nekik.

Minden reménye és imájuk ellenére, amikor megcsörrent a telefon, tudta, hogy a hír nem lehet jó.

„Jutka, Béla bácsi meghalt" – mondta az édesanyja. A lélegzet kiszorult a tüdejéből, és az idő mintha megállt volna egy pillanatra, ahogy leereszkedett az étkezőszékbe.

Béla bácsi meghalt.

Mielőtt válaszolhatott volna, az arca könnyáztatta. Tudta, hogy beteg. Tudta, hogy öreg. Ez a tudás kevéssé készítette fel a nyomasztó gyászra.

Béla bácsi volt a kősziklája. Ő volt az, aki meggyőzte az apját, hogy fogadja el Matthew-t. Ő nevelte és gondozta őt. Bemutatta neki a virágokkal és órákkal teli, csillogó vázákkal és enciklopédiákkal teli otthont. „Jutka?"

„Igen – mondta –, itt vagyok. Én…" Szünetet tartott, és azon gondolkodott, mit is mondhatna. Úgy tűnt, egyetlen szó sem képes megragadni a távolságot közte és a családja között. „Nagyon sajnálom, hogy ezt hallom."

Gyorsan befejezték a hívást – a nemzetközi tarifák rendkívül drágák voltak. Amint meghallotta, hogy a telefon a bölcsőbe kattan, a kezére hajtotta a fejét, és elsírta magát.

Olyan gyorsan telt az idő.

Az egyetlen vigasz volt számára, hogy Béla bácsi az apjával együtt most már úgy vigyázhat rá, ahogy mások nem. Az égből most már ismerték minden belső érzését.

Matthew-val együtt figyelte a gyerekeket, sokkal gyakrabban volt otthon most, hogy a választási szezon véget ért. Amikor az apja júliusban eljött hozzájuk – Papának hívták –, látta, hogy az idősebb generációk gondoskodása hogyan tudja elősegíteni azt a fajta erkölcsiséget, amit Marika és Terike számára akart.

Segített lefektetni a lányokat, együtt mondta velük a rózsafüzért a felekezeti különbözősége ellenére, és még a térdei nyikorgása és a kitartó fájdalmak ellenére is térdelt velük.

Nem sokkal korábban olyan rosszul lett, hogy az orvosok azt hitték, nem éli túl. Miután Matthew kifizette, hogy Port Harcourtba hozzák, mindketten tudták, hogy az idős férfi túl gyenge ahhoz, hogy visszatérjen a faluba.

Eleinte idegeskedett, hogy egy ilyen beteg ember van náluk – nem a fertőzéstől vagy a terheléstől való félelem miatt, hanem mert aggódott, hogy nem tudja, mit tegyen, ha sürgősségi ellátásra van szüksége.

Hamarosan belerázódott a rutinba, hogy az apósa itt van. Olyan kíváncsi volt, végtelenül sokat kérdezgette Magyarországról, és Judit megosztotta vele a lányokkal folytatott katolikus neveléssel kapcsolatos küzdelmeit. Mivel anglikán pap volt, elutasíthatta volna a vallással kapcsolatos nézeteit, de soha nem volt egy rossz szava sem.

Egyszer egyenesen megkérdezte Judittol, miért imádkoznak a katolikusok Máriához. Azt válaszolta, hogy Jézus ezt várta el, és Krisztus anyja iránti szeretetét egyenlővé tette azzal, ahogyan az idősebb férfi a saját édesanyját szerette, annak ellenére, hogy meghalt, amikor ő még csecsemő volt.

Viszonválasz helyett egy pillanatig elgondolkodva ült, mielőtt őszinte megértéssel bólintott.

Olyan szelíd volt. Kedves.

Matthew történeteiből tudta, hogy nem volt mindig az, de nagyapaként minden lélegzetvételével kimutatta őszinte törődését.

Ettől Judit szíve megdobbant.

Bár nem volt elég jól ahhoz, hogy visszautazzon a faluba, Matthew apja nemrég elutazott, hogy meglátogassa az elhidegült feleségét – ez volt a gesztusa annak, hogy még mindig törődik a gyermekei anyjával, miközben az egészsége kezdett megromlani.

Ahogy Judit hónapokon át figyelte őt, órákon át beszélgettek a különböző kultúráikról, vallási nézeteikről és általában az életről. Judit úgy kezdte szeretni őt, mint a saját apját.

Talán egy harmadik apaként, most, hogy a másik kettő eltűnt.

A halál szörnyű dolog volt.

Néha az édesanyjára és Judit nénire gondolt, akik hosszú, boldog házasság után megözvegyültek, és könnybe lábadt a szeme. Ilyenkor a saját házasságára gondolt, és azon tűnődött, vajon túlélné-e Matthew nélkül. Talán még a traumát sem élné túl, amit a férje elvesztése okozna neki.

Talán nem is akarná.

Bármennyire is hátborzongató volt a gondolat, rájött, hogy reméli, együtt halnak meg. A hátrahagyás fájdalma egyszerűen túl nagy volt – bizonyára sokkal nagyobb, mintha ezt a földet hagyná maga mögött. Ahogy ő és Papa egyre közelebb kerültek egymáshoz a náluk töltött hónapok alatt, nem volt hajlandó szomorúnak vagy akár lemondónak érezni magát.

Lehetőséget kapott arra, hogy szeretetet mutasson és szeretetet lásson – alkalmat arra, hogy a lányait egy gondoskodó, nagyapai jelenléttel nevelje fel. Ezt addig akarta megbecsülni, amíg csak tudta. Mert tudta, hogy már nem sok idejük van hátra.

És egy decemberi késő este Papa, a harmadik apja hirtelen összeesett az ágyában. Matthew az egyetlen autójukkal volt távol, ezért Judit a szomszédjukhoz, Okonnynéhez rohant. Ő elvitte őket a Braithwaite Memorial Kórházba, Judit útközben masszírozta Papa fejét és mellkasát. Félt, hogyan fog egyedül megbirkózni a halálával, és hogyan fogja Matthew érezni a távollétét.

Az ő és a kórházi személyzet erőfeszítései nem tudták megállítani a beteg, idős férfi halálát.

Két apja is elhagyta őt.

Túlságosan hamarosan Papa is elment.

Hálás volt, hogy nem a karjaiban vagy Matthew jelenléte nélkül halt meg. Hálát adott Istennek ezért.

Ez a kegyelem azonban nem sokat enyhített a valódi fájdalmon, a mellkasát betöltő ürességen, az otthon természetellenes csendjén, és azon az érzésen, hogy valaki hiányzik.

Az elhagyatottság fojtogató érzését.

Valóban ez volt a halál legkegyetlenebb része – ahogyan az élet folytatódott, visszatartva a vigasz és a pihenés legkisebb helyét is a halott túlélőitől.

Papa távozott. De Juditnak még mindig két fiatal lányról kellett gondoskodnia, lányokról, akik előtt még az egész élet állt. A lányainak szüksége volt rá.

Ahogy idősebbek lettek, néha már inkább tűntek barátainak, mint a kicsinyeinek. Olyan gyorsan belenőttek a kis személyiségükbe, és alig várták a tinédzserkor szabadságát és önállóságát. Kíváncsi volt, hogy kik lesznek. Vajon ők is az anyaságot választják majd, mint ő? Vajon olyan erős akaratúak lesznek, mint Ebinimi, korán érettségiznek, és a fél világot beutazzák egy olyan helyre, amelyről még sosem hallottak? Az orvostudományt, a mérnöki pályát, a művészetet vagy az építészetet választanák? Talán a saját zenei érdeklődéséből is többet átvettek, mint a többiek – szerettek kis dalokat kitalálni és táncolni rájuk.

Függetlenül attól, hogy mit választanak, amit remélt – és amire szüksége volt –, az egy boldog, stabil élet volt számukra.

Az apja, Béla bácsi és Papa távollétében is elszántan törekedett arra, hogy a legkisebb lányait azzal az erős erkölcsi iránytűvel nevelje, amit a testvéreikbe is belenevelt.

Ahogy Terike az ebédlőasztal mellett ült, és egy Disney-figurát színezett, Judit úgy gondolta, felnőttként látja a lányt.

„Anyu?" – kérdezte a kislány, a szeme még mindig a rajzra meredt.

„Igen, kicsikém?"

„Neked nincs apukád."

A gyermek ártatlansága alig enyhítette a kijelentés szúrósságát, de Judit nagyot nyelt, és egy határozott bólintást kényszerített ki.

Terike felnézett a színezésből, állát a tenyerébe támasztotta. „Hogy tudsz élni az apukád nélkül?"

Judit odament a lányhoz, majd fájt a szíve, hogy felemelje, a karjába bölcselje, mint amikor a lányok kicsik voltak. Ehelyett megjátszott egy pillantást a lány képére, és affektáltan laza hangon azt válaszolta: „Hogy jutott ez most eszedbe?".

„Csak nem tudom elképzelni, hogy nélküled vagy apuka nélkül élek." Terike ekkor felállt, és átkarolta az anyját. „Megölném magam, ha meghalnál!"

„Nem!" – Judit felkiáltott, mielőtt meg tudta volna állítani magát. A gyerek megjegyzése olyan volt, mint egy éles ütés a mellkasába. „Nem" – mondta újra, szelídebben. „Ne mondd ezt! Egy anyának a gyermeke előtt kell meghalnia." Óvakodva attól, hogy éles válasza felzaklatta a gyereket, lehajolt a lány szemmagasságába. „Képes leszel nélkülem is élni."

Ahogy csend telepedett köréjük, Terike csak bólintott.

25. fejezet

KAMRÁK

———

AZ ESŐ ZÁPOROZOTT az esernyőikre, nyugtalan ütemes ütésként sürgette őket, hogy haladjanak a céljuk felé. A múlt idők iránti nosztalgiával teli fájdalommal vándorolt Matthew a temetőn keresztül, Obi szorosan követte, és addig hunyorogtak a sírkövek tengerén, amíg el nem értek a nagy ember nevét tartalmazó emléktáblához, amelynek oldalába a nagy ember nevét vésték.

Koós Albert. Judit apja.

Miután már járt Bartók Béla sírjánál, hogy lerója kegyeletét a híres zeneszerző előtt, érezte, hogy a hideg nedvesség beszivárog a ruhájába. Matthew lába belesüllyedt a sárba, a nedvesség csöpögése megérintette a zokniját, ahol a talpa hasogatni kezdett. A feladatukra összpontosítva nem törődött a kellemetlenséggel.

Csendben állva nézte a jól bejáratott sírhelyet, miközben Obi mellette téblábolt.

A fia nem értette, miért volt hajlandó kimozdulni az esőben, csak azért, hogy meglátogassa a temetőt. Ahogy érezte, hogy új életszakaszba lép, időnként szentimentális lett, és elgondolkodott mindazon, amit elért – és mindazon, amit nem. Politikai vállalkozása még nem hozott sok sikert, és a JUMA – a korlátozott előrelépések ellenére – végül is kevés haszonnal zárult. Matthew remélte, hogy ez az életről való elmélkedés segít majd neki a továbblépésben.

Hosszú, néma szünet után a fiára nézett. Obi tekintete a távolba meredt, szórakozottan, valószínűleg a saját élete miatt – most már orvostanhallgató volt, most már férfi volt. Matthew jól emlékezett a saját életének erre az időszakára, minden tele volt ígérettel és lehetőséggel.

Lehetetlen volt nem büszke lenni a legidősebb gyermekeire, akik mindhárman új életet építettek maguknak, távol Judittól, a kishúgaiktól és tőle.

Ezen az utazáson a büszkeség egy másik pontja is megragadta. Ezúttal végre megengedhette magának, hogy támogassa őket az egyetemi tanulmányaikban, ahogyan mindig is elképzelte. Ahogy leültek vacsorázni, hogy megünnepeljék a két fiú születésnapját, érezte a pénzgurigát a zsebében, és alig várta, hogy lássa az arcukat, amikor előveszi. Arról álmodott, hogy egyszer majd olyan helyzetben lesz, hogy így segíthet a gyerekeinek. Minden egyes újabb sikertelen vállalkozással, minden egyes új szükséglettel, amelyet a falusi családja hozott neki, ez az álom elszállt.

Nem mintha neheztelt volna, hogy a pénzét a családjával osztja meg. Hozzájuk képest ő és Judit rendkívül kényelmes életet éltek. Az ő kötelessége volt tehát, ahogy az a nigériai családokban szokás volt, hogy rendszeresen pénzt küldjön nekik, és tanácsot adjon, hogy mit vegyenek belőle – 2000 naira szárított halat, 550 naira pálmaolajkonzervet, 250 naira ogbono magokat, és minden más szükségletet.

Amikor ezekről a dolgokról volt szó, tényleg nem volt más választása. Nemcsak a feleségével és a gyermekeivel szemben várták el tőle, hogy felelősséget vállaljon, hanem a szülei és a testvérei iránt

is – mindannyian családtagok voltak. Mindannyiuknak támogatásra
volt szüksége.

Ő többet akart adni a támogatásnál. Nemrég földet vásárolt
Tombiában, egy viszonylag nagy telket, amelyen egy kúria, egy ven-
déghár és egy cselédház épült volna – egy időben úgy gondolta, talán ő
és Judit ott vonulhatnának vissza, az apja a vendégházban, a gyerekek
és a többi családtag pedig akkor látogatná meg őket, amikor csak
akarja. Valamikor csináltak néhány fejlesztést a birtokon.

A jövőjének ebben a változatában sok mindent elért, növelte a
család vagyonát, miközben nem volt hajlandó részt venni a nigériai
cégvezetők és politikusok korrupciójában. Ebben az elképzelt életben
sikeresen segítette az embereit – nem csak a családját, hanem egész
Rivers államot. Befolyásos és nagy tiszteletnek örvendő politikusként
vezette volna be azt a változást, amelyet fiatalabb korában elképzelt.
De ahogy az idő előre kúszott, sok ilyen álma az út szélére került.

Egyrészt a politikai karrierje megbukott.

Talán jobb is volt így. Végül is, bár nem sikerült az SDP-t kormány-
zati győzelemre vezetnie, a politikai színtérről a szabadságával és az
életével együtt távozott.

Ez több volt, mint amit sok nigériai vezető elmondhatott magáról.

Éppen az előző év novemberében a védelmi miniszter, Sani Abacha
tábornok vezetésével egy vértelen puccsal eltávolították az ideiglenes
elnököt. Abacha, egy alacsony férfi – aki valamiféle Napóleon-
komplexussal rendelkezett – hosszú törzsi hegeket viselt az arcán, a
mély, sötét vonalak végigfutottak mindkét arcon. Abacha fenyegető
alak volt, különösen a sötét napszemüveghez való vonzódása miatt, és
nagyon sajátos nézetei voltak arról, hogyan kell az országot irányítani.

Miután Ibrahim Babangida tábornok érvénytelenítette a júniusi
elnökválasztást – ezt a folyamatot Matthew jól ismerte abból a szívfáj-
dalomból, amit ez neki és a többi SDP-vezetőnek okozott –, az ország

vezetése Ernest Shonekan törzsfőnökre hárult, egy magasan képzett, drótkeretes szemüveges ügyvédre, aki zökkenőmentesen váltogatta a nyugati üzleti öltözéket és a joruba törzsének hagyományos ruházatát. Shonekan intellektuális hitelessége ellenére a katonai vezetők hiányosnak találták őt – pontosabban egy bizonyos katonai vezető hiányosnak találta.

Alig néhány hónappal azután, hogy átvette az ideiglenes elnöki szerepet, a heges arcú Abacha megbuktatta a kormányát, elfoglalta Nigériát, és az országot ismét katonai uralom alá helyezte. A két politikai pártot, az SDP-t és az NRC-t feloszlatta. Abacha ezután saját hatalmát rendelte el, jogot adva magának arra, hogy bárkit, akit csak kíván, akár három hónapra is bebörtönözhessen.

Az írás a falon volt. Ha a politika életképes út volt Matthew számára, akkor ez most már biztosan nem volt így. Politika nélkül mi maradt neki?

Tudta, hogy a politika nem a legjövedelmezőbb karrierút. Annak ellenére, hogy a falubeliek másként tekintettek rá – sőt, még éljeneztek is neki –, viszonylag kevés pénzt vitt haza. Bizonyos értelemben büszke volt erre. A legkövetkezetesebb platformja az volt, hogy a politikai színtérre lépett azzal az elhatározással, hogy harcolni fog a csalás ellen. Sok gazdag nigériai politikussal ellentétben ő nem volt hajlandó a saját zsebeit a közpénzekből tömni.

Dolgozott a magánszektorban, amikor a Shellnél volt, és a közszférában, amikor a WAGI-nál, majd nem sokkal később a Waterglass Hajógyárnál dolgozott. Egyik sem nyújtott nagy biztonságot, a fizetések a legjobb esetben is rendszertelenek voltak, és viszonylag csekélyek, amikor rendszeresen érkeztek.

Mit csináljon most?

Mit tudna most csinálni?

„Apu?"

Obi kérdése kirázta őt az álmodozásból, és visszatért a magyarországi vacsoraasztalhoz, hogy mindkét legidősebb fia őt bámulja. „Eh, mi van?" A fia értetlenül nézett. „Azt kérdeztem, hol dolgozol most." Erre Matthew eleresztett egy jellegzetes kuncogást, és végül elővette a zsebéből a pénztárcáját. „Nagy dolgok történnek" – mondta. „Ezután a tajvani utazás után…" – hagyta, hogy egy pillanatra elnémuljon a levegő. „Minden rendben lesz."

Amikor átnyújtotta a készpénzt – kétezer amerikai dollárt – az asztal fölött, Tonye szeme elkerekedett. Ez jól esett.

Egy fiúnak büszkének kell lennie az apjára.

Valójában a tajvani üzletből származó pénz még nem érkezett meg. Tudta, hogy fog, ha csak időt adnak neki, de egyelőre az ő és Judit számláján közel nulla volt a pénz.

Új üzlettársa, Lee adta kölcsön a pénzt. A kínai ugyanolyan biztos volt benne, mint Matthew, hogy az üzlet hamarosan megköttetik. Csak röviddel azelőtt találkozott Leevel, de a kettőjük között azonnal kialakult a kapcsolat. Míg Matthew akadémiai és szociális erősségei ellenére nehezen tudott üzleteket kötni, Lee vállalkozói zsenialitást vitt a partnerségbe. Matthew karizmájával és Lee üzleti érzékével együtt tökéletes csapatot alkottak.

Így amikor átadta a pénzt a fiainak – ez a gesztus túlságosan is lazának tűnt egy ilyen ajándék súlyához képest –, megnyugtatta magát, hogy jól döntött. Leevel a képben bőven lesz még, ahonnan ez jött.

Úgy gondolta, az apja büszke lenne rá. Prédikátorként megtanította Matthew-nak a tisztesség fontosságát – kiállni az esélytelenebbekért, és törekedni arra, hogy jobbá tegye a dolgokat. Egész életében ezek szerint az elvek szerint élt, mert bár nem mindig szerette az apja tanításait, tisztelte a céljukat.

Az apja rendíthetetlenül szigorú volt vele. Gyermekkori otthonában – és a legtöbb barátja otthonában is – mindig jelen volt a hosszú, kissé hajlékony bot, amelyet a gyerekek megkorbácsolására használtak, ha rosszul viselkedtek.

A leckék, amelyek leginkább megragadtak benne, kevésbé kapcsolódtak a bothoz. Amikor az apja leckéire gondolt, a golyók jutottak eszébe.

Egyik nap nem tudta megcsinálni a házi feladatát. Az apja már korábban figyelmeztette, hogy egy ilyen mulasztásnak következményei lesznek, de ő nem engedelmeskedett, valószínűleg valami olyan gyerekkori játékba keveredett, amire már nem emlékezett.

Így hát az apja elvette egyetlen tulajdonát, egy sor csillogó, színes üveggolyót, és elégette a tűzben.

Most már értette, miért vette el őket az apja – a lecke, miszerint mindig be kell fejezni az esedékes munkát, messzire vitte. Bár akkoriban a veszteség fájdalma csípte; a gyermekkori büntetésekben oly központi szerepet játszó, fékezhetetlen frusztráció kitörése.

Más leckékre kellemesebb volt visszaemlékezni, például amikor Matthew ragaszkodott hozzá, hogy halat vigyen az iskolába uzsonnára, de mivel nem volt ebédes vödre, a húst a zsebébe dugta. Az apja megparancsolta neki, hogy többet ne tegye ezt, és egy ideig eleget is tett a parancsnak. Amikor legközelebb arra az ötletre jutott, hogy halat vigyen a zsebében, az apja fogta a nadrágját, és felvágta a zsebeit.

„De hát nem tehetek bele semmit!" – jajgatott.

„Helyes", mondta az apja tárgyilagosan. „Majd megtanulod a leckét."

Ettől kezdve próbált hallgatni rá. A történet mostanra a család kedvence lett, mert a gyerekei végtelenül mulatságosnak találták a gondolatot, hogy az ember a nadrágját halakkal tömje tele. Ez több mint viccesen ragadt rá. Arra emlékeztette, hogy az apja hogyan tanította őt fegyelemre.

Annyira szerette volna, hogy apja büszke legyen rá, hogy a népe

büszke legyen rá – és remélte, hogy ez sikerült is neki –, ezért magasra
célzott és magasra lőtt.

Nem volt mindig tökéletes. De mindig próbálkozott.

Minél idősebb lett, annál inkább kezdett rájönni, hogy a próbálkozás
az egyetlen, amit bárki megtehet. Ezt a leckét minden új üzleti vállal-
kozással, minden új üzlettel és minden új lehetőséggel újra megtanulta.
Néha a kevésbé valószínűnek tűnő dolgok jöttek be. Gyakrabban a
legbiztosabbnak tűnő dolgok lehetetlenül költségesek voltak.

Amikor a dolgok így mentek tönkre, csak annyit tehettél, hogy
átvészelted a fájdalmat, és továbbmentél. Nem volt értelme visszafelé
menni. Semmi értelme a mögötted lévő szerencsétlen körülményeken
rágódni.

Ezt próbálta elmagyarázni Juditnak, miközben ők ketten a kifize-
tetlen számlák egyre növekvő halmát fésülték át. Egykor lelkes volt
az új vállalkozásaiért, de most már nehezebb volt meggyőzni. Ott
volt vele, amikor minden új lehetőség elmaradt, amikor minden új
csekk nem érkezett meg, és minden új befektetés inkább növelte az
adósságukat, mintsem csökkentette volna.

Elmagyarázta feleségének, hogy ha kitartana, akkor ez a Leevel
való együttműködés megváltoztathatná a dolgokat. Most már a
kiskereskedelemmel akart foglalkozni – még egy kis vegyesboltot is
nyitott, ahol olyan háztartási cikkeket árultak, mint a fogkrém és az
elem. Az emberek mindig is ilyesmire vágytak. Egy ilyen üzlet nem
bukhatott meg.

Judit kétkedve bólintott, majd sóhajtott, és azt javasolta, hogy a
számlájukon maradt kis egyenleget használják fel arra, hogy kifizessék
a NEPA-nak járó tartozásuk egy részét. Nem tudták az egészet fedezni.
Igazság szerint már majdnem egy éve volt, hogy utoljára nullára
tudták hozni a számlakönyvük egyenlegét. De jóhiszeműségüket
bizonyíthatták azzal, hogy fizettek, még ha csak egy kis összeget is.

Néhány pillanatig csendben ültek, miközben fontolóra vette, hogy kimondja, amit mindketten hangosan tudtak – hogy a NEPA kifizetése azt jelentené, hogy újabb egy hónapig nem fizetik ki a lakbért. De vannak dolgok, amiket nem kell kimondani. Mivel semmit sem lehetett tenni, kedvesebbnek tűnt kimondatlanul hagyni ezt az igazságot.

Judit ekkor felállt az asztaltól, összegyűjtötte a számlákat és a felszólításokat egy gyűrött kupacba, minden egyes dokumentum roncsolódott a hónapok óta tartó kezeléstől, az üres ígéretek felhalmozódása minden egyes oldal szélét meggörbítette. Matthew ott maradt, miközben a naplementét nézte az ablakon át, és azon tűnődött, vajon őrült-e, hogy elhiszi, hogy a dolgok jobbra fordulnak.

Egyszerűen javulniuk kellett.

Matthew egész éjjel ragaszkodott ehhez a hithez. Másnap folytatta a munkáját, ellenőrizte a főkönyveket és gépelte az új vállalkozásukkal kapcsolatos papírmunkát, majd elküldte faxon – a megszerzett új irodai berendezéssel kapcsolatos lappangó izgalommal együtt – Leenek Lagosba. Másnap lemerészkedett a kisboltba, felmérte a vásárlók körét, és megfigyelte, hogyan mozognak a boltban.

A dolgok jobbak is lehetnének ott, gondolta. Talán átrendezhetne néhány kirakatot, hogy a gyakrabban vásárolt árucikkek közül néhányat az elejére helyezzen.

Így telt el a harmadik, a negyedik és az ötödik nap is, Matthew a dolgát végezte, és a mellkasába a megszokott optimizmus érzése telepedett.

Amikor másnap leült az üzlethez, hogy megtervezze az elkövetkezendő órákat, miután a lányok iskolába indultak, öt éles kopogás hasította át a reggeli nyugalmat. Judit előtt ért az ajtóhoz, és azon törte a fejét, hogy kit találhat a másik oldalon. Amikor kinyitotta, a birtokigazgató grimaszt vágott.

„Á, Doktor Mamah" – mondta kényelmetlenül és kissé agresszívan.

„Még ma ki kell fizetniük a lakbért!"

Matthew nagyot nyelt, nehéz gödör képződött a gyomrában.

„Tudom. Hamarosan meglesz a pénz. Adjon nekünk csak…"

„Nem." A férfi arca kellemetlenségből türelmetlenséggé változott.

„Már sokszor figyelmeztettük önöket. Amíg nem tudnak fizetni, addig távozniuk kell."

Ekkor megérezte Judit jelenlétét a háta mögött, és amikor felé fordult, az arca hamuszürke volt.

„Csak még néhány nap…"

„Nem" – mondta a férfi szigorúan. De ahogy a tekintete Matthew válla fölött Juditra siklott, megenyhült. „Holnapig el kell menniük."

Ekkor a férfi megfordult és elsétált, miután a reggeli csendet békés kegyelmi időből hátborzongató fenyegetéssé változtatta.

Judit is megfordult. Szótlanul visszasétált a hálószobába, és Matthew hallotta, ahogy a bőröndöt kicsúsztatja a szekrényben lévő helyéről, és az ágyra helyezi, majd a fogasok zörgése követte. A lába mintha megdermedt volna.

Egy darabig állt ott – nem tudta megmondani, mennyi ideig –, mígnem Judit hangja áttörte a csendet, túl hangosan és túl nyugodtan szólt. A legmegfelelőbb helyről kezdett beszélgetni, ahová menedéket találhatnának anélkül, hogy feláldoznák a büszkeségüket és a hírnevüket.

„Talán Miriamhoz" – mondta.

Ismét szörnyű csend telepedett rájuk.

Hallotta, ahogy a felesége levegőt vett, mielőtt újra belekezdett.

„Biztos vagyok benne, hogy Miriamnál maradhatunk."

A Maine államból származó amerikai Miriam Isoun a munkájában a hatékonyságáról és találékonyságáról volt ismert, és Judittal egy ideje már egészen közeli barátságot ápoltak. A család viszonylag stabil, ha nem is különösebben jómódú volt. Társszerzője volt egy szakácskönyvnek, amihez a legtöbb környékbeli család előtt volt számítógépük. Matthew-hoz hasonlóan a férje, Turner is idzsa volt. Port Harcourtban egy nagy egyetem alkancellárja volt.

Sikeres volt.

Matthew gyomra felfordult a gondolattól.

„Igen" – mondta, a szó némán és erőtlenül hangzott a fülében.

Judit felhívta barátnőjét, aki a nigériai asszonyok közül a legpragmatikusabb lévén örömmel fogadta a segítség anyagi lehetőségét. Miután Judittal együtt beledobáltak néhány ruhát maguknak és a lányoknak a bőröndbe, nehéz léptekkel elsétáltak az egyetlen otthontól, amelyet a lányaik valaha ismertek, és elindultak Isounék háza felé.

Igyekezett nem túl sokat gondolni arra a nyers, kétségbeesett megaláztatásra, amit érzett. Az elméje hátsó részében egy morgó, rosszindulatú hang azt mondta neki, hogy cserbenhagyta a lányait, cserbenhagyta a feleségét, és szégyent hozott az egész családjára.

Neki kellett volna a népe reménységének lennie. Mire jutott ezzel? Azok után, hogy évekig kiállt az igazáért, hogy harcolt a reformokért, ezt kapta. Megsemmisítően igazságtalannak tűnt.

A szíve mélyén mégis tudta, hogy helyesen válaszolt Obinak. Valami nagy dolog közeledett – a csontjaiban érezte. Így amikor a hang az elméje hátsó részében csengett, a hang, amely azt mondta neki, hogy az álmainak vége, hogy soha nem fog munkát találni vagy üzleteket kötni, miközben a felesége barátjának a hálószobájában aludt a padlón, összeszorította az állkapcsát, és ragaszkodott ahhoz, amit igaznak tudott.

Hamarosan vége lesz az egésznek. Csak optimistának kellett maradnia.

Olyan kaliberű iróniával, amiről a költők csak álmodtak, jött a válasz.

Felkérték, hogy vezesse a Port Harcourt-i Kereskedelmi, Ipari, Bányászati és Mezőgazdasági Kamara csalásait vizsgáló ad hoc bizottságot. A kamara egy ideje botrányba keveredett. A tagdíjak rejtélyes módon eltűntek, aminek következtében a bank lefoglalta a kamara letétjét. Ennek következtében a tagok elkezdték visszatartani a befizetéseiket, mivel nem voltak hajlandóak jó pénzt adni egy olyan szervezetnek, amely megbízhatatlannak bizonyult.

A helyzet beavatkozást követelt. Vizsgálat nélkül nem lehetett igazán megérteni, hogy mi történt, és a probléma teljes terjedelmének megértése nélkül nem kérhették észszerűen a tagoktól, hogy a jövőben is nyújtsanak pénzügyi támogatást.

Így most Matthew-t, egy olyan embert, aki köztudottan megvetette a korrupciót – egy olyan embert, aki jelenleg hajléktalan volt, mert a csalás elleni etika nem fizetett – kérték fel a vizsgálat vezetésére.

Ez volt az, amire várt – ebben biztos volt. Egy esély, hogy újjáépíthesse a nevét, mint közösségi vezető. Ez egy lehetőség volt arra, hogy befektessen a „Kamrákkal" – ahogy az emberek informálisan nevezték a szervezetet – való együttműködésbe, és talán még abban is segíthet, hogy a csoport kiássa magát abból a zűrzavarból, amelyben volt.

Gondolkodás nélkül elfogadta a szerepet.

A nyomozás viszonylag egyszerűnek bizonyult. Miután kikérdezte azokat, akik a kamara korábbi elnökével, Mr. Woparával dolgoztak együtt, és átfésülte a kamara pénzügyi adatait, Matthew világosan látta a visszaélések nyomát.

Természetesen voltak ellenérvek is. Wopara azt állította, hogy a számvitelért felelős tisztviselő meghamisította az aláírását a kérvényen, de erre nem volt bizonyíték. A számvitelért felelős tisztviselő azt is állította, hogy Wopara utasította őt, hogy a legtöbb csekket fújja fel.

A felfújt csekkeket viszonylag könnyű volt kiszúrni, ha tudták, mit kell keresni. A kisebb kiadási számlák feltöltésével Wopara összesen 376 282 nairát nyúlt le a kamara költségvetéséből.

Ez megdöbbentő összeg volt a szervezet számára, amelyet szinte kizárólag a tagdíjakból tartottak fenn. Még megdöbbentőbb volt Matthew számára, aki ebből az összegből a családja minden adósságát ki tudta volna fizetni.

Annak ellenére, hogy tudta, mit tudna tenni egy ilyen összeggel, Matthew úgy érezte, igazolva van a korrupcióellenes álláspontja. Wopara egy ideje úgy élt, mint egy király, és sajnos Matthew tudta, hogy valószínűleg megússza a csalást, még akkor is, ha lebukik.

Amikor a bizottság meghozta végső döntését – amelyben azt követelte, hogy Wopara, a pénzügyi titkár és a könyvelő együttesen fizessék vissza az összeget és a felhalmozott kamatokat –, a volt elnök csalása új reményt keltett Matthew számára.

A kamarának új elnökre volt szüksége.

Talán neki kellene az lenni.

Ez a szerep – azzal a munkával együtt, amelyet ő és Lee Ázsia-szerte elkezdtek – a család megmentője lehet.

Persze, még ha meg is választották volna elnöknek, a kamarai fizetés nem volt sok. Mégis, némi havi jövedelem, valamint a kapcsolatok, amelyeket a szervezet vezetésével ki tudott alakítani, elég lehetett ahhoz, hogy a család végre ismét stabil lábakon álljon.

Ekkor határozta el, hogy indul, és bár ez a választás kétségtelenül semmi volt azokhoz a kiterjedt kampányokhoz képest, amelyeket az SDP Rivers állami elnökeként szervezett, a politikáról – még egy olyan magánszektorbeli csoport politikájáról is, mint a kamara – elég sokat tudott.

Néhány hétig tartó, befolyásos kamarai tagok támogatását kérő kérdezősködés után – ezalatt a hetek alatt sikerült összegyűjtenie annyi pénzt, hogy a családja visszaköltözhessen az otthonukba – Matthew győzedelmeskedett.

Nemcsak hogy kegyesen és hálásan, de boldogan hagyhatták el az Isounok otthonát, hogy visszatérhessenek a saját házukba – ő lett a

Port Harcourt-i Kereskedelmi, Ipari, Bányászati és Mezőgazdasági Kamara új elnöke is.

Végre megvetette a lábát, és néhány hónapon belül változás fog bekövetkezni. Ebben biztos volt.

Már csak a családját kellett magával ragadnia. Teljes, rendíthetetlen hittel abban, hogy bármit meg tudnak hódítani, amit a fejükbe vesznek, leült Judittal, hogy új tervet készítsenek a jövőjükre nézve. A dolgok nem lesznek könnyűek, legalábbis egy ideig nem – áldozatokat kellett hozni –, de a család összefoghatott csapatként, és kihúzhatta magát ebből a helyzetből.

A csapatmunka nem volt mindig könnyű, és nem volt mindig szórakoztató. De ahogyan az apja évekkel ezelőtt megtanította neki a nehéz leckéket, neki is kötelessége volt megtanítani a gyermekeit a világról.

Ezért egy este, néhány nappal karácsony előtt behívta Marikát és Terikét a nappaliba.

„Lányok" – mondta. „Komolyan szeretnék veletek beszélgetni."

A kis szemöldöküket összevonták az aggodalomtól, de engedelmeskedtek, leültek, ahogyan utasította, és felbámultak rá.

Ahogy szembefordult velük, egyenesen a szemükbe nézett, mint két tisztelt kolléga, közölte velük a hírt. „Nagylányok vagytok" – szólította meg őket. „Szóval el kell mondanom nektek, hogy idén nem veszünk karácsonyi ajándékot."

Ahogyan ránéztek, olyan aggodalommal, amelyről érezte, hogy legalább annyira vonatkozik rá, mint a saját ajándékaikra, megszakadt a szíve. És mégis, nyomult előre, remélve, hogy tudják, hogy ezt a döntést szeretetből hozták – egy jobb jövő reményében.

Azt gondolta, hogy talán kérdezősködni fognak, hogy valamelyikük megkérdezi, „miért?". Ehelyett csak bámultak rá.

„Nincs pénzünk" – folytatta, betöltve a csendet.

A csend mintha visszarepítette volna őt arra a szörnyű napra, amikor az öt hangos kopogás érkezett az ajtón. Végül Terike megtörte. „Semmi baj, Apu" – mondta. „Úgysem akartam ajándékot." Attól félt, hogy a szavak hatalmas súlyuk alatt összezúzzák őt. Nem csak a csalódottság volt az oka, hogy apa volt, aki nem engedhette meg magának, hogy megajándékozza a gyerekeit. Annál is inkább, hogy ezek a szavak egy felismerést hoztak – a kislányai már nem voltak kislányok.

És mindannyian rendben lesznek.

26. fejezet

AFRIKAI NYÁR

———

A TÉRBEN PEZSGETT AZ energia, és a gyerekek nevetése táncolt a levegőben, az édes hangot a mohó kíváncsiság zümmögése szegélyezte.

„Nézd, milyen szép az enyém!" – kiáltotta az egyik kislány, gyöngyös mini-tekercseit oldalra csapkodva, ahogy előrehajolt, hogy megmutassa egy másik gyereknek a frissen festett tojását.

„Óóó!" – válaszolt a társa. „Nagyon tetszik!"

„Milyen színű a tiéd?"

A második gyerek előrehajolt, hogy belekukucskáljon a kis tálkájába, egyik szandálos lábát maga alá dugva. „Zöld lesz" – válaszolta. „Hosszabb ideig bent hagyom." Új barátjára pillantott, és tárgyilagosan hozzátette: „így sötétebb lesz".

A kislány gyöngyei megpendültek, ahogy nyomatékosan bólintott, és Judit nem tehetett mást, mint odalépett hozzájuk, és sugárzott az édes, ártatlan magabiztosságuk láttán, miközben bátorítóan a vállukra tette a kezét.

„Ezek nagyon szépek!" – dicsérte meg a lányokat, és mindketten büszkén vigyorogva néztek fel rá.

Átpillantva a többcélú terembe, látta, hogy Matthew egy asztalnyi gyereket a sakk szabályairól tanít. Odasétált hozzájuk, és csendben hallgatta, ahogy a férje elmagyarázta egy rövid afrofrizurás kisfiúnak, hogy míg a bástyák vízszintesen és függőlegesen is mozoghatnak, a parasztok csak közvetlenül előre.

A gyerek összeráncolt szemöldöke visszarepítette őt azokba az időkbe, amikor a saját fiai kicsik voltak, és elbűvölten hajoltak előre, miközben az apjuk magyarázta a bonyolult játékot. Annyira igyekeztek lenyűgözni az apjukat – hogy elsajátítsák a bonyolult szabályrendszert –, és annyira örültek, amikor végre legyőzték őt.

Ugyanezt az izgalmat látta ezeknek a gyerekeknek az arcán – számításai szerint több mint harmincan voltak –, amikor megtanulták, hogyan kell zsebkendőt hímezni és pörköltet keverni. Tágra nyílt, lelkes szemekkel gyűltek össze a zeneórák és a színjátszás köré, kis állatokat formáztak színes gyurmából, és festéket kentek hatalmas fehér papírlapokra.

Kacagtak és nevettek, és új barátokat szereztek.

De ami a legfontosabb, tanultak. Három és fél héten át merültek el a világ felfedezésének új módszereiben. Amikor a szüleik értük mentek, a gyerekek a nap felfedezéseiről meséltek, és az új tudásuk az öröm szimfóniájában áradt szét.

„Anyu, ma tanultunk egy új dalt!"

„Tudtad, hogy a pókoknak nyolc lábuk van, de a szúnyogoknak és a csótányoknak csak hat?"

„Ifeoma néni, gyere, nézd meg mit festettem!"

A felnőttek mind mosolyogtak, a gyerekek lelkesedése ragályos és imádnivaló volt.

És mindezt Judit tette lehetővé.

Amikor az ötlet először felmerült benne, szinte távolinak tűnt – inkább egy projekt homályos víziójának, mint egy teljesen kidolgozott

tervnek. Évekkel ezelőtt a fiai tízéves korukban részt vettek egy magyar-
országi nyári táborban, és nagyon szerették. Néhány hétre Zamárdiba
– egy Balaton melletti városba – utaztak, ahol kis kirándulásokon
vehettek részt, új dolgokat tanulhattak, új élményekben volt részük,
és új embereket ismerhettek meg.

Olyan fantáziát ébresztett bennük!

Bár tudta, hogy a Port Harcourt-i gyerekek minőségi oktatásban
részesülnek, azt szerette volna, ha a tanulásnak egy másik módját is meg
tudja mutatni nekik – egy olyan módot, amelynek középpontjában
a szórakozás és a játék áll, és amely lehetővé teszi számukra, hogy
használják a kreativitásukat.

Mindig is ezt a megközelítést próbálta bevinni a saját otthonába.
Miközben a saját gyermekei az étkezőasztalnál ültek és a házi feladatot
készítették, ő korrepetálta őket, és azt az energiát és fizikai izgalmat
használta, amit egykor zenetanárként remélt.

Az itteni iskolákban a gyerekek nem részesültek ilyen aktív tanu-
lásban – egyszerűen nem ez volt a preferált stílus.

Amikor az iskolák szünetet tartottak a tanórák között, a gyere-
keknek kevés lehetőségük volt a strukturált tevékenységekre. Sokan
közülük otthon maradtak, tévét néztek vagy a ház körül játszottak.

Ezért kieszelt egy tervet, hogy szervezzen egy „nyári" tábort – bár
Nigériában csak egy száraz és egy esős évszak volt a Magyarországon
tapasztalt négy helyett –, hogy elhozza az élményt Port Harcourt
gyerekeinek! Azzal, hogy a családoktól egy kis díjat szednek, és ezt
a pénzt összeadják, a témák és tevékenységek széles skáláját tudnák
kínálni. És talán még egy kis pénzt is tudna szerezni a saját családjának
a folyamat során!

Eleinte nem volt biztos abban, hogy hol adjon otthont a tábornak.
Miután meglátogatott néhány helyszínt, a Montessori-iskolában kötött
ki – ez a hely tökéletes volt, mivel a Montessori-módszer lehetővé

tette, hogy a gyerekek felfedezzék az őket érdeklő dolgokat, és ne egy meghatározott tantervet kövessenek. Mivel Baerbel, Judit barátnője volt az iskola igazgatója, az iskola vezetősége beleegyezett. Onnantól kezdve elkezdett szervezkedni. Tanárokat kellett toborozni, szórólapokat kellett terjeszteni, dekorációkat gyűjteni, regisztrációkat dokumentálni, és rengeteg ötletet kellett átnézni.

Néhány héttel később gyerekek hada tört be az iskola ajtaján, akik alig várták a programokat, amelyeket aprólékos munkával tervezett. A rendezvény sikere fenomenális volt.

Ahogy a szülők egy nap a napi tevékenységek után kivezették a gyerekeket, és a gyerekek csak úgy pezsegtek a napi tevékenységekről szóló beszámolóktól, több szülő megállította őt az ajtóban.

„Ezt jövőre is meg kell csinálnod" – mondta az egyik anya, és Judit mindkét kezét a sajátjába fogta. „A gyerekek olyan sokat tanulnak. Imádják!"

A nő mögött egy másik anya is csatlakozott a dicsérethez. „Igen, mindig olyan izgatottan jönnek ide!"

„Köszönöm" – válaszolta Judit, és boldog pír melegítette fel az arcát. „Nagyon örülök, hogy ezt hallom."

Nem csak kedvesek voltak – a dicséretük őszinte és megérdemelt volt.

És még nem is látták a nagy finálét!

Mivel Judit azt szerette volna, hogy a gyerekek előadjanak a szüleiknek, leült, hogy írjon egy darabot, amelyet a táborozók mindannyian segíthettek előadni. A Hófehérke dramatizálása mellett döntött, amelyet azért választott, mert a kis színészjelöltek számára sokféle szerepet kínált. A törpék szerteágazó gyűjteményével mindenki kaphatott a személyiségének megfelelő szerepet.

És a gyerekek sziporkáztak a szerepeikben! Az egyik gyermek „Kuka" szerepét játszotta el, és úgy szökdécselt végig a színpadon, hogy a közönség nevetés hullámait keltette. Egy másik bátran alakította a boszorkányt, magas hangú nevetése inkább aranyos volt, mint fenyegető, de mégis egy komoly színész lenyűgöző elkötelezettségét mutatta.

És – Judit alig hitte el – a legjobb jeleneteket az NTA, a nigériai televíziós hatóság dokumentálta. Váratlanul, éppen időben jelentek meg az iskolában a darab bemutatójára. Egy stáb, köztük világítóberendezéssel felszerelt férfiak, egy újságíró és egy videós, aki egy nagy kamerát cipelt a vállán, betáncolt a terembe, hogy közvetítse a darabot. A gyerekek elragadtatással néztek a stábra, ahogy a kamerák és a felszerelés felvonulása a terem hátsó részébe vonult.

Mindennek az élén Judit állt. Büszkeségtől duzzadva figyelte, ahogy a gyerekek hibátlanul adják elő a szövegkönyvét, a szülők nevetve és suttogva élvezték, hogy gyermekeik eljátsszák a történetet.

Soha nem érezte magát még ennyire kiteljesedettnek.

Ezzel együtt jött a késztetés, hogy kifejezze magát. Ez juttatta be ebbe a táborba – élete eddigi legnagyobb szakmai teljesítménye –, és ez az eredmény csak tovább szította kreativitásának tüzét.

Kaptak egy új számítógépet – ez is segített. Amint beüzemelték a gépet, az elméje eláradt ötletekkel. Egy sorozat vers és rövid sztori megírásával kezdte. Aztán a gyerekek – a tanítás – felé fordult a figyelme, és elkezdett egy katolikus gyermekkönyv-sorozatot írni, olyan anyagokat, amelyek segíthetnek a gyerekeknek megtanulni a vallás fontos tanításait, de mindig szórakoztató, magával ragadó módon.

Gyakran leült, hogy saját gondolatait és érzéseit is megírja, a szavak lefödelték – központosították –, miközben életének ebbe az új szakaszába lépett.

Lenyűgöző volt, ahogy az ötletek az elméjéből az ujjain át a képernyőn izzó pixelekig vándoroltak. Ugyanilyen érdekes volt az is, ahogy az alkotás aktusával hangot adott az elméjében eltemetett gondolatoknak – gondolatoknak, amelyeket nem tudott volna megfogalmazni, ha a nyelv formája és zenéje nem jelenik meg a monitoron.

Alig várta ezeket az elmélkedés csendes pillanatait, a nosztalgia, a fiatalabb éveiben kiérlelt szenvedély és tudományos készségek nosztalgiája keveredett a jövőre vonatkozó álmaival. Miközben ezen gondolkodott, azt írta,

„Elvesztem
A dobok és a zongora ritmusa között.
A logika közepette szomjaztam
Az álmokban és az érzelmekben rejlő szabadságra.
És otthon éreztem magam Afrikában.
A termékeny és puszta föld volt hamarosan az otthonom.
Még mi sem hiszünk a reinkarnációban.
De a káosz és a pusztítás közepette,
Szomjazom most a logikára és a rendre.
Egyesek szerint ez csak honvágy."

Az élet két otthon között furcsa volt ilyen szempontból. A fogadott otthonában, Nigériában olyan szépséget talált. Itt nevelte fel a családját, itt nőtt a férjével való kapcsolata, és itt épített új barátságokat. Az évek során néhányan eltávoztak a köréből, mint ahogyan édes barátnője, Rosemarie is.

Mások újonnan léptek be az életébe. A Nigerwives egyik tagja, a libériai Angie Ehimika nagyon közeli barátja lett. A sötét bőrű és vékony testalkatú Angie-nek három gyermeke volt, a legidősebb lánya egyidős a legfiatalabb Mamah-lányokkal. Angie sokat járt a házba, és mindig meghallgatta, amikor Judit megosztotta vele az elmúlt egy év küzdelmeit. Amikor beszélgettek, úgy érezte, hogy a terhei felszabadultak, az élet kihívásainak súlyát megosztotta egy másikkal,

ahogyan ő mindig is próbált másokért tenni, de amit mások nem
tettek meg érte.

Aztán ott volt Priscilla Okonny, aki az utca túloldalán lakott. A
lánya, Mosep tíz évvel volt fiatalabb Marikánál és Terikénél, akik
szerettek úgy tenni, mintha a kisgyerek a kishúguk lenne. A lányok-
nak tetszett, hogy Priscilla nem beszélt lekezelően velük, ehelyett
úgy társalgott velük, mintha a barátai lennének. Ahol Angie eddig
meghallgató fülekkel szolgált, Priscilla lehetőséget adott neki, hogy
meséljen a lányairól – tanácsokat adjon és kapjon a gyerekneveléssel
kapcsolatban.

Minél idősebb lett Judit, annál inkább rájött, hogy a különböző
kapcsolatok különböző típusú vigaszt és támogatást nyújtanak. Isten
jó volt hozzá, hogy barátságot adott neki ezekkel a kedves, segítőkész és
támogató nőkkel, akik mindannyian a saját erősségeikkel rendelkeztek.

Amikor egy délután felvette a telefont, és meghallotta Ebinimi
hangját, rájött, hogy a lánya is egy ilyen erős, bátor, gondoskodó nő lett.

Nem tudtak sokáig beszélgetni – a lánya épp a reggeli órákra készült,
és a nemzetközi hívások nagyon hamar drágák lehetnek. Mindig is
elégedetten hallgatta a fiatal nő életét a világ másik felén, és egyszerűen
csak hallgatta, ahogy a lánya egy vicces történetet mesélt egy egyetemi
eseményről, amelyen részt vett, és beszámolt a jegyeiről.

Mióta Ebinimi Amerikába költözött, rendszeresen így társalogtak.
Judit megtartotta magának a család legnehezebb megpróbáltatásait,
nem akarta a lányát terhelni a család nehézségeivel, amikor Ebinimi
a saját kalandjait élte át.

Bár nagy távolság választotta el őket egymástól, büszke volt arra,
hogy közel maradtak egymáshoz. Elvégre már átélt ilyesmit, amikor
Manchesterben éltek, és most is a családjával Magyarországon. Egy
kis szorgalommal és erőfeszítéssel, csak ritka látogatásokkal is fenn
lehetett tartani a kapcsolatot.

De ez nem jelentette azt, hogy elszalasztaná a személyes találkozás lehetőségét. Így amikor Matthew új üzleti kilátásai kezdtek virágozni, növelve a család anyagi stabilitását, megragadta az alkalmat, és három jegyet vásárolt Budapestre neki és az ikreknek. Ebinimi is vett egy jegyet, hogy találkozhasson velük.

Egészen addig nem is tudta, hogy mennyire szüksége van az újbóli találkozásra, amíg az időpontok meg nem állapodtak! Mielőtt észbe kap – bár az időt hosszúnak érezte, mivel izgatottan várta, hogy láthassa a nagyobb gyermekeit –, mind az öt Mamah-gyerekkel együtt lesz a hazájában.

A várakozástól dobogó szívvel arra számított, hogy a család melegsége és szeretete fogadja majd – de valami még csodálatosabbat talált, amikor évek óta először átölelte őket. Itt, azok között, akik szerették őt, békésebbnek érezte magát, mint valaha.

Ez a látogatás különlegesebb volt, mint a család korábbi magyarországi látogatásai, mivel Judit kedvenc ünnepére esett. A karácsonyt a Zsombolyai lakásban tölteni leküzdhetetlen örömmel töltötte el. Azokra az ünnepekre emlékeztette, amelyeket kislányként élt át. Édesanyja meleg étellel és mosollyal fogadta a családot, mint minden karácsonykor. Néhány dolog azonban megváltozott. Kilencvenéves korára anyja őszülő haja ragyogó fehérré változott, és a lakásban heverő csecsebecsék még frissen leporolva sem csillogtak olyan szépen, mint régen – emlékeztetve az eltelt időre.

Ennek ellenére Juditból még mindig áradt az izgalom, mint mindig az évnek ebben az időszakában.

Az első este a család moziba ment, ami a kislányok kedvére való volt, és egy olyan családi kirándulási lehetőség, amit mindenki élvezhetett. Miközben a család a mozi egyetlen sorában ült, Judit a gyerekek arcára pillantott, akiket megvilágított a vetítővászon fénye.

De a saját szemei könnybe lábadtak, amikor a film jellegzetes dala felcsendült. Az „Esmeralda imáját" énekelve a film hősnője mintha közvetlenül Judit szívéhez szólt volna. Juditnak eszébe jutott, hogy mindig is ez volt a hivatása: kiállni az esélytelenekért – az emberekért. Nosztalgikus és édes, a dal a szívéhez szólt, emlékeztetve őt arra, akivé egykor remélte, hogy válni fog – akivé, remélte, hogy vált.

A szíve fájt Esméraldáért, mert rájött, hogy a magyarországi cigányokat régóta hátrányos megkülönböztetés érte. Időnként ő is úgy érezte magát, mint Esméralda – meg nem értettnek, rémültnek és reménytelennek. Ő is Máriához fordult vigasztalásért, bízva abban, hogy a Szent Anya vigyázni fog rá.

A vallás mindig is vigaszt jelentett számára, de a magány súlya még mindig nehezedett a vállára. Mind vizuálisan, mind kulturálisan kitűnt nigériai szomszédai közül. Jól ismerte az értelmetlen erőszak félelmét, amelyet a mássággal szemben alkalmaznak – ez szorongatta meg a szívét azon az éjszakán, amikor Tonye véresen és zúzódásokkal tért haza a munkából.

Tovább gondolkodott, és arra gondolt, hogy gyerekként a Zsombolyai lakásban soha nem tudta volna elképzelni, mivé válik az élete. De most már kétségtelenül tudta, hogy hűségesen követte Isten útját.

Volt mit ünnepelni, kevés volt a gyász.

Gyönyörű lánya huszonegy éves lett – felnőtt, mint a fiúk majdnem két évvel előtte. Ahogy ott ültek annak az ismerős lakásnak a nappalijában, ugyanott, ahol évekkel ezelőtt ültek, amikor ő és Matthew megpróbálták meggyőzni az apját, hogy támogassa a kapcsolatukat, a testvérei egymás után érkeztek be.

Bori jött először, egy gyönyörű házi készítésű tortát hozva. Egy köszöntő után, amikor mindegyikük megcsókolta a másik arcát, Bori odabújt Judit mellé, és a derekára terítette a karját.

„Gyönyörű vagy, Jutka" – suttogta, egy csendes, édes, közös pillanat a testvérek között.

Valójában gyönyörűnek érezte magát. Aznap korábban elvitte a lányait a szépségszalonba – egy kis kényeztetés a lányoknak, amíg a fiúk az egyetemi fiúkat foglalkoztató dolgokkal voltak elfoglalva. Amikor a fodrász visszavezette a fejét a medencébe, lehunyta a szemét, és élvezte a víz meleg, kellemes érzését, ahogy a víz lecsorgott a fejbőrén, a kozmetikus ujjainak nyugtató nyomását, ahogy a hajkoronáját masszírozták. Hallotta, ahogy a lányai beszélgetnek és kuncognak, és bepótolják mindazt, amiről lemaradtak, amíg a hatalmas óceán elválasztotta őket egymástól.

„Fogd meg ezt itt" – kérte a fodrász, és Judit kezét a plüss, puha törülközőhöz vezette, amelyet a feje köré tekert. „És menjünk a székhez."

Judit engedelmeskedett, és belelazult a kényeztetés érzésébe – abba az érzésbe, hogy hosszú idő óta először minden felelősséget és irányítást átengedett valaki másnak.

„Anyu" – mondta Marika, és megragadta Judit kezét. „Olyan boldognak tűnsz."

„Boldog vagyok" – válaszolta.

Mivel aznap este a testvérek Ebinimi születésnapjára gyűltek össze, Bori is láthatta ezt a boldogságot – igazából Judit tudta, hogy sugárzik belőle. Bár furcsa volt bevallani, igazán szépnek érezte magát.

A gyermekei is messze túlszárnyalták a család elvárásait, ami, mint tudta, jó fényt vetett a szülői magatartására. Amikor közel negyedszázaddal korábban ő és Matthew ebben a nappaliban ültek Béla bácsival és a szüleivel, biztosak voltak benne, hogy jó életet tudnak együtt felépíteni, de nem álmodtak arról a sikerről, ami majd a családjukra mosolyog. Soha nem volt még orvos a családban. Most Tonye és Obi is jól haladtak az orvosi egyetemen – Tonyénak már csak egy éve volt hátra, Obi pedig szorosan a nyomában volt két évvel. Úgy tűnt, Ebinimi jó úton halad egy ígéretes karrier felé Amerikában. A kislányok gyönyörűek és boldogok voltak, pezsegtek az energiától és a könnyed nevetéstől.

Egy könnyed szorítás a vállán visszahozta a születésnapi ünnepségre, és ahogy körülnézett, rájött, hogy a testvérei mindegyike jelen van, együtt. Nem is emlékezett, mikor gyűltek össze utoljára mindannyian. Potyi szétosztotta a poharakat a teremben, köztük Ebiniminek is, aki most, hogy már Amerikában is elég idős volt ahhoz, hogy igyon, Magyarországon pedig bőven megfelelt az előírásnak, a családdal koccintott.

Az a gyönyörű lánya, szinte ragyogott a szoba közepén. Tőle jobbra Tonye állt csendesen, mindig is a visszafogottabb testvér, jóképűen a karcsú fekete garbójában. Obi pedig, mindig a mókás, Ebinimi mellett lebegett, viccelődött és ugratta őt egy-egy dologgal, a szeme ragyogott és vidám volt. A kislányok szaladgáltak a szobában, elégedetten és biztonságban a sok ember között, akik szerették őket.

Nevetés töltötte be a lakást, egy nagy, túláradó család csevegése, mintha zene szólt volna a levegőben, és Judit hirtelen úgy érezte, hogy elhívást kapott, hogy lépjen előre.

„Boldog, boldog, boldog születésnapot" – énekelte egy magyar születésnapi dal első sorát. Körbepillantott testvérei felé, tekintete finom invitálás volt a csatlakozásra, újra belekezdett. Ezúttal az egész család emelte poharát egymásra és a születésnaposra. „Kívánjuk, hogy legyen még sok ilyen szép napod!"

Együtt énekeltek.

Judit egész úton vissza Port Harcourtba visszaemlékezett az útra. Annyira örült a látogatásnak, távol a nigériai élet minden stresszétől, hogy még mindig ragyogott, amikor a repülőtéren üdvözölte Matthew-t. Észrevéve a fiatalodást, a férje elgondolkodva köszöntötte.

„Olyan gyönyörű vagy, Jutka" – mosolygott Matthew. „Újra feleségül vennélek!"

27. fejezet

SÓ ÉS CUKOR

APUCCS ELŐTTI NAPOKBAN Matthew a férfikor küszöbén álló fiú tágas, burjánzó álmait dédelgette. Reményei közül sok a saját életére vonatkozott – sikeres karrier, család, szabadság a világ felfedezésére –, de remélte a politikai erőt is a folyami idzsak számára.

És 1996. október 1-jén, több mint három évtizeddel azután, hogy először utazott Port Harcourtba tanulni, ez a remény végül valóra vált.

Rivers államból kiválva egy új állam született.

Bayelsa állam.

Matthew számára úgy tűnt, hogy a név optimizmust sugároz. Még a levegőt is mámoritónak érezte, akárcsak az 1960-as években. Akkoriban arról fantáziált, hogy a népe egyenjogúságot kap. És azzal, hogy Yenagoa – amelyhez Tombia, Matthew egyik ősi faluja is tartozott – lett az új állam fővárosa, úgy tűnt, hogy az elképzelése végre megvalósul. Lehetőség nyílt utakra, villanyra, folyóvízre és a virágzó földre, amely néhány évvel korábban még csak álomnak tűnt.

Talán Bayelsa állammal egy másik álma is beteljesülhetett. Mivel Bayelsában nem voltak ismert politikai vezetők, ő lenne a

legalkalmasabb a kormányzói posztra. Korábbi tapasztalatai meg-
tanították arra, hogy óvatosnak kell lennie az ilyen tervekkel – még
a legbiztosabb nigériai politikust is meg lehet buktatni kevés figyel-
meztetés nélkül –, de olyan tisztán látta politikai jövőjét ebben az új
államban, mint saját tükörképét a tükörben.

Egyelőre azonban kevés ideje volt a politikai törekvésekre – egyelőre
egy üzleti ügyletet kellett lezárnia.

Ahogy belépett az autóparkoló káoszába, egy férfi sietett el mellette,
a vállával megdobta Matthew-t.

„Lagos, Lagos!” – kiáltott vissza neki a férfi, de már el is tűnt a
dudáló autók hangjára nyüzsgő emberek tömegében. Jobbra-balra
kitérve férfiak sétáltak szögletes, fehér kisbuszok között, amelyek
némelyikén korábbi ütközések hegei látszottak.

„Ééé!” – kiáltotta egy férfi türkiz csíkos pólóban. „650 naira!
Személyautó!”

Egy másik férfi elrohant mellette, majdnem összeütközött Matthew-
val, miközben egy autó dudája utána üvöltött. Emberek forgószele
kavargott az utcákon – néhányan nigériai öltözékben és fejfedőben,
néhányan nyugati nyakkendőben és pólóban, sőt, néhányan papucs-
ban is.

„Hé!” – kiáltott újra a férfi.

Matthew átcsúszott a lázas tömegen, tekintetét egy kisbuszra sze-
gezve. Bár a kényelem szempontjából mindig előnyösebb lenne egy
személyautó, ilyen luxus aznap egyszerűen nem volt a költségvetésében.
Persze utazhatott volna repülővel is. De a légi közlekedés Nigériában
nemcsak drága, de gyakran kiszámíthatatlan is volt. Csak akkor repült,
ha feltétlenül szüksége volt rá, inkább a biztonságos utat választotta,
de a család zöld Mercedesével Judit közlekedés nélkül maradt volna.

Így hát, bár az autóparkok hihetetlenül kaotikusak voltak, a biz-
tonság megnyugtatásáért megérte.

„Még két hely!" – kiáltotta egy fiatalember, a kezét a szája köré kulcsolva.

„Lagos." – válaszolta Matthew, és kezet emelt a férfi felé, miközben a busz felé kocogott.

A férfi kinyújtotta a kezét. Nem lehetett idősebb tizennyolc-tizenkilenc évesnél, sejtette Matthew.

„150" – ismételte minden egyes lehetséges utasnak.

Bólintva Matthew elővette a pénztárcájából a pénzt, átadta, majd felszállt a buszra. A fiú szavaihoz híven az ülések zsúfolásig megteltek utasokkal. Matthew bepréselte magát a busz első ülésébe, kis utazótáskáját az ölében tartva, hogy minél nagyobb helyet biztosítson magának. A jármű forró volt a déli napsütésben, de az út gyorsan ment. Mindez megérte azt a díjat, ami a végén várt.

Nem sokkal korábban Matthew egy ötletbe botlott.

Bár Nigériának nem volt sót előállító ipara, a só iránti kereslet nagy volt. Lee Tzu-Lei, az üzlettársa jól ismerte az iparágat. Egy csendes, szerény kínai férfi volt, egyszerű frizurával és őszülő halántékkal, és félénk külseje mögött gazdag üzleti tudást rejtett. Tökéletes ellentéte volt Matthew-nak, aki karizmát és túláradó lendületet vitt az üzleteikbe.

Amikor erre az új vállalkozásra került sor, még fontosabb módon egészítették ki egymást – Kína, ahol Lee számos magas szintű kapcsolattal rendelkezett, a só jelentős exportőre volt, egy olyan egyszerű vegyületé, amelynek feltárására Matthew kiterjedt vegyészmérnöki képzettsége különösen alkalmassá tette.

A partnerség nyilvánvaló volt. Egymást kiegészítő erősségeikkel felfegyverkezve sógyártást hoznának Nigériába, és egy bimbózó iparág élére állnának. Ha sikerrel járnak, a tervek szerint a cukorgyártásba is belevágnak.

Az ötlet új szintre emelte kapcsolatukat. Egyre közelebb kerültek egymáshoz, és egymás erősségeire építettek. Matthew gyakran utazott

Lagosba, ahol Leenél szállt meg, és ketten késő éjszakába nyúlóan tervezgettek és osztották meg egymással meglátásaikat. De ez az utazás más volt. Ezen az utazáson ő és Lee csatlakozott az általuk összeállított nigériai üzleti partnerek csapatához, akik azért gyűltek össze, hogy aláírják az új cégük, a MEKEKE bejegyzéséhez szükséges végső dokumentumokat. Leevel és egy tanácsadó testülettel az oldalán magabiztosnak és erősnek érezte magát, a terv még a mindennapi felfordulás közepette is stabilizálta őt. Bár időnként csontjaiban érezte az út fáradalmait, gyakrabban az új lehetőségek ígérete zakatolt a testében fékezhetetlen energiával – egy kiszámított, eltökélt optimizmussal.

Ez az optimizmus elviselhetővé, sőt izgalmassá tette az üzleti utazást, ami nagyon jó dolog volt, tekintve, hogy nem volt kilátásban a vége.

Amikor elérte Lagost, Lee meleg mosollyal és határozott kézfogással üdvözölte. Másnap aláírták a papírokat, amitől a szíve megdobbant.

Miután Marika és Terike útlevelét átadták a lagosi magyar nagykövetségen megújításra, Leevel és több üzleti partnerével együtt elutaztak Lagos állam katonai kormányzójához és egy kínai sógyár látogatóba érkező igazgatójához.

Ezután visszament Port Harcourtba – csak tíz napra –, ahol a kamarai feladataihoz fordult. A Kamara elnökeként eltöltött igen sikeres évvel a háta mögött úgy érezte, hogy újonnan felfedezett üzleti érzéke a politikai sikerei küszöbére emelkedik.

Visszahozta a szervezetet a csődből. Ez több volt, mint amit még ő maga is remélt, amikor átvette a hanyatló csoportot. Nem hagyta, hogy a kamara csődbe menjen, ezért lelkesen vetette bele magát a szerepbe, rendszeresen találkozott Rivers állam katonai kormányzójával és a biztosokkal, és addig gyűjtötte össze a csoport korábbi és új tagjait, amíg a tagdíjbevételek ismét pozitívba nem fordították a kamara mérlegét.

Bayelsa állam bejelentését követően csatlakozott kamarai kollégáihoz, hogy bejelentse a következő év elejére tervezett első közös Bayelsa és Rivers állam kereskedelmi kiállítást. Az esemény történelmi jelentőségű lenne, de ehhez vissza kellett utazni Lagosból, hogy találkozzon a kiállítás tervezőbizottságával.

A sok különböző fókusz miatt néha úgy érezte, hogy az elméje kavarog, és úgy váltogatta a témákat, ahogyan cikcakkban járta az országot.

De mindig volt még tennivaló – legalábbis egyelőre –, és a munka ezúttal kifizetődő lesz. Ezúttal úgy tűnt, hogy a tervei szétterülnek előtte, kígyózva és összekapcsolódva, mint a folyók, amelyek a szülőföldjét szegélyezik.

Már a gondolattól is érezte, hogy a háta ellazul, a tüdeje megnyílik a gyermekkorának meleg öbölbeli levegője előtt. Mi lenne a hazája, most, hogy az idzsaknak megvan az államuk? Persze Bayelsa nem csak az övék volt. De bizonyos értelemben úgy érezték, mintha végre a sajátjuk lehetne. Legalábbis ő így érezte.

A gondolat hatására visszavágyott a gyermekkorába – az édesanyjához és néhai édesapjához. Évek óta, miközben Judittal a tombiai nyugdíjas éveiket tervezték, arról álmodozott, hogy megmutatja apjának, hogyan valósítja meg ambiciózus építési terveit a megvásárolt telken.

De amikor apja elhunyt, a kúria, a vendégház és a cselédház közül semmi sem készült el.

Most a vendégház állt, amelyben már az unokaöccse, a ház gondnoka lakott.

Ahogy most ott állt azon a telken, és csodálta az elkészült épületet, tisztán látta, hogy a másik két épület hogyan fogja majd szegélyezni a robusztus otthont.

Ez a föld hamarosan az otthona lesz, és lezárja élete körét azzal, hogy visszaviszi őt apja vidékére. Ott nyugodtabb életet élhetne – minden bizonnyal nyugodtabbat, mint a mostani utazási programja –, miközben előbbre vihetné néhány célját, amelyet évek óta magával cipelt.

Éppen aznap jelentkezett be a NECON-nál, a Nigériai Nemzeti Választási Bizottságnál, hogy konkretizálja szándékát, miszerint Bayelsa állam beiktatott vezetőségének tagjaként újra politikai pályára kíván lépni. Korábban már írt a katonai kormányzónak egy kabinetbe való beosztásért.

Mellette a tombiai törzsfőnök, Christian Otobotekere megerősítette gondolatát, és egy szűkszavú, gyors tempójú szónoklatban megjegyezte: „Nem szavaznék más kormányzóra, csak rád".

Matthew erre bólintott, miközben a két férfi a földet csodálva állt.

„Ari opu ye amo miegyini!" – folytatta a főnök. Nagy dolgokat fogsz tenni!

Matthew nem volt biztos benne, hogy a földre vagy az államra gondolt.

Bizonyos értelemben nem is különböztek annyira. Mindkettőre nagy vágyai voltak.

Ezek között kulcsfontosságú volt az aszfaltozott utak kiépítése, hogy a népet a falvak között pásztorolhassa. Bár az állam helyzete drámaian megváltozott az elmúlt hónapokban, az infrastruktúrája alig fejlődött – ha egyáltalán fejlődött – az ő gyerekkora óta.

Így hát, ahogy fiatalabb korában oly gyakran tette, bérelt egy hajót, hogy Tombiából eljuthatott az édesanyjához Ogbiába.

És ahogy már annyiszor látta, az anyja kirohant a házból, és felhördült az örömtől, hogy látja őt. A környékbeli gyerekek táncoltak és ugrándoztak mellette, ahogy a rögtönzött stégtől a házáig gyalogolt.

Ezt az otthont is ő építette.

Annyira különbözött gyermekkora vályogfalától, ez a ház téglából és cementből épült, és egy olyan látványt nyújtott, amely egykor olyan nagyszerűnek tűnt, hogy elérhetetlen volt. Az anyja bevezette őt a házba, és ragaszkodott hozzá, mint mindig, hogy meleg, de sovány ebédet szolgáljon fel neki, ami egy hal- és particsigalevessel készült. Csakhogy már nem az anyja főzött.

Ehelyett az anyja egy kopott székbe ült, miközben a húga, Ruth begyújtotta a tüzet és összeszedte a hozzávalókat.

„Ülj le" – szidta Ruth olyan hangon, amely szinte megdöbbentette az anyjukéhoz való hasonlóságában. „Fáradtnak tűnsz." Ahelyett, hogy helyet foglalt volna, oda ment, ahol a nővére, Comfort ült. Ruth kifújta a levegőt, és közben megrázta a fejét.

Matthew alig figyelt rá, a figyelmét inkább a húga állapotára összpontosította. Nevetés hagyta el az ajkát, és Comfort fanyar mosolyra fakadt.

„Hallottál valamit Dorcasról?" – kérdezte.

„Igen." A nő egyenesen a szemébe nézett. „Jól halad. Hamarosan új baba lesz a családban."

Ruth hangja megtört a tűzhely mellől. „Bo ye fe. Nagyon finom az étel."

Matthew követte Comfortot oda, ahol Ruth a sűrű levest kanalazta egy egyszerű műanyag tálba.

Comfort átvette a tálat a húguktól, és visszatért az asztalhoz.

„Olowiri onyi" – mondta az anyjuk. Egy fiú.

„Ezt ő mondja" – vágott közbe Ruth. „Én azt mondom, hogy lány. A baba magasan ül a testén." A hasa felé mutatott.

Ahogy Matthew átvette a saját tálját a húgától, a szoba egy pillanatra elcsendesedett.

„Olowiri onyi" – mondta ismét halkan az anyja. „Mint a fiam."

Lassan, némán vett egy tenyérnyi ebát, és az anyjára nézett, visszagondolva az Ogbiában töltött gyerekkori éveire. A legtöbbjük nem volt könnyű, sem neki, sem a testvéreinek.

Az anyját leginkább a körülményeik tették próbára.

És mégis, az ő gyermekkora boldog volt.

Nem volt sok mindenük. Ha jobban belegondolt, nem ez volt az a része a gyerekkorának, amire a legjobban emlékezett. Még csak a lista tetején sem volt. Ehelyett inkább a folyók vizében való úszásra, az anyja mellett való csónakázásra, a gyors fegyelmezés és a gondoskodás pillanataira emlékezett.

Nem sokkal azután, hogy elhagyta az anyja ogbiai otthonát, ismét útra kelt, és keresztbe-kasul bejárta az országot. Először északra, Kebbi államba utazott egy kiállításra. Aztán a néhány órányira lévő történelmi Argungu halászfesztiválra. Napokkal később ismét dél felé vette az irányt.

1997. április 10-én Port Harcourtban, a Bayelsa és Rivers állam közös kereskedelmi kiállításának megnyitóján a különleges pavilonba lépett.

A kiállítás már jóval a sóüzlet megkötése előtt megtervezték, és a rendezvényt az „Önálló gazdaság megvalósítása felé" témával ruházták fel. A témája még inkább illett a MEKEKE céljaihoz. A vállalat hatalmas lépést jelentett volna a folyami önellátás felé, és később, amikor a terv második fázisa beindult és a cukortermelés megkezdődött, Bayelsa még a legvirágzóbb nigériai államokkal is vetekedni fog.

Legalábbis ez volt az álma.

Matthew álmai mindig is ragályosak voltak; a pozitív energia terjesztésének képessége volt a legtermészetesebb adottsága. Ahogy a rendezvény központjába lépett, hogy üdvözölje a tömeget, ismét politikai törekvéseibe csöppent.

Úgy illettek hozzá, mint a kesztyű.

Miután üdvözölte a Rivers állam katonai kormányzóját és más méltóságokat – Bayelsa állam kormányzója és Kebbi állam kormányzója csak később érkezett a fesztiválra –, egy hagyományos dobos testület szólaltatta meg a nigériai nemzeti himnusz nyitányát jelző dübörgő alapot.

„Keljenek fel, ó, honfitársaim!" – énekelte a tömeg, hangjuk diadalmasan emelkedett a skálán. *„Nigéria hívásának engedelmeskedjenek."* Miközben énekeltek, Matthew körülnézett a Port Harcourt-i Szabadidőpályán, a tér tele volt lelkes vezetőkkel, vállalkozókkal és leendő üzletemberekkel. Megigazította a tunikáját, amikor a dal véget ért a virágzó fogadalomban, hogy *„szabadsággal, békével és egységgel"* szolgálják az országot.

Egy pillanatnyi szünet után, amelyben az utolsó hangmagasságok visszhangzottak, a levegőben elidőzve, előre lépett.

„Port Harcourt az olajban gazdag város ismét él!" – kezdte meleg, de parancsoló hangon.

A tömeg zúgolódott, néhány pillanatig szórványos taps tört ki körülötte.

Ahogy a taps beleolvadt a lelkes résztvevők zúgásába, Matthew nyugodtan és magabiztosan állt, és végignézett az eseményen. Alig néhány hónap múlva tölti be a negyvenkilencet – mindössze egy évvel a jubileuma előtt.

Aligha állt meg ünnepelni, ehelyett egy újabb útra indult – egy újabb lépésre ezekben az új, izgalmas vállalkozásokban. Bár az ünneplést minden bizonnyal megérdemelte volna, figyelembe véve mindazt, amit abban az évben elért, éppen ezek a sikerek tették az ország iparának előmozdítására tett ígéretet sokkal méltóbb ünnepléssé, mint egy olyan este, amelyen saját magára összpontosít.

A MEKEKE vállalat idővonala kialakult. A következő születésnapja előtt a sótelepek teljes termelésbe fognak állni, a cukorgyárak pedig hamarosan követik. A második éves kereskedelmi kiállítás kétségtelenül még nagyobb siker lesz, mint az első, ami lenyűgöző teljesítmény volt, tekintve a kiállítások, kulturális előadások és méltóságok beszédei során a résztvevők arcán látott örömöt.

Addigra az új állam kormányzati struktúrája is létrejön, és éppen akkorra alakul ki, amikor ő arra készül, hogy visszavonuljon az új vállalat alapításának aktívabb részeitől.

Ha eleve elrendezte volna a következő év pillanatait, tökéletesebben nem is lehetett volna elrendezni őket.

Évekkel ezelőtt azt hitte, hogy tudja, mit jelent úgy élni, ahogy az apja mindig is parancsolta. Útközben nagyobb sikereket ért el, mint amilyeneket valaha is el tudott volna képzelni, mint az a kisfiú, aki a könnyeivel küzdött, amikor a golyói elolvadtak a tűzben.

A fesztiválok új erőt gyújtottak Matthew-ban, és ezt vitte magával, amikor három új üzlettársával – Albishir, Garba és Idris alhadzsikkal – elindult Tajvanra. Az utazás segíteni fogja őket abban, hogy kapcsolatokat építsenek ki, és meghatározzák mindazt, amire szükségük van a sikeres működéshez. A tajpeji repülőtéren Lee és három másik üzleti partner fogadta őket. Hamarosan bejelentkeztek a szállodájukba, és találkoztak egy nagyszabású vacsorára. Miközben csodálatos illatok töltötték be a szobát, és tányérokban fűszerezett húsok és zöldségek hevertek előttük, a férfiak kezet ráztak és együtt nevettek, mielőtt a beszélgetés az előttük álló üzlet előkészületeire terelődött.

Először a Tajvani Cukoripari Vállalatot tekintették meg, Matthew pedig meglátogatta a Tajvani Pénzügyi Társaság elnökét. A vállalat érdeklődését fejezte ki, hogy segítsen Nigériának szoros kapcsolatokat kiépíteni az Egyesült Államokkal – ez nagy előny a növekvő vállalat és Nigéria egésze számára. Az egész utazás tele volt lehetőségekkel.

Ugyanezt az optimizmust látta Lee és az alhadzsik arcán, ahogy a városon keresztül haladtak. A boltok ablakain keresztül rikító, fényes festékrétegekben pompázó sárkány- és macska figurák néztek a csoportra, ismeretlen módon elkészített ételek illata kavargott körülöttük, és mindenütt emberek sétáltak, nevettek és beszélgettek. Matthew egyikük nyelvét sem ismerte fel, de a hangjuk ritmusában hallotta a saját izgalmát.

„Matthew!" Lee kiáltott mögötte. „Jössz? Ebédelni megyünk."
Bólintott Leenek, és megfordult, hogy kövesse, majd még egyszer
hátrapillantott, amikor rájött, mit jelent a látvány.

Azt hogy elérte a célját.

Egy rövid hongkongi látogatás után – ahol elegánsan fogadták
őket hivatalos autókban, amelyeket általában kínai és nigériai tiszt-
viselőknek tartottak fenn – a csoport Peking felé vette az irányt. A
Dingling Múzeum kiállítási tárgyainak szépsége, a Zhu Yijun császár és
Xiaoduan császárné mauzóleumának ősi nedűje, és a Tiananmen téren
az igazságos lázadás visszhangja hívogatta a történeteiket – látogatók
tömegei, akiket a múlt dalaik vettek körül.

Matthew a jövőt hallotta a szellőben, amely a Dinghai sómezőn
fütyült. Az iparági szakértőkből álló csapat vezetésével sómintákat
vettek, és kiszámították a költségeket. Kikérdezték az ütemtervet és
tárgyaltak a feltételekről. A tárgyalások nem voltak feszültségektől
mentesek, és a következő napokban is folytatódtak, néha megakadtak,
majd újraindultak, sőt időnként le is csuklottak a pályáról.

De nem voltak hajlandóak kisiklani. Mire a nigériai főbiztosság
két Mercedes limuzinja megérkezett, hogy a MEKEKE igazgatóit a
repülőtérre szállítsa, az üzletet megkötötték. Sok munka maradt hátra,
de viszonylag kevés volt belőle a váratlan.

A Lee és Matthew által felépített terv egyre nagyobb lendületet vett,
és a siker összehangolt harmóniájával zakatolt előre.

Bár tudta, hogy az üzlet bármelyik pillanatban megfordulhat – ezt
a saját bőrén tapasztalta –, mégis új nyugalmat érzett a zsigereiben,
olyan magabiztosságot, amely minden korábbi érzését felülmúlta.

Mire Matthew július 11-én betöltötte a negyvenkilencet, a
MEKEKE már a siker útján volt. Az év eleje óta több mint 100 utat tett
meg, és az autók és buszok koszos ablakain keresztül szemlélte Nigéria
kiterjedését. Ondo állam kormánybiztosa hivatalosan engedélyezte

egy sótermelő üzem – az első ilyen jellegű üzem Nigériában – dokumentumait. A több száz hektáros sótelep kezdetben az Atlanti-óceán partján fekvő Asisa településen létesülne. Néhány nappal korábban egy tajvani küldöttség érkezett, hogy Niger államban a cukorgyártást vizsgálja meg.

Ő és a családja is profitálna ezekből az üzletekből. Legfőképpen azt képzelte el, hogy az új vállalkozás hogyan emelheti fel a nigériai népet – nem csak a faluját vagy az államát, hanem az egész országát. Talán e munka révén a nigériaiak elnyernék azt a talajt, amit ő már régóta szeretett volna nekik. A népe megkapná, amire szüksége van, és ő vezetné őket.

Matthew úgy érezte, hogy ez a kilátás jobban felpezsdíti, mint a korábbi vállalkozásai – megtalálta a hivatását. Egy olyan ember légkörével, aki azt hitte, hogy felmászott a létra tetejére, és csak azt vette észre, hogy a lépcsőfokok messze fölötte folytatódnak, nekivágott a maratoni út következő szakaszának.

Korábban soha nem tapasztalt módon igazán megértette, mit jelent túllépni a magasra célzáson és a magasra lövésen.

Most már tudta, mit jelent magasan landolni, a szél a hátán, ahogy az univerzum széttárja karjait és átöleli őt.

28. fejezet

BENIN

—

"H I, *EV-ER-Y-BODY!*" TERIKE a tükörbe nézve szólalt meg, és sikertelenül próbált amerikai akcentust utánozni. *"I'm happy to be here"* – folytatta, elnyújtva az utolsó magánhangzót.

Hátrébb állva, a lányok látóhatárán túl, Judit figyelte, ahogy Marika az ikertestvére mögött kuncogva, a válla fölött a tükörbe leselkedik. "Nem, nem úgy." – cikázott Marika. *"Hé maaan!"* – folytatta élénk arcmozdulattal.

Terike játékosan megbökte a húgát.

Judit nem akarta félbeszakítani a lányok játékát, elfojtotta a saját kuncogását, és visszament a konyhába, hogy folytassa a saját előkészületeit. A lányok gyakorolhatták az akcentusukat – neki pakolni kellett.

A hátán végigfutott a hideg, és izgatottsága keveredett az aggodalom, a remény és a nosztalgia érzéseivel a Nigériában elképzelt jövő iránt.

Amerikába készültek.

Amióta Ebinimi ott volt, rendszeresen hazatelefonált, és Judit szeretett hallani az életéről.

Miközben ő aggódott a lányáért, úgy tűnt, a lánya ugyanúgy aggódott érte. A fiatal nő arra ösztökélte, hogy fontolja meg a család Amerikába költözését, és egyrészt stabil közműellátást ígért a családnak – hat hónapig tartó elektromos problémák miatt csak egy gázgenerátorral tudtak boldogulni, és minél tovább tartott, hogy Judit nem tudott egyszerre több készüléket használni, annál vonzóbbnak tűnt a költözés.

Ami még izgalmasabb, Ebinimi új oktatási lehetőségeket írt le Matthew számára. Ott folytathatná felsőfokú tanulmányait egy támogatott diplomás képzéssel, és bár nem fizetne sokat, de legalább biztos fizetést kapna, amíg a család kitalálná, mihez kezdjenek ezután.

Mintha a lányok olvastak volna a gondolataiban, Judit kuncogáshullámot hallott a szomszéd szobából, ahol Terike és Marika az amerikai bemutatkozásukra gyakoroltak. A házban tapintható volt az izgalom.

Judit azonban nosztalgiát is érzett. Elképzelte, hogy Tombiába vonul vissza, azon a földön, amelyet Matthew alakított ki számukra. Úgy gondolta, talán a fiúk visszaköltözhetnének apjuk hazájába, és ott nyithatnának egy klinikát. Továbbra is közelebb kerülhetne Opumamához, Matthew édesanyjához, és szorosabb kapcsolatot építhetne ki a testvéreivel. Ennyi Nigériában töltött év után – olyan évek, amelyek nemcsak a gyermekei nevelésével jártak együtt, hanem olyan eredményekkel is, mint a gyermekprogram és a Nigerwives vezetői pozíciója –, szorongó feszültség uralkodott az új lehetőségek izgalma és a régi álmok utáni vágyakozás között.

Különösen Matthew lett egyre nyugtalanabb, ahogy közeledett az utazás. Az Egyesült Államok lagosi nagykövetségére készültek vízuminterjúra. Az útjuk során Leevel fognak megszállni, így ő és Matthew át tudnak dolgozni néhány üzleti feladatot. Attól kezdve, hogy Judit először vetette fel az Egyesült Államokba költözés gondolatát, valami megváltozott Matthew testbeszédében. Soha nem mondott nemet, kezdettől fogva a tervvel tartott, számos lagosi útja során megújította az útleveleket, és letette a szükséges alkalmassági vizsgát.

De valami ott lappangott a felszín alatt. Feszültnek, ellenállónak tűnt, és Judit aggódott, hogy olyan elképzelés felé terelte, ami nem az övé volt. Ha a férje olyan tervvel ért egyet, amelyet valójában nem támogatott, különösen egy olyan életet megváltoztató tervvel, mint Nigéria elhagyása, mit jelentene ez a házasságuknak?

Megpróbált beszélni vele erről, de nehezen tudott egyenes választ kapni – ez a helyzet valahogy még nehezebb volt, mint egy vita lett volna. Egy este, körülbelül három hónappal a távozásuk kitűzött időpontja előtt, a stressz és a szorongás elhatalmasodott rajta, és leült a konyhaasztalhoz, és sírva fakadt.

Általánosságban véve is stresszes nap volt. A házat elárasztó általános idegesség mellett számos apróság ment rosszul – a vacsora leégett, az egyik kedvenc ruhája elakadt, és úgy tűnt, hogy a feladatlistája minden egyes elvégzett dologgal kettővel nőtt.

Felszabadulásra volt szüksége, és ez a felszabadulás forró könnyek és mellkasi szorítás formájában jelentkezett, amikor arra kényszerítette magát, hogy csendben sírjon a konyhában, a családja szeme elől elzárva.

Másodperceken belül Marika betévedt. Judit gyorsan megtörölte az arcát, és megnyugtató pillantást villantott a lányára.

A kislány megtorpant, arca kifejezéstelen lett. „Anyu?” – kérdezte. „Mi a baj?”

Judit szűk mosolyra csípte az ajkait, és megrázta a fejét. „Csak aggódom” – mondta. Aztán, hallva a csendben, hogy a lánya várja, hogy folytassa, hozzátette: „Nem hiszem, hogy Apu akar Amerikába menni”.

Abban a pillanatban, hogy a mondat elhagyta az ajkát, tudta, hogy hiba volt. Marika arca dühös lett, szemei villogtak, és mielőtt Judit megállíthatta volna, a kislány a konyhaajtón dörömbölt.

„Marika" – mondta Judit, felállt, és a lány felé nyújtotta a kezét. Elkésett. A kislány már fel is vágta az ajtót, és dühösen bevonult a nappaliba, ahol Matthew éppen néhány barátját szórakoztatta. Judit alig tudott figyelni.

Matthew később elmondta neki, hogy a kislány jelenetet rendezett, mogorván nézett rá, és becsapta a nappali ajtaját. Ezért a kitörésért kapott egy pofont és egy szigorú figyelmeztetést, hogy ne ismételje meg a viselkedését.

Feszült pillanat volt.

De mintha ez a pillanat megadta volna nekik a szükséges feloldozást. Ha már egyszer kibeszélték a dolgokat, családként haladhattak előre – ilyen dolgok történtek, amikor ilyen nagy változások álltak előttük.

És az eset óta a családjuk kapcsolatai erősebbek voltak, mint valaha.

Bár Matthew sok időt töltött úton – néha ugyanazon a napon érkezett meg egy útról, amikor egy másikra kellett indulnia –, sokkal nyitottabb volt vele, mint évek óta bármikor. Még a titoktartás kérdéséről is nyíltan beszéltek, és mindketten megegyeztek abban, hogy nem tartanak el dolgokat egymás elől. A házimunkában is figyelemre méltó erőfeszítéseket tett, hogy támogassa őt, még a vizet is elhozta neki, amikor otthon volt.

Újra energikusnak és izgatottnak tűnt, és nagy terveit vacsora közben és a szomszédokkal is megosztotta, akik megálltak nála.

Nemcsak a házassága érződött erősebbnek. Úgy tűnt, hogy minden kapcsolata virágzik. Miután Matthew édesanyját ápolta különböző betegségei alatt – egy különösen nehéz maláriás betegség idején a családhoz jött –, nagyon megkedvelte az idős asszonyt. A gondozás nem volt mindig könnyű. Opumama nagyon válogatós volt, gyakran kellett bátorítani, hogy elegendő tápláló ételt vegyen magához, és sosem szerette szedni a gyógyszereit. De Judit úgy találta, hogy a kapcsolat, amit cserébe kapott – sőt, a barátság – megérte a fáradságot.

Aztán ott voltak a Nigerwives-ok. Paradox módon, éppen akkor, amikor legalább néhány évre el akarták hagyni Nigériát, a csoportban lévő nőkkel való kapcsolatai kivirágozni látszottak. Nagyon közel került Angie-hez, aki néhány vasárnaponként még a templomba is együtt járt vele. Sok új nővel találkozott a világ minden tájáról még márciusban, a Nigerwives éves nemzeti találkozóján. Az idei találkozót Port Harcourtban, a Shell Campben tartották, ahol megismerkedett Réka Okonkwóval.

Rékával sok közös vonásuk volt. Nemcsak hogy mindketten magyarok voltak, de ahogy megismerték egymást, rájöttek, hogy útjaik már korábban is keresztezték egymást – Réka férje volt az a gyermeksebész, aki több mint két évtizeddel ezelőtt Budapesten körülmetélte Tonyét és Obit! Még újszülöttként is meglátogatta őket. Ahogy egyre többet beszélgettek, Judit úgy érezte, nagyon kötődik hozzá.

Így amikor megosztotta, hogy a fia vegyészmérnök, aki Port Harcourtba költözött, hogy ott dolgozzon egy fúrótornyon, ragaszkodott hozzá, hogy Réka adja meg neki az elérhetőségüket.

„A nagyobb gyerekeim nincsenek otthon" – mondta a nőnek.

„Úgyhogy ha Emekának valaha is szüksége lenne egy helyre, ahol megszállhat, vagy beszélgetésre, mondd meg neki, hogy jöjjön hozzánk."

Réka beleegyezett, és néhány hónappal később, alig néhány héttel azelőtt, hogy a költözésük előkészítése céljából felkeresték volna az amerikai nagykövetséget, Judit kinyitotta az ajtót, hogy üdvözölje barátnője fiát. Vékony, fiatal férfi volt, félvér, mint az ő gyerekei, ragyogó szemmel és barátságos mosollyal.

„Csókolom" – mondta magyarul.

Mielőtt a fiatalember befejezte volna a beszédet, Judit már lelkes
mosolyra fakadt, és beszéd közben bevezette őt az otthonába. „Szia,
Emeka. Nagyon örülök, hogy megismerhetlek!" – válaszolt. „Gyere
be."

Ahogy beszélgettek, egyre többet látott benne a saját fiaiból.
Emlékeztette őt arra, amikor Tonye és Obi elmentek a saját útjukra.
Mivel tudta, hogy a fiai milyen gyakran éhesek voltak, egy teljes ebédet
készített neki – egy magyar pörköltet, rizzsel és uborkasalátával.
Miközben a főtt étel édes, gazdag illata betöltötte a szobát,
Emekát az életéről kérdezgette. Megbeszélték a karrierterveit és a
Port Harcourtban szerzett tapasztalatait. Nevettek a magyar kul-
túrára tett közös utalásokon és azon a sokkon, amit akkor éreztek,
amikor először utaztak Nigériába. Emeka beszélt a munkahelyi
nehézségeiről, és Judit azt javasolta, kérje meg Matthew-t, hogy
kezeskedjen érte.

Amikor végre elkészült az étel, Judit két tányérba kanalazta, és leült
a fiúval, órákig nevetgéltek és beszélgettek. Mintha Magyarország
jött volna hozzá – az otthon utáni vágyakozását enyhítette a kötetlen
magyar beszélgetésük és az öröm, amely betöltötte a szobát.

Hamarosan a fiú visszautazott szülei otthonába, Benin Citybe, egy
újabb érdekes véletlen. Benin City ugyanis nagyjából félúton volt Port
Harcourt és Lagos között, ahol majd felszállnak az Egyesült Államokba
tartó repülőgépre. Kíváncsi volt, vajon keresztezik-e még az útjaikat.

Ahogyan vele és Rékával is történt, az univerzumnak megvolt a
maga módja arra, hogy összehozza az embereket. A magyarok egymásra
találtak Nigériában, és biztos volt benne, hogy Amerikában is találnak
majd nigériaiakat, magyarokat és angol emigránsokat.

Már régóta gondolkodott azon a szépségen, ami az emberek közötti
kapcsolat. Miközben továbbra is írta rövid meséit és verseit, most
a gyermekkönyvek felé fordult a figyelme. Egy helyi nyomdában

bekötötték őket, és egyik legbüszkébb eredményének tapintható megjelenítése voltak, és imádott ujjaival végigsimítani a borítójukon lévő címeken: *A Kereszt Útja*, és az *Üdvözlégy Mária és a Rózsafüzér: Magyarázat és Illusztráció Gyermekek Számára.* Ez utóbbi könyvet különösen fontosnak tartotta. A gyerekek nem mindig értették meg, hogy a nők milyen fontos szerepet játszanak a katolicizmusban, így a Szűzanyára összpontosítva a gyerekeket arra ösztönözte, hogy felfedezzék a valláson belül a nemek érdekes elemeit. Remélte, hogy ez a saját lányait is inspirálni fogja.

A harmadik könyv később jönne – *Az Adventi Naptár* –, de most Judit gondolatai a világ kultúráira koncentráltak. Lenyűgözte a zene azon képessége, hogy összehozza az embereket, annyi különböző hangot, élményt és érzést sűrít össze egyetlen, szabványosított notációs rendszerbe. Ezért fordította figyelmét egy gyermekeknek szóló zeneoktató könyv felé. A könyv, amelyet legalább részben Bartók és középiskolai zenetanára, D^2P^2 etnomuzikológiai irányzatai ihlettek, a világ minden tájáról tartalmazna dalokat, köztük olyan országból, amelyeket már ismert – Nigéria, Anglia és Magyarország –, és olyanból is, amelyről eddig csak álmodott. A könyv bővelkedett a bantu beszélők és a himalájai törzsek népzenéjében, és olyan távoli helyekről, mint Jamaica, Németország, Brazília és természetesen Amerika.

„Comfort néni itt van!" Marika a bejárati ajtóból kiáltott.

Judit felállt a számítógépasztal mellől, és fülig vigyorogva elindult a vidám családi összejövetel felé, amelyen nemcsak Comfort, hanem a lánya, Irene és az unokája, Osagie is részt vett. Miközben a család az utolsó pillanatban igyekezett elintézni az utazásukat, Matthew megkérte a nővérét, hogy jöjjön el a faluból, és vigyázzon az édesanyjukra, amíg ők távol vannak.

A Mamáh-k négy generációja egyesült a legjelentősebb látogatásban, amit Judit el tudott képzelni.

Az izgalomban Irene megveregette a fiú hátát, és felkiáltott: „Osagie! A harmadrendű édesanyáitok mind itt vannak!" A fiú felnézett rá, és mosolygott, arcán a csodálkozás kifejezése. Irene bejelentésekor Matthew elővette a hónapokkal ezelőtt kézzel rajzolt családfát, és megmutatta a rokonoknak. Elmagyarázta a részleteket, beleértve az egyes rokonok származási városait, valamint a térségek és idők közötti érdekes átfedéseket és átjárásokat.

Ahogy az várható volt, a beszélgetés hamarosan a család közelgő lagosi nagykövetségi útjára terelődött. Matthew elmagyarázta, hogy kora reggel be kell pakolniuk a kocsiba. Irene elszólta magát: „Nagybácsi, miért nem repülővel utazol?".

Matthew nevetett. „Áh, nincs pénzem, *nah!*"

De Judit tudta, hogy van egy sokkal nyomósabb oka is annak, hogy a közúti utazást választotta: a családja védelme. Éppen nyolc hónappal korábban, novemberben lezuhant egy ADC légitársaság járata, amely ugyanezen az útvonalon, Port Harcourtból Lagosba tartott, és mind a 144 utas meghalt, ami megerősítette a nigériaiak többségének a légiközlekedés biztonságával szembeni bizalmatlanságát az országban.

Ez felzaklatta a nemzetet, és talán leginkább Matthew-t, aki gyakran utazott a Port Harcourt és Lagos közötti útvonalon. Aggódott amiatt, hogy mit tennének mások, ha megtudnák, hogy az egész család elutazik, hogy veszélyek fenyegethetik őket, hogy betöréses lopások érhetik, sőt még azon is, hogy egy ellenség rosszindulatból bántani fogja a családját.

Félelmei némileg megerősítést nyertek, amikor alig tíz nappal korábban Matthew-t megtámadta a kamarai alelnök. Ők ketten egy harmadik munkatárssal voltak egy megbeszélésen, amikor a beszélgetés elmérgesedett. Később az alelnök bevonult Matthew irodájába, hogy folytassa a konfrontációt, és sértegette Matthew-t, mielőtt felborított egy üvegasztalt az irodában, ami összetört.

Az incidens csak fokozta Matthew szorongását amiatt, hogy mások mit tehetnek, különösen, hogy ezt jelentette az igazgatóságnak, és a jogi vizsgálat még mindig folyamatban volt. Juditnak be kellett ismernie, hogy ha így gondolkodott a dolgokról, az őt is idegessé tette.

Nem egyszer fordult már elő, hogy egy-egy kirándulásról hazatérve azt tapasztalták, hogy kirabolták őket. Egyszer még akkor amikor a család aludt.

Így amikor Matthew ragaszkodott hozzá, hogy tartsák titokban az utazási terveiket, Judit örömmel tett eleget a kérésnek. A titoktartás persze tovább fokozta az amúgy is feszült időszak feszültségét, de megérte, hogy egy kicsit megnyugtassa őket a biztonságról.

Judit elhatározta, hogy nem hagyja, hogy a félelem megzavarja a család várakozását. Sok lehetőséget látott maga előtt, a jólét és a növekedés napjait, tele izgalmas új élményekkel. És a saját gondolkodásmódján túl érezte a lányok lelkesedését az új kaland iránt. A követségi útjukat megelőző napok tele voltak csevegéssel, a szemük csillogása megerősítette őket abban, hogy a költözés a helyes döntés volt. Mintha karácsony este lett volna, a gyerekek elméjében mintha álmodozó lehetőségek kavarogtak volna.

Hallotta a kis hangjukat, ahogy suttogva fecsegnek, még jóval lefekvés után is.

„Menjetek aludni, lányok!" – követelte végül. „Túl késő van már ahhoz, hogy fenn legyetek."

Bizonyos értelemben Mikulásnak érezte magát, de ahelyett, hogy cukorkákat és mogyorót hagyott volna a gyerekeknek, inkább sürgött-forgott, hogy biztosítsa, hogy Comfort és Opumama elegendő élelemhez jusson, amíg távol vannak, és hogy az idősebb nő gyógyszerei megfelelően legyenek elrendezve, részletes adagolási és időzítési utasításokkal.

Keserédes volt az egész. Erős kapcsolatot alakított ki Opumamával, és nem tudott nem gondolkodni azon, hogy vajon mi lesz vele, miután elköltöznek. Mi lesz a családdal Nigériában? Mi történne az országban általában? Azt remélte, hogy ő és Matthew visszatérve Nigéria infrastruktúráját jobbnak találják majd. Bár még néhány évbe telik, mire visszatérnek, azért imádkozott, hogy amikor visszatérnek, azt találják majd, hogy Matthew többéves érdekérvényesítő munkája politikai lendületet adott, és lehetővé tette, hogy munkája akkor is folytatódjon, amikor ők távol vannak.

Talán olyan lesz, mint a rövid sztori, amit írt. „Álom", így hívta, egy történet, amely egy gyönyörű helyről, az „Aranyvárosról" szólt. A történetben szereplő mitikus vidék gyárvárosnak indult, amelyet az aranybányászat és -finomítás lehetőségei köré fejlesztettek ki. De a legragyogóbb tudományos elmék parancsára a gyár hulladékát átalakították, mivel a káros vegyi anyagokat tiszta szén-dioxiddá csatornázták, és a gyárat a legnagyobb, legdúsabb és legzöldebb fákkal vették körül.

A város központjában az embereknek több volt, mint amennyire szükségük volt. Többé nem voltak kénytelenek üzleti ügyben utazni, órákra, napokra vagy akár hetekre hátrahagyva gyermekeiket és feleségeiket, hanem a számítógépen keresztül tudtak kapcsolatot teremteni, azonnali leveleket küldhettek egymásnak, ahogy Matthew tette a faxkészülékével, lehetővé téve számukra, hogy hatalmas távolságokon át együttműködjenek.

A vízió olyan tisztán jelent meg Judit fejében. Kézzel ültetett virágokkal szegélyezett utak, tápláló ételekkel teli kertek, és családok, akik élvezik a várost körülvevő gyönyörű erdős területeket, megszabadulva a stressztől, amit az elmúlt években oly gyakran érzett.

Talán egy nap Bayelsa állam tele lesz Aranyvárosokkal.

Vagy talán Aranyváros várta őket a folyó – valójában az óceán – túloldalán.

Ez a gondolat egészen 1997. július 27-én, vasárnap reggelig vigasztalta, amikor is előre lendítette, miközben bepakolták a kocsit, és beszálltak. Matthew elöl ült, egy kanna benzint tartott a lába között – az országos hiány miatt néha nehéz volt benzint szerezni. Judit a hátsó ülésre csúszott a lányok mellé.

Pétert, a sofőrjüket nemrég léptették elő, és a megemelt pozíciója új sofőrruhával járt – tengerészkék nadrág és fehér ing kék-fehér vállcsíkokkal. „Inkább tűnik pilótának, mint sofőrnek" – súgta Terike az anyjának. A kislánynak igaza volt – valóban úgy nézett ki, mint egy pilóta.

Bármennyire is érdekelte a lányokat Péter ruházata, voltak izgalmasabb dolgok is, amelyek a figyelmüket követelték. Okonnyék előbújtak a házukból, integettek és búcsút kívántak a családnak, a lányok pedig odaszóltak nekik: „Hamarosan találkozunk!".

Matthew többször is visszaküldte a kocsit a házhoz, mert úgy érezte, mintha elfelejtett volna valamit. Priscilla Okonny tekintete szkeptikusra változott, míg végül az autó kigördült azon az ismerős piros kapun. Ekkor megálltak, hogy Matthew imára vezesse a családot, mielőtt a család végül elhajtott a régi otthonukból, útban az Egyesült Államok lagosi nagykövetsége felé.

Miközben ezt tették, Judit még egyszer hátranézett.

Ez a kapu évek óta jelezte az otthonuk határát. A kihívásokkal teli időkben és az örömteli pillanatokban is ott építették fel az életüket, nevelték a gyermekeiket, ünnepelték a győzelmeket és gyászolták a veszteségeket. Nehéz lesz elhagyni az otthont, amit együtt építettek, de Judit az előttük álló út felé fordította tekintetét. Tovább haladtak a Benin-Sapele úton Benin Cityben.

Ám alig néhány órával később, 12 óra 50 perckor a család zöld Mercedese hevesen szaltózott, többször is megpördült.

Matthew nem élte túl a balesetet.

Juditot egy magánautóba rakták, mivel nem volt mentőautó.

A két lánnyal együtt kritikus állapotban szállították a legközelebbi kórházba, Aranyváros álma menthetetlenül szertefoszlott.

29. fejezet

HIVATÁS

E BINIMI IMÁDTA HALLANI az izgatottságot az anyja
hangjában. A kansasi lakásában ülve megnyugtató volt
otthonról hallani, amikor olyan messze volt.

„Holnap este érkezünk" – mondta, a szavak rövidek és világosak
voltak, hatásosak, de vidámak.

Miközben beszéltek, hallotta a lányokat a háttérben, a kishúgai
hangjait, amint a Lagos-utazásra készülődve sürögnek-forognak.

Aztán ott volt az apja. Elképzelte, ahogy az anyja mögött áll.

„Mondd meg neki, hogy Leevel maradunk. Megvan a száma?"

Bár a kérdés nem éppen neki szólt, mégis azt válaszolta: „Igen, megvan".

Ritkán fordult elő, hogy két egymást követő napon beszéljen a
szüleivel, és tudta, hogy a holnapi hívást rövidre kell fognia. Öt évnyi
nemzetközi telefonálás után apja figyelmeztetése szólt a fülében –
„Tedd le a telefont, Jutka! Ez drága!" vagy „Nem tud fizetni!" – ami
a nemzetközi hívások árát tekintve szükséges figyelmeztetés volt.
Ebinimi általában fizetett értük, és mivel kevés pénze volt, nem bánta
apja lelkiismeretességét, de azt is tudta, mennyire fontos az anyjának,
hogy telefonáljon.

Anyu nagyon aggódott Ebinimi miatt. Kétségtelenül ez abból fakadt, hogy bizonytalan volt a lánya helyzetét illetően – míg Tonye és Obi a nagyanyjukkal éltek Magyarországon, ahol a közelben volt a családjuk, addig ő a világ másik felén, egyedül. Mivel Anyu nem tudta felhívni őt Amerikában, anyjának várnia kellett a hívásait, és gyakran hatalmas megkönnyebbülésének adott hangot, amikor felhívta.

Mégis, a beszélgetéseik nem voltak különösebben sietősek vagy szorongóak – sok mindenről beszélgettek, de hatékonyaknak kellett lenniük. Mindig várta a lányokkal kapcsolatos friss híreket. Például, hogy válogatósak voltak, és Anyu úgy gondolta, hogy talán szórakoztatóművészek lesznek belőlük. Amikor megemlítette ezt a lehetőséget, Apu felhördült – „Miféle dologról beszélsz, Jutka?!" –, a gondolatai a szakmai szerepekre irányultak, amelyek megtestesítették a gyermekei teljesítményével kapcsolatos hagyományosabb reményeit.

Ebinimi hallotta a család különböző küzdelmeinek és sikereinek nagy vonalakban történő ismertetését is – a barátaiknál való tartózkodásukat, amikor anyagi nehézségeik voltak, apja egyre mélyülő barátságát Leevel, a pénzügyi hullámvölgyeiket és a mindennapi eseményeket.

De leginkább az anyja az ő életéről akart hallani.

Volt mit mesélni. A Kansasban töltött idő alatt sok izgalmas lehetőséget látott. Részmunkaidős állásokat szerzett, hogy meg tudjon élni – pincérnőtől kezdve a telefonkezelőn át a kollégiumi asszisztensig és a veszélyeztetett tizenévesek tábori tanácsadójáig. A tanácsadói állás különösen érdekes volt. Mivel korán érettségizett, nem volt sokkal idősebb az általa felügyelt tizenéveseknél, és a táborban gyakran meglepődtek, amikor meghallották, hogy ő nem táborozó, hanem tanácsadó!

Kiválóan teljesített az egyetemen, két év után átjelentkezett a Barton County Community College-ból a Kansasi Egyetemre.

Miután elvégezte a könyvelői diplomához szükséges krediteket, úgy döntött, hogy kihasználja a tandíjcsomagot. Teljes munkaidős hallgatóként további órákat vehetett fel, és extra tandíj nélkül fejezhette be az orvosi előkészítő tanfolyamokat és az orvosi egyetem előkövetelményeit.

Az orvosi egyetemmel kapcsolatos tervei viszonylag újak voltak. Valójában még a szüleinek sem mondta el. Arra gondolt, hogyan fognak reagálni, amikor végre elmondja nekik, hogy három gyermekük is orvos lesz. Bár alig várta, hogy megossza velük a hírt, azt is tudta, hogy már most büszkék rá. Már többször is elmondták neki.

Mégis izgatottan várta, hogy személyesen ünnepelhessen velük. Hamarosan a szülei és a testvérei is csatlakoznak hozzá Amerikában, az apja beiratkozik az egyetem végzős képzésére, a családja pedig az egyetemi lakásokban fog élni.

Meglepte, hogy az apja beleegyezett. Ahelyett, hogy ellenállt volna, ő maga töltötte ki a papírokat egy diákvízumhoz, amely lehetővé tenné, hogy mindannyian elköltözzenek, még ha csak néhány évre is. Vagy talán hosszabb időre. Igazság szerint Ebinimi nem sokat aggódott emiatt – az élet olyan gyorsan változhatott, függetlenül attól, hogy mik voltak a tervei.

Amikor az utazás előtti napon felhívta a szüleit, megígérte, hogy Lagosban eléri őket. Nem voltak biztosak abban, hogy mikor érkeznek – valószínűleg vasárnap estére –, de ez nem sokat számított egy telefonhívás szempontjából a világ másik végéről. Bármikor is érkeznének meg, Kansasban valószínűleg a nap közepe lesz.

Amikor tárcsázta a telefont, várta, hogy a háttérben zsibongó energia zúgjon – az ikrek csevegése, Apu nevetése, vagy az anyja hangja, aki alig várta a hívást.

Ehelyett csak Lee üdvözlését hallotta. „Halló?" A hangja rekedtnek, fojtottnak tűnt – mintha egész nap beteg lett volna, vagy kiabált volna.

AHOGY A FOLYÓK ÖSSZEFOLYNAK

„Halló! Itt Ebinimi Mamah" – válaszolt. „A szüleimmel szeretnék beszélni."

Biztos volt benne, hogy Anyu megemlítette a tervezett hívásukat.

De ahol gyors válaszra számított – „Igen, itt az édesanyád" –, ott sűrű, nedves szünetet kapott, mintha Lee erősen szipogott volna, vagy éppen fújta volna az orrát.

Éppen amikor ellenőrizni akarta, hogy hallotta-e, Lee megszólalt. „Nem tudom, hogy mondjam el neked…" Sűrű akcentusú hangja remegett, ahogy folytatta. „Baleset történt."

„Mi?" A szíve a bordáinak dobbant. A légzése felszínes lett. „Ők…" – nyelt egyet, és akarta, hogy Lee félbeszakítsa. Amikor nem tett ilyen lépést, kényszerítette a hangját, hogy egyenletes legyen. „Meghaltak?"

„Az öcséd és a húgod jól vannak."

Erre szünetet tartott. Valami elveszett a fordításban. Ez volt az egyetlen lehetséges válasz. Talán ez az egész egy félreértés volt. „És mi van a szüleimmel?"

„Még nem" – fröcsögte ki, tanácstalanul a megfelelő szavakat keresve.

Egy pillanatig próbált gondolkodni, megforgatva Lee furcsa szavait a fejében, de a gondolatai megzavarodtak. Vajon mire gondolt? Tompa, nehéz puffanás ismétlődött a fülében. A gyomra felfordult.

Lee megköszörülte a torkát, és Ebinimi hallotta, ahogy mélyen beszívja és kifújja a levegőt. „Visszahívlak, ha már biztosan tudom".

Ellenállt a késztetésnek, hogy megkérdezze, jól van-e, megköszönte, és letette a telefont. Pánik lüktetett a testében. A szoba körülötte halálosan csendes volt. A hely túlságosan üres. A fejében sikoltozott.

Valahogyan több információhoz kellett jutnia. Még ha nem is volt, tennie kellett valamit. Olyan volt, mintha az energiája nagyobb lett volna, mint a teste. És ha nem cselekszik, felrobbanhat.

Remegő kézzel bámult le a telefonra.

Tonye és Obi. Talán tudnának segíteni vagy támogatást nyújtani. Az ismerős számokat tárcsázva – 661-161 –, ahogy egy pillanattal korábban Leet tárcsázta, forró szorítást érzett a mellkasában. Egy villanásnyi forróság melegítette fel az arcát.

„Halló" – válaszolt Tonye.

Alig várta meg az üdvözlését, amikor félelmei máris kiáradtak a telefonvonalon keresztül.

„Biztos vagyok benne, hogy jól vannak" – válaszolta Tonye magabiztosan. Nem ez volt az első alkalom, hogy a család megijedt attól, hogy valakit autóbalesetben veszítettek el, emlékeztette a húgát. Bizonyára ez sem lesz másképp.

De Ebinimi kitartott. Stabil hangon, amely meghazudtolta az ereiben lüktető félelmet, azt válaszolta: „Nagyon aggódom értük".

A beszélgetés ekkor változott. Miközben Tonye mintha megnyugtatásokat keresett volna – Lee angolja nem mindig volt a legjobb, emlékeztette rá, például amikor a húgukat és az öccsüket említette –, Ebinimi új feszültséget is hallott a hangjában. A bátyja önbizalma fogyatkozott. Ebben biztos volt.

A nap hátralévő részében és a következőben a szíve hátborzongatóan dobogott. Telefonált és telefonált, válaszokat keresett. Délutánra már nem is tudta megszámolni, kiket hívott fel. Tonyét és Obit többször is felhívta. Bori és Hajtman is beszélt vele, a nagynénje zihált, amikor meghallotta a hírt. Arra sem emlékezett, hogy ő hívta-e Leet, vagy fordítva. Nem volt biztos benne, hogy ez a séma – aggódás, hívás, aggódás, hívás – enyhíti-e a szorongását, vagy csak rontja. De nem volt mit tenni.

Soha nem tapasztalt intenzitással érezte a családjától való távolságot. Az aggódás a telefonvonalakon keresztül legalább némi támogatást nyújtott. Egyedül a stressz mintha belekiáltott volna az éjszakába, egy dühös üvöltés, amely gúnyolódott vele, ha le merte hunyni a szemét.

És akkor, hajnali három órakor, majdnem két teljes nappal az első szörnyű hívás után – majdnem két teljes nap aggodalom, félelem, hányinger, kimerültség és álmatlanság után – jött a hívás, amire várt. Ezúttal Lee biztosan tudta. És a hír rossz volt. Feszült hangon mondta: „A szüleid meghaltak".

De a szavaknak nem volt értelme.

A szüleid meghaltak.

Nem tudta, hogyan reagáljon erre a mondatra. Visszhangzott a fülében.

Hogy elhallgattassa a mondatot, az egyetlen szót mormolta, ami eszébe jutott. „Mi történt?" A hangja furcsán hangzott. Nyugodtnak. A testétől távolinak.

Nem tudott válaszolni a kérdésére. A szüleid meghaltak. Közvetve hallotta a Benin City-i kamarán keresztül, akit a kórház személyzete hívott a szülei sofőrjének, Peternek a kérésére. A szüleid meghaltak. Peter túlélte a balesetet, megrendülten, de többnyire sértetlenül.

Nem emlékezett, hogy letette volna a telefont, de hirtelen egyedül maradt, a szoba csendes és szinte sötét volt.

A szüleid meghaltak.

Az arca összeroskadt, hirtelen nedves lett a könnyeitől. Egy hang szökött ki az ajkán, egy jajkiáltás, amely elöntötte, és elvette a lélegzetét. A feje megtelt, a lábai elgyengültek, és a kanapéra zuhant.

Az ő önzetlen, kedves Anyuja. Az ő ambiciózus, felelősségteljes Apuja.

Soha többé nem fogja látni őket.

És lehetetlenül, elképzelhetetlenül egyedül volt.

Fél világnyira a testvéreitől, a magyarországi családjától, a Port Harcourt-i Opumamájától és nagynénjétől, Leetől és mindenkitől, aki ismerte a szüleit, addig sírt, amíg az a furcsa jajgatás ismerőssé nem vált. Már-már vigasztalóvá.

Addig sírt, amíg a sírás kiszáradt és fájdalmassá vált, az aggodalom hangjai keveredtek a szomorúság és a bűntudat hangjaival.

Szinte könyörületes módon, a zúgó ritmusa alatt egy másik gondolat kitartott. Lee valami mást is mondott neki. Amikor megkérdezte tőle, hol vannak a húgai, azt válaszolta, hogy nem tudja. Csak fiatal tinédzserek, akiknek szükségük volt valakire, aki gondoskodik róluk. Szükségük volt a családjukra. Szükségük volt rá. De senki sem tudta, hol vannak. Sem Tonye, sem Obi. Sem Bori, sem Hajtman. Sem Lee, sem bárki más, akire csak gondolni tudott.

Így hát, mivel fogalma sem volt, kit hívhatna, tárcsázta az Információt – Nigériában a NITEL-t, vagyis a *Nigerian Telecommunications Limited*et, az ország monopol telefonszolgáltatóját. A Benin City-i központban egy nő vette fel, és Ebinimi alig várta meg az üdvözlést, amikor kibökte: – „A húgaimat keresem. A szüleim meghaltak. Tudna segíteni?! Adjon bármilyen információt. Bármit!"

Rövid csend volt, miközben a szavai a levegőben lógtak közöttük. „Á, sajnálom!" – felelte végül a nő. „Nagyon sajnálom. Valószínűleg egy kórházban vannak. Benin Cityben voltak?"

Mivel nem tudta, hogy hol voltak, amikor a baleset történt, elmondta, hogy Port Harcourtból utaztak Lagosba.

„A közelben van egy oktatókórház" – mondta neki a nő. „Lehet, hogy ott vannak. De már napok óta nem tudtuk elérni egyik kórházat sem".

Ebinimi sikítani tudott volna. Miért voltak ott még mindig ilyen megbízhatatlanok a telefonok? Hogy lehettek elérhetetlenek a kórházak? Mit kellett volna most tennie?

Mielőtt megfogalmazhatta volna a megfelelő választ, a nő újra megszólalt. „Tudja mit?" – mondta. „Útban van hazafelé. Be tudok ugrani. Ha megadja a nevüket, megnézem, hogy ott vannak-e."

Ha egy szobában lettek volna, Ebinimi talán átkarolta volna a nőt.
Ehelyett megköszönte neki, és elmondta a lányok nevét.
„Hívjon fel holnap újra" – mondta a nő. „Kérjen engem."
A várakozás akár egy kínzó örökkévalóságnak is tűnhetett volna,
ha nem kellett volna intézkedni. Bár Ebiniminek fogalma sem volt
arról, hogy mi történjen ezután, egy dolgot tudott: mivel Anyu és Apu
meghalt, a három legidősebb testvérnek kell majd a fiatalabb lányok
gondozójaként helytállnia.

Ők voltak most Marika és Terike szülei.

És a lányoknak szükségük volt rájuk.

Szükségük volt rá.

Az órák hihetetlenül lassan teltek, mígnem ujjai remegve újra
tárcsázta a NITEL-t. Miután kérte a nőt, rövid várakozásra kapcsolták,
és olyan várakozásra, amitől úgy érezte, hogy ki akar ugrani a bőréből.
Nyugodt maradt, óvatosan, lassan lélegzett a vibrálás ellenére, amely
átjárta.

„Halló" – hallatszott a nő ismerős hangja. „Egy családnál laknak,
és már nincsenek kórházban. Nincs telefonszámuk, de hadd adjam
meg a szomszédjuk számát".

A remény íze, mint a jég a perzselő forró napon, megdobogtatta a
szívét. Miután bőségesen megköszönte a nőnek, letették a telefont, és
ő lelkesen tárcsázta a Benin City számot. Megingott a súlya, ahogy a
telefon a fülében csengett, bizonytalanul, hogy mit fog hallani a vonal
másik végén. Amikor egy hang vette fel, elmagyarázta a helyzetet.

„Várjon" – mondta a szomszéd. „Megyek és hívok valakit a házból".
Hallotta, ahogy a telefont egy kemény felületre helyezik, és ismét
egyedül maradt a gondolataival.

Bár a várakozás percei tovább elhúzódtak, mint szerette volna, az
ígéret, ami a másik végén várt, átmozgatta az energiáját. Elképzelte,
ahogy átöleli a húgait, együtt sírnak, úgy öleli őket, ahogy az anyjuk

tette volna – úgy öleli őket, ahogy ő is azt kívánta, bárcsak az anyjuk ölelhetné őt.

Éppen amikor hagyta magát erre az útra sodródni, és az anyja hangjának megnyugtató hangjára vágyott, hallotta, hogy valaki felveszi a telefont.

„Szia" – hangzott az ismerős magyar köszöntés. És egy otthonosnak tűnő akcentussal folytatta egy hang: – „Réka Okonkwo vagyok. Itt vannak a húgaid. Biztonságban vannak."

30. fejezet

RÓZSAFÜZÉR

~~~~~

A KÓRHÁZ LEPUSZTULTNAK TŰNT, gondolta Terike. A falak festetlenek voltak, és a fekete fémkeretek, amelyek a vékony és megfakult matracokat tartották, lepattogzottak. Körülötte hangok keveredtek hideg, durva hangokkal – a fémasztalok kerekeinek zörgése, a cipők csoszogása a csempés padlón, a zihálás, a nyögés és a kiabálás, amelyek egyetlen pánikszerű kiáltássá olvadtak össze.

Próbálta feldolgozni a körülötte zajló nyüzsgést, de az egész élmény szürreálisnak tűnt. A káosz közepette egy kis szobába vitték, és egy fémasztalra helyezték egy kis, felszereléssel borított pult mellé.

Csendben figyelte, ahogy az anyját és a nővérét egy külön szobába viszik, amelyet egy képablak választott el az övétől. Alig tizenhárom évesek, mindkét lány nem tudta, mit tegyen, és minden eddig tapasztaltnál jobban féltek. Az őket elválasztó üvegen keresztül látta, hogy egy nővér közeledik Marikához.

„Légy szíves!" – sikoltotta az ikertestvére. „Hagyjatok békén! Segítsetek az anyukámnak!"

A hangja furcsán hangzott. Távolinak és rekedtnek tűnt, és szánalmas kis csuklással volt fűszerezve. A testvére sikolyaival mintegy harmóniában az anyja is felnyögött. A szörnyű, halk refrén már a kocsiban elkezdődött. Most, a kórházban anyja fájdalmas jajveszékelése egyre halkult. És szavakká formálódtak. „Segítsenek!" Újra és újra megismételte a kiáltást.

Bizarr volt tudni, hogy ott volt az anyjával és a testvérével, és mégis olyan távol érezte magát tőlük. Távol mindentől. És ahogy teltek a másodpercek ebben a furcsa, szétesett birodalomban, a teste természetellenes nyugalomba zuhant. A hangokat hirtelen távolinak érezte, a csend az elméjében takaróként burkolózott köré.

„Szóval", kérdezte az orvostól. „Mit csinálsz?"

A beszélgetést lazának – szinte megnyugtatónak – érezte, még akkor is, amikor a férfi a fájó koponyájába nyomott egy hosszú, görbe tűt szorongatva az ujjai között. A lány kísértetiesen nyugodtnak érezte magát. Képtelen volt mozogni vagy értelmes mondatokat formálni, próbálta tartani az eszét – tenni valamit, ami hasznos lehet egy olyan helyzetben, amelyből hiányzott minden kiszámíthatóság és kontroll.

„Csak összevarrom a fejedet" – válaszolta az orvos. „Aztán adok egy kis gyógyszert, hogy csillapítsam a duzzanatot."

„Remek" – erősítette meg a lány, üres tekintettel bámult előre.

Az orvos hangja nyugodt volt, az első, amit a rettegés nyoma nélkül hallott. Jól esett. „Mikor múlik el a puffadás?" Azt mondta magának, hogy ennek az egésznek már majdnem vége. Talán egy órát kell várnia, talán kettőt, mire minden visszatér a normális kerékvágásba – mire folytathatják útjukat Lagosba; a nap tevékenységei megszakadtak, de még menthetőek. Azt mondta magának, hogy amin most keresztülment, nem olyan életbevágó baleset volt, mint amilyennek gondolta.

Ehelyett azzal a csendes, nyugodt hangon azt válaszolta: „Ez eltarthat néhány hétig".

Néhány hétig.

A válasz jobban csípett, mint a varratok. A hangja mégis olyan tisztán és zavartalanul szólalt meg, mint korábban. Mintha valaki más vette volna át a testét. „Ó. Oké."

A válasz gyengén hangzott a fülében, de valami másnak is nyomát hordozta. A saját hangjában az érettség hangját hallotta – azt a fajta megfontoltságot, amit a szülei bátorítottak benne.

Nagyon büszkék lennének rá.

Elmondaná nekik, amikor legközelebb találkozik velük, hogy mennyire felnőtt.

Nem sokkal korábban – mostanra már talán órákkal, de nem többel – az apja megjegyezte a testvére érettségét. Ő és Marika valami butaságon veszekedtek, és a testvére lazán felrakta az anyjuk rúzsát.

Terike tágra nyílt szemmel nézett apja és testvére között, biztos volt benne, hogy Marikát meg fogja dorgálni a sminkelésért. Túl fiatalok voltak még, mondták mindig a szüleik. És akárhogy könyörögtek, a válasz sosem változott.

De ezúttal az apja a hátsó ülésre pillantott, és az arcára kúszó mosollyal megjegyezte: „A lányom nagyon gyorsan növekszik".

Szerette az apja mosolyát – szerette az érzést, hogy büszkévé teszi.

Bizonyára büszke lenne arra, ahogyan kezeli a dolgokat. Nyugodt volt és összeszedett. Nagyon felnőtt.

Alig várta, hogy elmondhassa neki.

A gondolatra felfordult a gyomra.

De miért?

Minden rendben volt. Minden rendben lesz. Annak kellett lennie.

De ha minden rendben volt, akkor miért érezte szükségét, hogy ilyen nyugodt legyen? Ha minden rendben volt, hol volt az apja? Ha minden rendben volt, akkor miért voltak itt, ebben a káoszban, és miért akarta annyira megnyugtatni magát, hogy minden rendben van? Csak egy válasz volt.

Ez nem lehetett valódi.

Bármelyik pillanatban megérkezhet az apja, hogy elintézze a dolgokat. Aztán már úton is lennének.

„Anyu!"

A gyermeki szó előbb hagyta el az ajkát, minthogy feldolgozhatta volna, amit látott. Az édesanyját, az anyukáját elhozták a kis műtő mellett, ahol Terike ült, és gondolkodás nélkül lecsúszott az asztalról, és rohant utána.

De ahogy közelebb ért az anyjához, észrevette, hogy a nő eltorzult. Anyu nem úgy nézett ki, mint ő maga. Nem hasonlított egyetlen emberre sem, akit korábban látott.

A szemei duzzadtak és lilák voltak. Túl nagyok voltak. Kerekek. Mint Homer Simpson szemei. A feje félig borotvált volt, a véres fejbőrt öltések sorai tarkították.

Lehet, hogy ez Anyu?

Ahogy Terike hagyta magát eltűnődni, a nő ajkáról ismétlődően ömlött a halkan, angolul mondott rózsafüzér:

„Üdvözlégy Mária, malaszttal vagy teljes, az Úr van Teveled.
Áldott vagy Te az asszonyok között, és áldott a Te méhednek
    gyümölcse, Jézus.
Asszonyunk, Szűz Mária, Istennek szent Anyja,
Imádkozzál érettünk, bűnösökért,
Most és halálunk óráján.
Ámen."

Mint egy ismerős dallam, úgy ölelte körbe Terikét az ima. Ellazult az érzésben. A lila, duzzadt nő Anyu volt. És ha Anyu imádkozott, minden rendben lesz. Mindvégig tudta ezt. Minden rendben fog jönni. Hirtelen egy női kéz ragadta meg a vállát. „Feküdj ide" – parancsolta a személyzet egyik tagja, és félrelökte Terikét az útból. A személyzet az anyja felé sietett. A nő folytatta: – „Minden rendben lesz. Aludnod kell". De amikor Terike behunyta a szemét, dübörgést hallott.

Rémálom, gondolta, ezért villámgyorsan kinyitotta a szemét, hogy rémülten megállapítsa, hogy a rémálom nem az ő fejében volt. Hanem előtte.

Újabb adrenalinlöket járta át kimerült testét. Körbejárták az anyja ágyát, az orvosok Anyu mellkasát nyomogatták. Egymásnak kiabáltak. Furcsa, ritmikus légzéssel mormoltak, miközben az anyja fölé hajoltak, újra és újra nyomva. Testük lökött és várt, lökött és várt, lökött és várt, az ágy zörgött a súlyuk alatt.

„Mi történik?!"

„Semmi" – ugatott egy nővér. „Minden rendben van. Ne aggódj. Segítenek neki. Aludj tovább."

Biztos volt benne, hogy ennél rosszabb rémálom nem lehet, ezért összeszorította a szemét.

Amikor újra kinyitotta őket, az anyja eltűnt. Az ágyban, amelyben feküdt, csak egy csupasz, foltos, sárga szivacs volt.

Olyan volt, mintha az anyja soha nem is lett volna ott.

Pislogva, mozdulatlanul tartotta magát, a válla a saját szivacsmatracán keresztül az alatta lévő kemény aljzatba fúródott.

Hol volt az anyja?

Ekkor felült, és végigpásztázta a szobát. A szobában két sorban húsz ágy sorakozott. A testvére mellette volt. Marika hajától a szemöldökéig hosszú függőleges vágás volt. A vágáson csíkokban apró csomók húzódtak végig.

Néhány ággyal arrébb egy nő feküdt, halálosan mozdulatlanul, az arca olyan duzzadt volt, mint Anyué. Egy másik nő horkolt, a szemközti ágyban aludt. Egy harmadik halkan nyögött.

Hol volt Anyu?

Hol volt az anyukája?

„Egy másik szobában van" – válaszolta egy nővér, és Terike csak ekkor döbbent rá, hogy hangosan tette fel a kérdést. „Jól van. Ne aggódjatok."

De miért vitték el?

Nem lehetett sérültebb, mint a nyöszörgő nő. Bizonyára nem lehetett rosszabbul, mint a puffadt arcú hölgy. És a kórház kicsi volt. Alig volt kórház – üres falakkal és kevés felszereléssel –, öszszehasonlítva azokkal, amelyeket Magyarországon látott. Hová vihették volna?

Először kinyitotta a száját, hogy megkérdezze. De aztán meggondolta magát, és hagyta, hogy csend legyen körülötte.

Bár a válaszuk zavarba ejtő volt, jobban tetszett neki, mint az, amitől félt.

Ne gondolj rá, mondta magának. Hamarosan látni fogják az anyjukat.

Merész és szörnyű, egy émelyítő gondolat mardosta. Mint egy szúnyog, úgy lappangott duzzadt szeme sarkában, inkább érezte, mint látta.

Szörnyű lehet, ha megtudja az igazságot. De az is szörnyű volt, ha nem tudta meg.

Így hát Marikával együtt kérdezgetni kezdett, újra és újra.

„Hol van az anyám?"

„Ó, mindkét szülőd él!" – válaszolta egy nővér, a hangja pattogó és könnyed volt. „Csak éppen egy másik kórteremben vannak, ahol együtt ápolják őket!"

A válaszra mindketten felsóhajtottak. Hát persze! Minden rendben volt. Tudta, hogy valószínűleg ez a helyzet. Ez csak egy furcsa kitérő volt.

De ahogy a vágyakozás aprócska csírája a kétségbeesés bénító súlyává nőtt, hamarosan rájött, hogy a válaszaik nem elégségesek. Az anyja fájdalmában nyögött, amikor utoljára látta. Az apja olyan mozdulatlannak tűnt a baleset után. Az aggodalom kezdte felemészteni. Látnia kellett a szüleit.

„Hol vannak a szüleim?" – kérdezte, ezúttal a kérdést a személyzet egyik tagjának címezve.

„Elvitték őket egy másik városba" – válaszolta a férfi. „Hamarosan látni fogod őket."

„Hol van az anyukám?"

„Itt vannak a szomszédban!"

„Hol van az apukám?"

„Hamarosan érted jönnek."

Minden egyes válasz logikátlanabb volt az előzőnél, az aggodalom szúnyogja egyre kitartóbbá vált, zümmögését a személyzet elfordított tekintete és kényelmetlen testbeszéde fokozta.

És akkor még ott volt a Peterrel folytatott beszélgetése.

Amikor megérkeztek, a lány megkérdezte tőle, azon a nyers, egyenletes hangon, ami már akkor eluralkodott rajta, amikor megérkeztek: „Apu meghalt, ugye?".

A szünet émelyítő volt.

Egy pillanatra egymásra meredtek.

Aztán a lány szeme előtt a férfi arca őskövületként morzsolódott össze. Szánalmasan bólintott, megerősítve azt, amit a lány már tudott.

De a kórházi személyzet mást mondott. Azt mondták, minden rendben van.

Ha az apja meghalt, akkor nem lehetett minden rendben. Tehát biztosan nem halt meg az apja.

Minden rendben lesz.

Még amikor erre gondolt, tudta, hogy ez nem lehet ilyen egyszerű. Az egymással versengő magyarázatok egymáshoz dörgölőztek, mintha könyörögtek volna neki, hogy gondolkodjon – hogy rájöjjön arra, amit igaznak tudott.

De ő visszautasította.

Amíg volt ellentmondás, addig volt remény.

És amíg volt remény, addig a dolgok úgy folytatódhattak, ahogy voltak.

Még mindig visszaülhetnek a kocsiba, és elindulhatnak Lagos felé. Viccelődve, miközben megrakta a kocsit, az apja felnevetne azzal a jellegzetes nevetéssel. Az anyja, miután előző este gondosan összepakolt, összeszedné a holmikat, amelyek a balesetben szétszóródtak az út mellett. Visszarakná őket a kocsiba, és letörölné a kóbor füvet és a koszt a bőröndjeikről. Bosszankodna a karcolások miatt, de megkönnyebbülne, hogy a holmijuk többnyire sértetlen maradt.

Megennék az uzsonnájukat. Földimogyorót és útifű chipset vett, valamint egy új banánízű rágógumit a sarki piac utcai árusánál.

Ezúttal nem aludna el, mint a baleset előtt. Ezúttal ébren maradna, és boldogan beszélgetne a hátsó ülésen az anyjával. Az apja az ölében lévő aktatáskájával a papírmunkán dolgozna, ahogy mindig is tette a hosszú utakon.

Az aktatáskája.

A gondolatra a gyomra összeszorult.

A kopottas, fekete bőr kilógott az ágya alól.

Ha minden rendben volt, miért volt nála az apja aktatáskája?

Az apja megtöltötte nairákkal, hogy biztosan legyen, amire szükségük van. Ahogy az anyja gyakran panaszkodott, a nigériai bankokból

sosem volt könnyű és gyors pénzt felvenni. Szükségük volt pénzre a
követségi találkozójukra és az út során felmerülő váratlan kiadásokra.
Ezért az apja elhozta az aktatáskát.

Most pedig nála volt.

„Ez az apádé volt, úgyhogy most már a tiéd" – mondta egy nővér,
amikor megérkeztek a kórházba. „Kivettük belőle a kórházi számlák
díját, a többi pedig a tiéd."

Az apádé volt – mondta a nő.

Az apádé volt.

Csak bólintott és várt. Azokban az órákban, amióta megkapta a
táskát, még többet bólintott és még többet várt, elnyomva a rettegést –
vagy talán inkább kétségbeesést –, amely gödörként ült a gyomrában.

Ha csak normálisnak tudná érezni a dolgokat, minden rendben
lenne. Folytatnia kellett, arra koncentrálva, amit az apja távollétében
is megtehet. Amikor mindannyian újra együtt lesznek, ő olyan büszke
lesz rá. Az anyja haja visszanőne, és Anyu szeme – akárcsak az övé –
nem dagadna tovább.

Az orvos néhány hetet mondott neki. Akkor a prognózis elviselhe-
tetlenül hosszúnak tűnt. De nem volt ez olyan rossz: néhány hét múlva
minden normális lesz. Csak várnia kellett. Csak továbbra is úgy kellett
viselkednie, ahogy eddig – úgy, hogy a szülei büszkék legyenek rá.

Így hát, amikor a Benini Kereskedelmi Kamara elnöke megállt
nála, úgy ült, mint a tinédzser, aki volt, még ha csak alig is. Soha
nem találkozott a férfival, így csak azért tudta, ki ő, mert meghallotta,
amikor megállt beszélgetni az alkalmazottakkal.

„Adjon nekik bármilyen ételt, amit csak akarnak" – mondta az
egyik nővérnek. „Majd én gondoskodom róla."

A lány megrázta a fejét a javaslatra. Bár a gesztus kedves volt, az apja
ezt soha nem engedné meg. Majd akkor gondoskodik a dolgokról,
amikor visszajön érte és Marikáért.

Ekkor egy másik férfi jött elé, akivel még sosem találkozott. A szeme duzzadt és vörös volt, de nem úgy, mint az anyjáé volt. Rekedt és fojtott hangon, Mister Leeként mutatkozott be, és mindkettőjüknek ételt adott.

„Apád üzlettársa vagyok" – mondta.

Terike általában jobban szeretett az apja mögé bújni az üzleti érintkezések során. Amíg az apja beszélt, ő igyekezett távol maradni az útból.

De az apja nem volt itt. Így hát úgy kellett üdvözölnie ezt a férfit, ahogy Apu tette volna.

„Igen!" – válaszolta. Vidám könnyedséggel adta elő a köszöntést, ahogyan azt már sokszor hallotta tőle. „Apám sok jót mondott önről. Annyira örülök, hogy végre megismerhetem!"

Kegyes mosolyra számított. Vagy, ahogy gyakran látta apja üzleti kapcsolatainál, talán a férfi kinyújtja felé a kezét, ő pedig megfogja, és egy határozott kézfogással megrázza.

Ehelyett a férfi lehunyta a szemét. Könnyek csillogtak a szempilláin. Az egyik végiggördült az arca külső oldalán.

Így hát a lány tovább nyomta. „Meglátogatta már a szüleimet?" – kérdezte.

A férfi szája sarka megremegett, és lefelé fordult, az álla ráncba szaladt. Nem válaszolt. Ehelyett elfordította a tekintetét a lánytól, ahogy a kórházi személyzet is tette, mióta megérkezett. Szörnyű csend lógott a szobában, egy hátborzongató rezgés, amely azt súgta neki, hogy ne kérdezze újra.

Egy pillanatig így ültek. Csendben. Mozdulatlanul. Iszonyatosan. Amikor Terike azt hitte, hogy a férfi előrebukik, felállt a székéből, és jót kívánt nekik.

Mr. Lee eljött és elment. A Benin Kamara elnöke is.

Hol voltak a szülei?

Válaszok nélkül, egy utolsó látogató érkezett a kórházba. A nő zöld szemei szomorúnak tűntek, hosszú haja sűrű, őszülő fonatban omlott mögé. Amikor név szerint szólította a lányokat, Terike úgy vélte, valami ismerőset hall a hangjában. És ahogy a nő gazdag, kényelmes magyarsággal folytatta, Terike anyja utáni vágyakozása azzal fenyegette, hogy megfullad.

Ez a nő, döbbent rá Terike, Anyu egyik barátnője volt, annak a férfinak az édesanyja, aki néhány héttel korábban meglátogatta. Miközben a nő bemutatkozott, Terike arra gondolt, hogy az anyja mennyire szomorú lenne, ha nem látná őt.

Réka könnyes szemmel mondta: „Ma elviszlek magammal az otthonomba".

Amióta a kórházba értek, Terike csak bólintott és várt, bólintott és várt, bólintott és várt. Megint bólintott. De ezúttal nem tudott várni.

A hangja sokkal hangosabban jött ki, mint ahogyan azt tervezte, és kibökte: „Nem akarunk a szüleink nélkül elmenni".

„Nem kell elmennetek, ha nem akartok" – ajánlotta fel egy nővér.

„Oké!" Mondta Terike. „Hát mi nem akarunk! A szüleink nélkül nem!" Ekkor a hangja tempója és hangszíne megdöbbentette, és azt hitte, hogy sírni fog. Küzdve a késztetés ellen, nagyot nyelt, és megvetette a lábát.

A sikolyra való késztetése és a keményen megküzdött hite közötti csatában, hogy minden rendben lesz, az egyetlen választás az volt, hogy a nővel tart. Ez a nő, sokkal inkább, mint a kórházi dolgozók, reményt adott neki a viszontlátásra. Minden egyes nappal, amikor újra és újra kérte, hogy láthassa az anyját, a reménye egyre fogyott. Most már olyan vékony volt, mint egy finom, értékes fonál, és egy erős szellő kettétörhette volna.

Ha Réka ajánlata valami új reményt ígért a szülei látására, mohón elfogadná.

Amikor a nő otthonához értek, úgy tűnt, semmi sem változott. Napok teltek el úgy, hogy egy szó sem esett köztük és Réka fiai és a velük egyidős lánya, Roza között. Minden nap, mint a baleset óta, a szüleik után érdeklődtek. Egy délután pedig, amikor Terike szundikált, arra ébredt, hogy Réka az ágya szélén ül és sír. A lány olyan mozdulatlanul tartotta magát, amennyire csak lehetett, várta, hogy elmúljon a pillanat.

De ez a pillanat – több volt, mint Péter szerencsétlen bólintása, több, mint Lee összeroskadt arckifejezése, több, mint még az anyja kétségbeesett imája is – olyan volt, mint egy siratóének utolsó hívása. Abban a pillanatban tudta, hogy az ösztönei végig igazak voltak.

Ezért másnap még egyszer megkérdezte – határozottan, minden bátorságával, amit csak tudott –, hogy mikor láthatják a szüleit. A hangja nyugodtan szólt, mint korábban, de a nyugalmat közelebb érezte magához. Már nem a kórházi szoba ablakán keresztül nézett be. Most Rékát nézte. Réka elmondhatta neki az igazat.

Réka sűrű és nehéz szavaival így válaszolt: – „Menj, ülj be Marikával a szobába. Mindkettőtökkel beszélnem kell."

Terike szíve ekkor megdobbant, az energia lökése olyan forró és heves volt, mint még soha. Azt tette, amit mondtak neki.

A percek órákként teltek, mire a nő megjelent az ajtóban. Besétált a hálószobába, lassan betolta maga mögött az ajtót, és leült közéjük az ágyra. Úgy ölelte át a két lányt, mintha a sajátjai lennének.

„A szüleitek tovább lesznek a kórházban, mint amire számítottunk" – mondta. Egy fojtott belégzés után folytatta: „Az apátok meghalt az autóban".

Terike tudta, milyen szavak következnek. És bár akarta, hogy ne jöjjenek, elkerülhetetlennek érezte őket. Egyszerre lehetetlennek és elviselhetetlenül valóságosnak.

„Az anyátok a kórházban halt meg. Később aznap."

A felszabadulás hulláma átjárta a testét. Terike és az ikertestvére a nő karjaiba borultak és sírtak.

EPILÓGUS

AHOGY A REPÜLŐGÉP ablakából bámult, Tonye elgondolkodott azon, hogy a párnás fehér felhők által eltakart lenti világ hogyan alakult át az elmúlt hetekben. Élete sok változását az utazás határozta meg.

Már régóta nem volt Nigériában.

Most, néhány héten belül másodszor utazott vissza arra a helyre, amelyet gyermekkora nagy részében otthonának nevezett. Mint legutóbb, Anyu most sem lesz mellette meleg ölelésével és gyengéd fülével. Apu sem fogja üdvözölni a tanulmányairól érdeklődve olyan kíváncsisággal, amely elárulta, hogy büszke a gyermekeire.

Augusztus elején, alig néhány nappal a baleset után, két nigériai útja közül az elsőt tette meg. Obi és idősebb unokatestvérük, Olaf elkísérte őt Benin Citybe, míg Hajtman, Bori férje a lagosi magyar nagykövetségre ment, hogy megbizonyosodjon arról, hogy a lányoknak megvan az útlevelük, és gond nélkül elhagyhatják Nigériát.

Dr. Okonkwo a repülőtéren fogadta, és a rövid úton otthonába vitte őket. Amikor megérkeztek, a lányok kirohantak a házból, vigyorogva és a testvéreik nevét kiabálva vetették magukat a karjaikba.

Tonye megállt a testvérei megjelenésekor. Terike arca feldagadt volt, szemei hunyorgásra szűkültek. Mindkét lány fején fehér kötés volt, amely eltakarta azt, amiről később megtudta, egy hosszú, íves metszés Terike fejbőrének tetején, és egy rövidebb, bár jobban látható függőleges vágás Marika homlokán. Dr. Okonkwo eltávolította Terike varratait.

Sérüléseik ellenére a lányok olyan őszintén örültek, hogy láthatják őket, hogy egy rövid, röpke másodpercig minden rendben volt. A lányok biztonságának biztosítása volt a céljuk. És ez a cél, még ha csak egy pillanatra is, felülmúlta a fájdalmat.

Nem sokkal a hihetetlenül örömteli újbóli egyesülésük után Marikát és Terikét elszállították Budapestre. Tonye ott maradt, hogy a szülei hagyatékával kapcsolatos szükséges intézkedéseket megtegye.

Átnézte a szülei holmiját, apja üzleti papírjait és politikai kampánytárgyait az anyja egyre növekvő kreatív írói gyűjteménye mellé iktatta.

Miközben elgondolkodott ezen az elveszett időn, édesanyja szeretetteljes szavai vigasztalták. Egy dedikáció közvetlenül neki címezte szavait – mindhárom legidősebb gyermekének: „Levél a nagyoknak":

„A reggel még hűvös; sötét van, négy óra,
Apátok ilyenkor hagy el épp egy csókkal,
Én még aludhatok, de ő vizet cipel,
Kint a kerti csapból, míg a szomszéd pihen!

Sötét van, senki sem látja senki, hogy mit csinál,
A kutya is kint van, szól, ha kígyót talál,
De reméljük nem lesz ilyen veszedelem,
Ecse-bácsik virágai azt kell hogy ijessze!

Ötkor én is felkelek, ha van villany vígan,
Computerben ilyenkor Apu munkája van,
Sok feladat, élvezzük ezt a modern eszközt,

Kis agytorna cipelésre bizony nagyon jól jön!

A konyhában élesztő ilyenkor már megkelt,
Tisztább, s olcsóbb mint a kenyér mit kellene vennem,
Egyszerűbb is, tettszetős is, csak ne tudd a titkát,
Leporolják, és szájjal fújják kerekre a burkát!

Ha a kiflit megtekertem, sárga plantaint sütök,
Vágom hosszan és keresztbe, végen tojást ütök,
Kis olajba, rántottának, kislányoknak uzsonnára,
Kakaóval reggelire, habzsolunk a nagy bőségben!

Hat órakor ki az ágyból Marika, Terike,
Meleg vizet Apukátok már készre keverte,
Gyertya ha kell ne féljetek, itt vagyunk a közelben,
Asztalt terítek, ti csak öltözzetek közben!"

Ahogy folytatta az olvasást, öröm szökkent a szemébe, a felismerés, hogy milyen igazán boldog, hogy huszonöt évet – amióta 1972 nyarán Budapesten először találkoztak – azzal a férfival töltött, akit szeretett.

Tonye a repülőről a repülőtérre, majd a város utcáira lépett. Nem az ismerős birtok felé vette az irányt, amely a gyermekkori otthona volt. Ez az út ehelyett a család barátainak, Wadaéknak az otthonába vezetett, ahol megszállt, miközben megtette az utolsó lépéseket szülei végső nyugalomra helyezéséhez.

Tonye érezte, hogy a szülei élete másokra is hatással volt Nigériában, és nem csak az ismerőseikre. Port Harcourtban meglepődve hallotta, hogy a rádióban többször is beszámoltak apja haláláról, mint kamarai elnök. Később az utazás során látott egy harminc perces televíziós hírműsort, amelyben apja halálát Fela Kuti, a jól ismert afrobeat énekes halálával együtt mutatták be.

Felkészült a várható kimerültségre és stresszre. Két virrasztást terveztek – egyet a Port Harcourt-i birtokon, a másodikat pedig az apja által Tombia-ban épített vendégházban –, amelyet a temetés követett azon az értékes családi földön.

Amikor végre elérkezett az első esemény, inkább azon kapta magát, hogy a szülei figyelemre méltó hagyatékának bemutatása lehengerli. A műanyag, szivárványcsíkos sátor zsúfolásig megtelt emberekkel, a nagyon régi barátoktól kezdve olyanokig, akikkel még soha nem találkozott.

Tonye mellett ült Rufus Ada George törzsfőnök, aki Rivers állam második kormányzója volt, a jellegzetes cilinderében. Ada George jelenléte sokat jelentett volna Apunak, gondolta Tonye, de még inkább, hogy apja munkásságának erőteljes szimbolikus üzenetét nyújtotta – ő sokáig küzdött a politikai egységért és a korrupció ellen. NRC-jelöltként Ada George jelenléte és beszéde az eseményen bizonyította apja politikai karrierjének maradandó hatását.

Körülöttük Nigerwives-ok, apácák és papok, barátok és szomszédok ültek. A sátorból a verandára kiözönlött az a sok ember, akiket a szülei élete megérintett, és együtt emlékeztek, sokan szívből jövő beszédet mondtak.

Másnap reggel gyászmisét tartottak a Corpus Christi katolikus templomban, majd hosszú utat tettek meg az alattomos terepen keresztül Tombia felé, a Saviors anglikán templomba, ahol ünnepélyes, zárt koporsós gyászszertartást tartottak.

Onnan egy rövid, göröngyös úton utaztak a Matthew által épített házhoz. Ahogy a Port Harcourt-i birtokot is elárasztották a barátok és a családtagok, úgy tűnt, aznap az egész falu eljött.

A csendes, komor hangnem ellenére nagy tömeg vette körül a házat, a legtöbben színes, hagyományos ruhákba öltözve.

A torkát száraznak, szorítónak érezte a pillanat véglegességétől,
amely még végletesebbé vált, amikor a virrasztást követően szüleit
kézzel leeresztették a földbe. Néhány férfi beugrott, és megtámasz-
totta a koporsókat. Tömegek gyűltek köré, és figyelték, ahogy Tonye
elhelyezi a koszorút, és ledobja az első földet.

Az élmény szürreális volt. Olyan súly nehezedett rá, amilyet még
soha nem érzett, és csak a barátok és rokonok részvétnyilvánítása
vette át.

A nap érzelmi súlya ellenére az erős szorongás, amire számított,
nem jelentkezett. Ehelyett, ahogy végignézett ezen a földön, furcsán
nyugodtnak érezte magát. Olyan sokat jelentett ez a hely a szüleinek.
Apu erről a földről álmodott, a családjához közeli nyugdíjas évekről,
annak a vidéknek a szívében, amely gyermekkorának és serdülőkorának
nagy részében az otthona volt.

Ezen a földön állva Tombiában, Tonye azonnal visszarepült arra
az időre, amikor utoljára járt a folyóparti régióban – és egyben az
utolsó látogatásra, amelyet Anyu tett. Egy ideig azon dolgozott, hogy
a folyami régióban élő szegény idzsak számára elérhetővé tegye a
könyveket, sőt, egy alkalommal még az egyik hálószobát is könyvtárrá
alakította át az otthonukban.

De a projekt, amin akkor dolgoztak, amikor utoljára együtt voltak
a folyami régióban, nagyobb volt – vagy legalábbis izgalmasabb.

Egy helikopter jött értük – ez rendkívül megragadó élmény volt
–, hogy könyvekkel teli dobozokat szállíthassanak egy helyi brassi
középiskolába. A Nigerwives-ok szervezték a projektet, és az iskola
szívélyesen fogadta őket.

Bizonyos értelemben tehát ez a hely Tonye szüleinek mindkét
szenvedélyét szimbolizálta – az apjának a folyó menti régió politiká-
jának javításába való mély befektetését, és az anyjának a gyermekek
oktatásában való segítés iránti elszántságát. A föld nem adta meg a

szüleinek a remélt nyugalmat, de itt megpihenhetnek, életük munkájának szimbólumaival körülvéve.

A mellkasában érzett fájdalom ellenére, a súlyos vágyakozás ellenére, amit érzett, hogy még egy napot velük töltsön, békében érezte magát. Bár ezek a szertartások fontosak voltak, az elsőbbséget mindig is a húgai jelentették – hogy biztosítsa a gondozásukat, hogy a lehető legjobb életet nyújtsa nekik, és hogy támogassa őket az átélt elképzelhetetlen traumán keresztül.

A végleges otthonukról szóló döntés csak nemrég született meg. Nem sokkal a baleset után Nagymami Tonye elé vitte az ügyet. Nagyon nehezen viselte lánya és veje halálát, de erőt vett magán, amikor emlékesztették, hogy az unokáinak szüksége van az ő anyai támogatására.

Az a késztetése, hogy gondoskodjon a gyerekekről, csak a tehetetlenség kísértetét keltette benne. Amikor felmerült az ötlet, hogy Marikát és Terikét a Zsombolyai utcai lakásba hozzák, kétségbeesetten elborult, és félrehívta Tonyét egy komoly beszélgetésre.

„Nem élhetnek itt velünk – mondta könnyes szemmel –, nekem kellene felnevelnem őket. Az én koromban ezt nem tudom megtenni."

Bár büszke volt arra, hogy mindent megtesz a családja érdekében, kilencvenévesen még saját magáról sem mindig tudott gondoskodni, a lányára és futárszolgálatokra támaszkodott az étkeztetésben. Két tinédzsert biztosan nem tudna felnevelni.

Mások jelentkeztek, hogy betöltsék a hiányt, és felajánlották otthonukat lehetőségként. Egy idősebb unokatestvér, Edó és férje, Lajos megkérték, hogy neveljék fel őket – ők maguk már öt gyermeket neveltek fel, és azzal viccelődtek, hogy még kettőt gyerekjáték lenne. Aci és férje, Zoli, Marika és Terike keresztszülei szintén vállalták a gondozásukat, annak ellenére, hogy már hatvanas éveikben jártak.

De a testvérek szívének húzódása az volt, hogy a lányokat közel

tartsák magukhoz. Családdal kell élniük, minél közelebb, annál
jobb. Így hát, bár Ebinimi még csak huszonegy éves volt, hamarosan
elvégezné az egyetemet, és ragaszkodott ahhoz, hogy a nővérek –
mindhárman – együtt maradjanak.

Bizonyos szempontból ez így is volt rendjén – a tinédzserek annyira
várták már, hogy az Egyesült Államokba költözzenek, és ezt az álmot
a szüleikkel is megosztották. Bár Judit és Matthew álmát a tragédia
összetörte, ezen a módon a terveik, az örökségük egy kis darabkája
tovább élhetett.

A szülei öröksége. Talán ez volt az a gondolat, ami a leginkább
megragadta Tonyét, amikor az elmúlt hetek eseményeiről elmélkedett.
A szülei oly sok mindent hagytak hátra az életük során – annyi embert
érintett meg a jó, amit tettek.

Bizonyára ezt bizonyította az a tömeg, amely először Port
Harcourtban, majd a szeptember 6-i temetésen Tombiában gyászolt.

Budapesten az Ulászló utcai kis kápolnát elárasztotta a szülei iránti
szeretet – Diana hercegnő temetésének napján és egy nappal Teréz
anya halála után.

Jó társaságban lesznek a mennyben.

És emlékük megmarad a földön.

Mint a központi vízfolyásból kifelé áramló mellékfolyók, az életeket,
amelyeket megérintettek, túl sok volt ahhoz, hogy felsorolni lehessen.

Szülei életének megünneplésétől megtelt lélekkel Tonye a buda-
pesti Ferihegyi Nemzetközi Repülőtérre indult, ahol ismét összejött
mind az öt testvér, hogy a közös gyászban és szeretetben átöleljék
egymást.

Az előttük álló út nem lesz sem csupa jó, sem csupa rossz. Az
elkövetkező években az életük kihívások elé fogja állítani őket és
lehetőségeket kínál majd, mely a Duna nagyszerűségével és a Niger
találékonyságával szövődik és kanyarog előttük.

Mint szüleik előttük, ők is elviselik a világ bukásait és elfogadják áldásait.

Mint szüleik előttük, ők is bátran lépnének előre az új életükbe.

És így, ahogyan a szüleik előtt is, az univerzum szélesre tárta karjait.

A SZERZŐRŐL

DR. DANIEL MAMAH orvos és a St. Louis-i Washington University School of Medicine pszichiátria professzora, és az Amerikai Pszichiátriai Társaság kiváló tagja. A Port Harcourt-i Federal Government College-ban és a budapesti Semmelweis Orvostudományi Egyetemen szerzett diplomát. Dr. Mamah volt a Missouri Pszichiátriai Társaság alapító elnöke, és tagja volt a Mentális zavarok diagnosztikai és statisztikai kézikönyvének ötödik kiadásával foglalkozó munkacsoportnak (DSM-5). Az Egyesült Államokban és Afrikában a pszichózis egyik vezető kutatója, és számos cikket és könyvfejezetet publikált. Magyarországon, Angliában és Nigériában is élt, jelenleg pedig az Egyesült Államokban él feleségével, Thelmával és két lányával, Karolinával és Zsófiával.

Milton Keynes UK
Ingram Content Group UK Ltd.
UKHW010659090524
442467UK00001B/39